JOSUÉ VALANDRO JR.

DEVOCIONAL manhã com Deus

365 MEDITAÇÕES PARA UMA VIDA EXTRAORDINÁRIA

Vida

Editora Vida
Rua Conde de Sarzedas, 246 — Liberdade
CEP 01512-070 — São Paulo, SP
Tel.: 0 xx 11 2618 7000
atendimento@editoravida.com.br
www.editoravida.com.br
@editora_vida /editoravida

Todas as citações bíblicas e de terceiros foram adaptadas segundo o Acordo Ortográfico da Língua Portuguesa, assinado em 1990, em vigor desde janeiro de 2009.

Direção: Renan Menezes
Editora-chefe: Sarah Lucchini
Editora responsável: Thaís P. Gomes
Assistente editorial: Larissa da Mata
Revisão de texto: Sonia Ribeiro
Revisão de provas: Paulo Peres
Coordenadora de design gráfico: Claudia Fatel Lino
Projeto gráfico: Ricardo Cardoso e Willians Rentz
Diagramação: Ricardo Cardoso
Capa: Lira Lira

Todos os grifos são do autor, exceto os indicados.

1. edição: set. 2025
1ª reimp.: dez. 2025

Dados Internacionais de Catalogação na Publicação (CIP)
(Câmara Brasileira do Livro, SP, Brasil)

Valandro, Josué
Manhã com Deus : 365 meditações para uma vida extraordinária / Josué Valandro. -- São Paulo : Editora Vida, 2026.

ISBN 978-65-5584-782-6
e-ISBN 978-65-5584-783-3

1. Deus (Cristianismo) 2. Literatura devocional I. Título.

25-286385 CDD-242

Índice para catálogo sistemático:

1. Literatura devocional : Cristianismo 242
Eliane de Freitas Leite - Bibliotecária - CRB 8/8415

Logo de manhã
Quero Te buscar
Tua voz ouvir
Teu amor sentir
Estender as mãos
Para Te louvar
Derramar meu coração
Sobre Teu altar

Vencedores por Cristo

DEVOCIONAL

manhã com Deus

JANEIRO

01
JANEIRO
001/365

COMECE PELO COMEÇO

No princípio, Deus criou os céus e a terra.

(GÊNESIS 1.1)

Quantas vezes você pensou em começar algo novo e se sentiu sobrecarregado pelo tamanho do desafio? Iniciar uma nova atividade assusta ou incomoda você? As primeiras palavras da Bíblia nos oferecem uma perspectiva revigorante: Deus começou pelo começo, criando o Céu e a Terra.

Esse ato de criação é um lembrete poderoso de que todo grande projeto começa com um primeiro passo. Deus, em Sua sabedoria infinita, não Se intimidou com o vazio, mas trouxe ordem e beleza a partir do nada. Ao modelar o Universo, Ele nos ensinou a importância de iniciar, de dar forma aos nossos sonhos e projetos, mesmo que pareçam grandiosos ou inatingíveis. Hoje, Deus convida você a viver o novo, a começar uma etapa de vida nova. Lembre-se: cada jornada tem início com um simples ato de coragem, com um primeiro passo. Não subestime o poder dos pequenos começos, pois foi assim que Deus escolheu trazer à existência Sua criação.

ORAÇÃO

Senhor, ajuda-me a ter a coragem de começar, confiando que Tu estás comigo a cada passo do caminho. Em nome de Jesus, amém.

ANOTAÇÕES

@josuevalandrojr

Deus convida você a viver o novo.

MATURIDADE NAS ESCOLHAS

Dirige-me pelo caminho dos teus mandamentos, pois nele encontro satisfação.

(SALMOS 119.35)

02
JANEIRO
002/365

Em que você busca satisfação e contentamento? Alguns procuram satisfação no dinheiro. Outros no sexo e nos relacionamentos. Para realizar seus desejos, chegam a aceitar qualquer proposta, mesmo que seja errada aos olhos de Deus. A busca financeira, sexual e relacional é legítima, mas os meios para esse fim precisam ser corretos também. Quantas pessoas escolheram seguir o caminho de seus impulsos, e acabaram perdendo a paz, o casamento, a família e os sonhos? Nossa vontade pode trazer uma realização momentânea, mas o tempo provará que somente obedecer a Deus garante as verdadeiras recompensas.

O salmista aprendeu que não é fácil andar nos caminhos dos mandamentos do Senhor. É sacrificial, dá trabalho, e muitas vezes vem acompanhado de dor e frustração. Andar nos caminhos de Deus pode levar outras pessoas a se afastarem de nós, a nos acusarem e até nos prejudicarem, mas tudo vale a pena quando é o Senhor quem está à frente. Se você quer satisfação na vida, nunca saia do caminho dos mandamentos dEle, porque é nEle que está a real plenitude. Experimente as bênçãos e o contentamento que a obediência traz.

ORAÇÃO

Senhor, guia-me nos Teus caminhos e ensina-me a escolher a obediência acima de tudo. Eu Te seguirei, mesmo quando o caminho for desafiador. Em nome de Jesus, amém.

ANOTAÇÕES

Escolha andar com Deus.

@josuevalandrojr

A ETERNIDADE ESTÁ DENTRO DE NÓS

03
JANEIRO
003/365

Ele fez tudo belo a seu tempo. Também pôs a eternidade no coração do homem, sem que este consiga compreender a obra que Deus fez do começo ao fim.

(ECLESIASTES 3.11)

Depois de Jesus, Salomão foi o homem mais sábio que já viveu. Ele entendeu que Deus fez todas as coisas e deu um toque final: colocou a eternidade no coração humano. Isso significa que há algo dentro de nós que diz: "Você foi feito para a eternidade com Deus". Fomos feitos para que nossa maior satisfação seja viver com Ele para sempre. Porém, por causa do pecado, o homem perdeu esse direito, e a morte surgiu.

Nós não lidamos bem com ela, não é verdade? Seja a nossa morte ou a morte das pessoas que amamos, não nos conformamos. Nós choramos e sofremos, porque ela é contra a nossa essência. Esse não era o plano do Senhor. Contudo, o Autor da Vida nos abriu um caminho de volta para a vida eterna: Jesus Cristo. Com Ele, a centelha da eternidade que há dentro de você pode se manter acesa mesmo após a morte.

ORAÇÃO

Senhor, sei que passarei a minha eternidade Contigo porque Jesus é o meu Senhor e Salvador. Tu és o meu motivo de viver, e só o Senhor pode saciar a minha existência. Em nome de Jesus, amém.

ANOTAÇÕES

Você foi feito para viver a eternidade com Deus.

@josuevalandrojr

VOCÊ É AMÁVEL?

Que a amabilidade de vocês seja conhecida por todas as pessoas. Perto está o Senhor.

(FILIPENSES 4.5)

04
JANEIRO
004/365

Você é amável? Quem se relaciona com você experimenta amor, longanimidade, bondade e atenção? É fácil encontrarmos defeitos na forma como os outros vivem, mas somos limitados para avaliar o que nós mesmos estamos transmitindo aos que convivem conosco. No texto de hoje, Paulo faz um pedido a todos os que pertencem a Cristo: que revelem amabilidade. Há discursos que falam de Deus, mas não alcançam ninguém, porque vêm acompanhados de uma vida sem bondade. A maior fonte de credibilidade para o que dizemos é o amor.

Quem ama de verdade procura estender a mão a quem fracassou; quem ama não trai, mente ou agride. Devemos amar a todos, inclusive aqueles que não concordam com o que pensamos, aqueles que nos magoam ou aqueles que não nos respeitam. Nosso papel é expressar amabilidade a todo tipo de pessoa e em toda situação. Como ser uma pessoa amável? A Palavra responde: “Perto está o Senhor”. Você pode até não ter amor em si mesmo, mas Deus está perto para que dEle flua amabilidade para as pessoas através de você. Ele tem amor suficiente.

ORAÇÃO

Senhor, eu abro mão do rancor e da mágoa, e entrego a Ti situações que me incomodam. Quero ser amável com as pessoas, em qualquer circunstância. Ajuda-me a ter um coração bondoso como o Teu. Em nome de Jesus, amém.

ANOTAÇÕES

Seja amável em qualquer circunstância.

@josuevalandrojr

05
JANEIRO
005/365

CRÍTICAS DESTRUTIVAS

Como alguém que pega pelas orelhas um cão qualquer, assim é quem se mete em discussão alheia.

(PROVÉRBIOS 26.17)

Você gosta de analisar as coisas e ver se estão certas ou erradas, fazendo as famosas "críticas construtivas"? Gosta de opinar mesmo que as pessoas não tenham perguntado nada? Isso é perigoso, porque a precipitação pode estar andando ao seu lado. Antes de termos uma opinião sobre algo, precisamos saber todos os fatos.

Nem tudo é o que parece ser. Às vezes, o que nos contam não é bem o que aconteceu. Aí entramos de cabeça, damos opiniões que não foram solicitadas e, quando não somos bem recebidos, saímos feridos. Quantas situações teriam sido evitadas se tivéssemos nos calado no momento certo? Aquela "crítica construtiva" sem sabedoria se torna apenas mais uma fofoca disfarçada. A Bíblia diz algo muito interessante: quem se mete em briga alheia é como quem pega um cachorro pelas orelhas — é tolice! Precisamos ser como Jesus: prudentes. Só devemos opinar quando houver abertura, e sempre falando a verdade com amor. Clame hoje por sabedoria! Que o Espírito Santo guie suas palavras e sua postura. Às vezes, o maior ato de maturidade é o silêncio.

ORAÇÃO

Senhor, que as minhas opiniões sejam embasadas em Tua sabedoria. Quero ser como Cristo: saber a hora certa de falar e abençoar as pessoas com as minhas palavras. Em nome de Jesus, amém.

ANOTAÇÕES

Não critique. Edifique com sabedoria do alto.

@josuevalandrojr

CUIDE DO SEU FUNDAMENTO

Conforme a graça de Deus que me foi concedida, eu, como sábio construtor, lancei o alicerce, e outro está construindo sobre ele. Contudo, veja cada um como constrói.

(1CORÍNTIOS 3.10)

06
JANEIRO
006/365

Até o momento, o prédio mais alto do mundo é o Burj Khalifa, que fica em Dubai, no Oriente Médio. Ele tem impressionantes 163 andares e 828 metros de altura. Contudo, toda a grandeza e beleza que vemos acima do solo, se não tiver investimento em sua base e sustentação, pode virar pó. Os construtores desse edifício sabiam muito bem dessa necessidade, por isso colocaram 194 estacas de 1,5 metro de diâmetro e 50 metros de comprimento para sustentar tamanho monumento. Como você pode ver, a altura de um prédio tem tudo a ver com seu fundamento.

O prédio mais alto do mundo foi construído em cima de algo sólido e poderoso. E você, está fundamentando a sua vida em quê? Se você quer ser um edifício alto e firme, para a glória do Senhor, precisa investir em sua vida mesmo quando ninguém está olhando, porque é isso que sustentará todo o resto. Muitos querem ter uma vida abundante e alcançar grandes objetivos, mas não querem investir, pagar o preço e sentar-se para aprender. Sem isso, você não suportará o peso de um propósito tão elevado. A Palavra de Deus é o fundamento que traz firmeza a todo o que crê em Jesus. Analise o fundamento da sua vida. Aprenda sobre Ele e sirva-O. Só assim irá crescer.

ORAÇÃO

Senhor, Tu és meu fundamento. Sem Ti eu não fico de pé, mas em Ti eu não serei abalado quando a tempestade vier. Em nome de Jesus, amém.

ANOTAÇÕES

Fundamente sua vida em Jesus.

@josuevalandrojr

UMA PESSOA DO CONTRA

07
JANEIRO
007/365

Pois chegará o tempo em que não suportarão a sã doutrina; ao contrário, segundo os seus próprios desejos, juntarão para si mesmos mestres que lhes digam o que os seus ouvidos, coçando, desejam ouvir.

(2TIMÓTEO 4.3)

Você conhece alguém do contra? Ninguém pode falar nada e ele já está se armando para atacar? Não há conversa, não existe a troca em que um escuta e o outro ouve? Esse alguém pode ser você. Hoje em dia, as pessoas que clamam por tolerância se mostram as mais intolerantes, não aceitam qualquer opinião diferente, e isso gera rompimento na família, no casamento, no relacionamento com os filhos.

Amigos de anos já não se olham, e parece que todos estão um contra o outro. Se você fala da sua fé, alguns nem querem conversa. Se você diz que acredita na família como instituição divina, os outros se incomodam; se diz que o casamento é bom, eles olham torto. O pior é que, se você está pregando a verdade, mais ataques vêm sobre a sua vida. Mas não deixe de falar a verdade só porque alguém do contra vai se incomodar. Mantenha a sabedoria, mantenha seu posicionamento. Que Deus dê discernimento a você, para que testemunhe de sua fé com suas palavras e ações.

ORAÇÃO

Senhor, eu Te agradeço por Tua verdade estar em minha vida. Quero pregar e viver o Evangelho da renúncia, que traz transformação de vida, e assim ser uma bênção para todos que precisam conhecer o Teu amor. Em nome de Jesus, amém.

ANOTAÇÕES

@josuevalandrojr

Responda com sabedoria.

O PODER NO MEIO DAS LUTAS

Não só isso, mas também nos gloriamos nas tribulações, porque sabemos que a tribulação produz perseverança; a perseverança, um caráter aprovado; o caráter aprovado, esperança.

(ROMANOS 5.3-4)

08
JANEIRO
008/365

O que as lutas produzem em você? Ansiedade, medo, a sensação de não poder mudar nada? Será que você tem sido fortalecido na fé, será que está feliz porque Deus está com você e não há o que temer? Quando nos deparamos com as lutas — uma notícia ruim, um negócio que faliu, uma enfermidade sem cura aos olhos dos médicos, uma intriga em família, ou mesmo uma pessoa que não quer mais conversa conosco —, nossa primeira atitude é de frustração ou vingança contra os que estão causando injustiça e provocando dor tanto física quanto emocional em nós.

Há pessoas que se revoltam contra Deus, não querem mais saber de igreja e acabam ainda mais longe dAquele que é o único que pode sustentá-las nos momentos difíceis. Paulo escreveu que se gloriava nas tribulações porque sabia que lutas trazem crescimento. Não desista diante das lutas, elas vão tornar você mais forte e mais firme em Deus. As provações não podem sufocar sua fé se ela estiver firmada no Senhor. Gloriar-se nas lutas é se firmar mais em Deus.

ORAÇÃO

Senhor, coloco minha fé em Ti em meio às lutas que estou atravessando. Eu confio em Tua mão para me sustentar e assim vencerei cada dia pela fé. Em nome de Jesus, amém.

ANOTAÇÕES

As lutas vão tornar você mais firme em Deus.

@josuevalandrojr

09
JANEIRO
009/365

QUAL É A DESCULPA DE HOJE?

Então, o Senhor disse a Abrão: Saia da sua terra, do meio dos seus parentes e da casa do seu pai, e vá para a terra que eu lhe mostrarei.

(GÊNESIS 12.1)

Você conhece alguém que dá desculpas para tudo, e, na hora de fazer o que tem que ser feito, deixa os outros resolverem por ele? Você vai perceber que essa pessoa tem um estilo de vida de não se responsabilizar, mas de terceirizar as próprias atitudes, e quando chega a conta, lá na frente, ela sofre o dano, de uma forma ou de outra.

A desculpa que você dá hoje é a derrota que você vai ter amanhã. A responsabilidade que você assume hoje — a diligência, disciplina de hoje — é a sua vitória amanhã. E isso você vive nas pequenas coisas. Se você começa o dia e não sabe para onde vai, a desculpa vai chegar primeiro: "Só mais cinco minutos", "Vou deixar para lá o devocional de hoje", "Deixa a caminhada para amanhã", "Estudar é difícil". Qual desculpa você está dando hoje para o que Deus já prometeu para você? Quando Deus falou para Abraão: "Sai da tua terra, e vai!", Abraão saiu e foi. Se tivesse escolhido dar desculpas, não teria vivido a promessa de ter uma descendência. Para obedecer a Deus, você tem que parar de dar desculpas e andar pela fé. É hora de viver o que Ele tem para a sua vida.

ORAÇÃO

Senhor, não quero mais viver dando desculpas para não andar pela fé. Lanço fora tudo que tem me impedido de crer em Ti inteiramente. Eu me rendo à Tua vontade, escolho Te ouvir e obedecer, em nome de Jesus, amém.

ANOTAÇÕES

Cancele as desculpas e viva sua bênção.

@josuevalandrojr

O COMPROMISSO MAIOR

Busquem, pois, em primeiro lugar o Reino de Deus e a sua justiça, e todas essas coisas lhes serão acrescentadas.

(MATEUS 6.33)

10
JANEIRO
010/365

Qual é o seu compromisso hoje? Tem muito a fazer, contas para pagar, levar o bebê doente ao hospital? Você tem tantas coisas a conquistar, estudar, e já conquistou muito também, mas de repente percebe que alguma coisa se perdeu e já não faz mais sentido? A vida tem altos e baixos, é um corre-corre constante. Ora estamos celebrando um novo sonho, ora nos frustramos por termos passado por um pesadelo. Mas será que estamos vivendo em função disso e perdendo a saúde, a alegria das conquistas, o ânimo e a vida?

Ter responsabilidades faz parte do amadurecimento, e devemos arcar com todas elas. Mas a maior responsabilidade que temos é a espiritual. A nossa vida com Deus deve ser o primeiro lugar em nossa busca, e às vezes parece que tudo conspira para que isso seja esquecido. É o momento de ser responsável, sim, porque é nosso dever. E dentre essas responsabilidades, Deus deve ser o centro de tudo. Quando colocamos Deus no centro, encontramos o propósito maior para viver: adorar e viver para agradar a Ele, e obedecer à Sua Palavra. Conquiste, viva, cumpra seus compromissos, e cumpra seu maior compromisso: honrar a Deus priorizando-O em meio às coisas desta Terra.

ORAÇÃO

Senhor, eu reafirmo hoje que o Senhor é o meu maior compromisso de vida. Acima de tudo que tenho a fazer, o meu maior desejo é agradar o Teu coração. Em Ti encontro o propósito de viver. Em nome de Jesus, amém.

ANOTAÇÕES

Deus como prioridade é a marca dos vencedores.

@josuevalandrojr

11
JANEIRO
011/365

AMARGO OU DOCE?

Pois onde estiver o seu tesouro, aí também estará o seu coração.

(MATEUS 6.21)

Você conhece alguém amargo? Gosta de andar com gente assim? Você tem sido alguém amargo ou doce para quem caminha ao seu lado? Na vida, teremos situações que vão extrair de dentro de nós o que está sendo cultivado todos os dias, seja amargo ou doce. Eu já vi uma pessoa no leito de uma doença terminal com um sorriso no rosto e agradecida a Deus por respirar. Por outro lado, já vi gente com carros, mansão e muito dinheiro, mas sem alegria alguma. O coração dessas pessoas estava em lugares diferentes: uma, mesmo no fim da vida, se recusava a reclamar, e a outra nunca estava satisfeita.

Seu coração vai fluir para as pessoas a partir de onde você o coloca. Quem tem o Senhor e cultiva uma vida com Ele desfruta da doçura do Espírito Santo, da alegria nEle, e vai fluir Deus para os outros, mesmo que esteja em um leito terminal. Já quem só quer saber de coisas desta Terra e coloca tudo acima de Deus, vai acabar amargo, com sabor desagradável, e até os melhores momentos se tornarão fel. Aniquile a amargura da sua vida. Você não foi feito para transbordar amargura, mas sim para abençoar e ser abençoado. Dificuldades virão, mas é você quem escolhe o que fazer com o seu coração.

ORAÇÃO

Senhor, hoje reconheço que tudo de bom que tenho vivido vem de Ti. Ensina-me a reconhecer a Tua bondade e experimentar a doçura do Teu Espírito fluindo em mim. Em nome de Jesus, amém.

ANOTAÇÕES

Jogue fora a amargura e viva a alegria do Senhor.

@josuevalandrojr

PALAVRAS QUE TRANSFORMAM

Põe, Senhor, um guarda à minha boca;
vigia a porta dos meus lábios.

(SALMOS 141.3)

12
JANEIRO
012/365

Você é bom de diálogo? Suas conversas têm sido tranquilas? As pessoas conseguem falar e você escutar, ou você constantemente nem se sente bem em falar nada, porque não se sente ouvido ou não consegue ouvir? A palavra é uma das coisas mais importantes da nossa vida. Por meio dela conseguimos nos comunicar, expressar nossos sentimentos, formular projetos, gerar conexões, gerar realidades diferentes da que vivemos.

Há momentos, porém, que até falando a mesma língua ninguém se entende. Quando Jesus pregava, usava parábolas para que os inteligentes, mestres e estudados tivessem que pensar nas coisas simples. Assim, até os que não tinham o mesmo conhecimento podiam entender. A mensagem chegava ao coração de quem tinha sede, e não de quem estava querendo questionar, colocar à prova Seu ensinamento. Tem gente que só fala por monólogo, conta suas conquistas e interrompe o outro a cada cinco segundos, pois não quer ouvir. Porém, os mais sábios ouvem mais do que falam, e, quando falam, mudam a vida de alguém. O Espírito Santo está em busca de corações simples, para que aprendam a ouvir Sua voz. Coloque suas palavras à disposição do Reino.

ORAÇÃO

Senhor, eu quero aprender a ser como Jesus, que conseguia ensinar as pessoas com as palavras certas. Quero saber ouvir e falar o que vem do Teu coração. Em nome de Jesus, amém.

ANOTAÇÕES

Fale como Jesus falaria.

@josuevalandrojr

13
JANEIRO
013/365

ESTATURA PERFEITA

Até que todos alcancemos a unidade da fé e do conhecimento do Filho de Deus e cheguemos à maturidade, atingindo a medida da plenitude de Cristo.

(EFÉSIOS 4.13)

Você tem coisas a melhorar? Em sua forma de falar, em seu comportamento, em sua administração na vida, em seu relacionamento com seus filhos, com sua esposa ou esposo? O que você precisa melhorar hoje? Melhorar é uma palavra que revela que temos um padrão, mas que reconhecemos que há um ponto mais elevado, mais alto, que consideramos melhor.

A Palavra diz que Jesus é "a estatura do varão perfeito". Há no coração do ser humano a busca por algo maior, mas o nível perfeito só é alcançado quando deixamos de agir e tomar decisões por nossa própria vontade. Só Deus nos leva ao nível de humildade, bondade, entrega, graça e plenitude que Jesus, Seu Filho, tem. Então, só quando nos submetemos ao senhorio de Jesus, temos acesso a esse nível. Não fique tentando ser uma pessoa boa por meio de ações humanas. Escolha ser transformado radicalmente, fazer a vontade de Deus, agir como Cristo. Siga o exemplo perfeito, que tem a estatura perfeita. Siga Jesus.

ORAÇÃO

Senhor, eu sei que pessoas são falhas, por isso o meu modelo é Jesus. Abençoa-me para viver no padrão dEle, que é o padrão que Te agrada. É em nome dEle que eu oro. Amém.

ANOTAÇÕES

O lugar mais alto fica aos pés da cruz.

NÃO É NÃO

Pois o Senhor disciplina a quem ama, assim como o pai faz ao filho a quem deseja o bem.

(PROVÉRBIOS 3.12)

14
JANEIRO
014/365

Quantos nãos você já recebeu de Deus? Sabe quando um pai ou uma mãe está querendo o melhor para seu filho de três aninhos, mas a criança insiste em querer colocar o dedo na tomada? Os pais até falam juntos, segurando as mãos daquele bebê: "Não pode!" E o que o bebê faz? Começa a chorar e espernear. Vai levar um tempo até ele amadurecer.

Nós fazemos isso com Deus. Ele deixou claro em Sua Palavra os nãos, como um pai que não quer que levemos choque nas tomadas da vida. Mas fazemos bico, é um chororó de tapar os ouvidos. Isso é sinal de que não amadurecemos. Quando já nos tornamos filhos amadurecidos, Deus diz não, e nós entendemos que Ele está nos guardando das tomadas em que estamos prestes a colocar o dedo. Quais são as tomadas acerca das quais você está ouvindo claramente o não de Deus? É hora de agradecer a Ele por Sua bondade, de entregar a Ele o controle. É hora de obedecer sem questionar. Lá na frente, você vai saber de quais tomadas Ele livrou você.

ORAÇÃO

Senhor, eu Te agradeço pelos nãos que o Senhor me deu. Não compreendo o motivo, mas sei que o Teu não é para o meu bem, porque o Senhor tem cuidado de mim, e por isso eu sou grato. Em nome de Jesus, amém.

ANOTAÇÕES

É melhor o não que salva, do que o sim que destrói.

@josuevalandrojr

15
JANEIRO
015/365

HÁ LIMITE PARA A CONVIVÊNCIA

Aquele que anda com os sábios será cada vez mais sábio, mas o companheiro dos tolos acabará mal.

(PROVÉRBIOS 13.20)

Com quem você tem andado? A palavra networking (que significa "ter contatos profissionais e trabalhar em equipe") é muito falada nos dias de hoje. Todos se preocupam em ter pessoas importantes ao redor. Dizem: "Ah, é preciso ter boas conexões para conseguir bons negócios, para ter pessoas favoráveis na caminhada profissional". Esse conceito de networking é mais voltado para objetivos financeiros.

Mas existe um networking mais importante que esse: as nossas convivências. Elas determinam nosso jeito de nos relacionarmos. O ambiente em que estamos inseridos fala muito do nosso sucesso ou fracasso, porque a convivência influencia o nosso coração, valores, ética, moral, atitude em família e na sociedade, a nossa postura diante de Deus. O ambiente exerce uma enorme influência sobre nós. Deixe Deus escolher e aprovar suas companhias. Não importa se você se considera uma pessoa de cabeça feita, honrada, de influência, que sabe o que quer — se você está em um ambiente, vai ser influenciado por ele. Determine aonde quer chegar, e escolha os ambientes certos. Seja sábio, ou seja influenciado.

ORAÇÃO

Senhor, dá-me sabedoria para escolher os ambientes a que devo ir, participar e desfrutar. Quero andar com pessoas que Te honram. Guia os meus passos e escolhas. Em nome de Jesus, amém.

ANOTAÇÕES

Deixe Deus escolher e aprovar suas companhias.

@josuevalandrojr

UM NOVO ESTILO DE VIDA

Bem-aventurado aquele que não anda segundo o conselho dos ímpios, não se detém no caminho dos pecadores nem se assenta na companhia dos zombadores. Ao contrário, a sua satisfação está na lei do Senhor, e na sua lei medita dia e noite.

(SALMOS 1.1-2)

16
JANEIRO
016/365

Será que o salmista está dizendo para sairmos de perto de pecadores, e andar só com quem é cristão, ignorando os outros? A Bíblia nos dá uma missão: por conhecer o Evangelho, devemos ser influência e levar os princípios e valores da Palavra às outras pessoas.

Quanta gente ia até Jesus e era liberta, porque só Ele é a salvação e a liberdade! Quando conhecem Jesus, as pessoas que vivem uma vida pecaminosa escolhem abandonar esse estilo de vida e segui-Lo. Agora pense comigo: será que as pessoas que ainda não tiveram esse encontro com Jesus e convivem com você poderão dizer: "Ah, eu sempre admirei seu jeito de ser como cristão, e agora eu sou cristão também"? Escolha fazer de seu estilo de vida um modelo para quem, um dia, vai testemunhar que conheceu Jesus através de você, principalmente pelo seu exemplo.

ORAÇÃO

Senhor, eu quero ser influência onde eu estiver, abençoar cada pessoa com que me relaciono com sabedoria, para que todos vejam a Tua glória através da minha vida. Em nome de Jesus, amém.

ANOTAÇÕES

Seu estilo de vida deve refletir Jesus.

@josuevalandrojr

NÃO LIMITE DEUS À SITUAÇÃO

17
JANEIRO
017/365

Os que tinham presenciado essas coisas contaram ao povo como o endemoniado havia sido liberto.

(LUCAS 8.36)

Será que Deus é limitado pelas prisões espirituais? Será que alguém que você conhece hoje e precisa de uma libertação realmente tem saída? Sim, porque Jesus veio para mudar a história daquele que é cativo das trevas.

Havia um homem assim quando Jesus esteve na Terra. Ele se jogava contra os sepulcros, e não tinha quem o segurasse. Quando Jesus chegou, até os demônios O reconheceram, e Ele libertou aquele homem do controle das trevas. Não há limites para o poder de Deus! Se você conhece alguém de quem diz: "Olha, esse daí não tem mais jeito, não. É impossível ter salvação", saiba que há poder no nome de Jesus, e Ele pode mudar essa história. Comece a orar constantemente por essa pessoa e persevere, sabendo que a resposta virá, a mudança virá. Aquele endemoniado era incontrolável até que Jesus chegou à sua história. Não há situação que Jesus não transforme, e Ele está chegando à sua história hoje. Creia e descanse nessa palavra.

ORAÇÃO

Senhor, eu creio que o Senhor tem poder sobre tudo e todos, porque toda autoridade está em Ti. Não há situação difícil demais para Ti; por isso, eu entrego a minha dificuldade em Tuas mãos. Alcança a minha vida hoje. Eu oro em nome de Jesus, amém.

ANOTAÇÕES

Nenhuma situação limita o agir de Deus.

@josuevalandrojr

CREIA NAS PROMESSAS DE DEUS PARA SUA VIDA

Levando-o para fora da tenda, disse-lhe: Olhe para o céu e conte as estrelas, se é que pode contá-las. Então, prosseguiu: Assim será a sua descendência.

(GÊNESIS 15.5)

18

JANEIRO

018/365

Você acredita que sonhos grandiosos fazem parte da sua vida? Que você pode ser o empresário, o proprietário do negócio onde você é hoje funcionário, ou que pode ter condições financeiras de ajudar alguém mesmo que hoje seja você quem está precisando de ajuda? O texto de hoje mostra o momento em que Deus Se dirigiu a Abraão e lhe fez uma promessa: ele seria pai de uma grande nação, ele teria uma descendência, um povo numeroso.

Abraão tinha 75 anos quando ouviu isso de Deus! Passaram-se os anos, e Abraão começou a ficar desesperançoso. Mas Deus lhe disse para sair da tenda em que estava e contar as estrelas. Eu acho que ele perdeu a conta várias vezes. Talvez Deus tenha dito: "E aí, contou? Abraão, minha promessa é séria para você. Eu não volto atrás. Sua descendência será assim, como as estrelas. Eu já disse isso." Deus é tão amoroso que fez com que Abraão se lembrasse da promessa recebida. Quais promessas você já recebeu e precisa se lembrar hoje? Deus vai cumprir tudo que prometeu, somente creia nEle, confie e obedeça à orientação que Ele deu para você.

ORAÇÃO

Senhor, assim como não consigo contar as estrelas, também não sei quantas bênçãos o Senhor tem preparado para mim, mas eu creio em Ti e vou Te obedecer. Em nome de Jesus eu oro, amém.

ANOTAÇÕES

Se Deus prometeu, Ele cumprirá.

@josuevalandrojr

19
JANEIRO
019/365

SERVO POR COMPLETO

Assim, o pecado não deve ter domínio sobre vocês, porque vocês não estão debaixo da lei, mas debaixo da graça.

(ROMANOS 6.14)

A quem você serve? A si mesmo, aos amigos, ao mundo? Ou a Cristo? Ser cristão é ser um "seguidor de Cristo", mostrar a quem você serve. Você é escravo de quem você serve. Se serve aos amigos, quando vier uma proposta contra a vontade de Deus, você pode até ficar constrangido, mas vai ceder. Se serve a Cristo, não vai dar a mínima importância para a vida errada que estão oferecendo a você, e vai testemunhar quem é o seu Deus.

Essa postura depende da resposta que você dá à pergunta que fiz no começo da meditação de hoje: a quem você serve? Servir a Cristo tem a ver com fazer escolhas diárias que O agradam, que estão de acordo com o que Ele quer. Quando você assina um contrato, está dizendo que está de acordo com o que está ali. Você leu e entendeu, então assina. Quando você se compromete com Jesus, fecha esse acordo cheio de graça e desafios que levam a Deus. Não vale a pena ser servo de si mesmo nem do mundo. Sirva a Jesus. Não pela metade, não parcialmente ou só nos finais de semana. Escolha ser servo 100% do seu tempo. Deus recompensará você por essa decisão. Que Ele abençoe sua vida hoje.

ORAÇÃO

Senhor, eu quero Te servir 100%. Eu abro mão do pecado, das propostas e dos amigos que querem me levar para longe de Ti. Minha vida é Tua, e tudo que sou e faço é para Te honrar. Em nome de Jesus eu oro, amém.

ANOTAÇÕES

Servir a Cristo é fazer escolhas diárias que agradam a Ele.

@josuevalandrojr

SUA FÉ ESTÁ SENDO OBSERVADA

[...] Não puderam achar nele falta alguma, pois ele era fiel [...].

(DANIEL 6.4)

20
JANEIRO
020/365

Qual é a imagem que as pessoas têm de você? Às vezes, as pessoas falam coisas desagradáveis a seu respeito, mas, no fundo, elas percebem que você traz em seu coração e em sua vida coisas que elas queriam, mas não conseguem ter. Lembro que trabalhei com uma pessoa que fazia muitas piadinhas, brincando com a minha fé. Aquilo me irritava. Um dia a pessoa me chamou de canto — achei que era mais uma brincadeira maldosa. Para minha surpresa, era um pedido de oração por sua família: "Você que tem intimidade aí com Deus, ora por mim, por favor". Fiquei envergonhado de não ter percebido que, por trás daquela atitude debochada, havia uma profunda sede de Deus.

Não viva uma vida cristã de discursos bonitos. Viva de tal maneira que as pessoas olhem e vejam Cristo em você, vejam que você é apaixonado pela Bíblia, que valoriza a família, e que faz isso por um motivo: amor a Deus e fidelidade a Ele somente. Daniel era um homem fiel a Deus, e muita gente estava de olho na fé que ele demonstrava, com o objetivo de derrubá-lo. Mas Daniel não precisava falar de sua fé; ele vivia a fé que o movia. Faça do seu testemunho a sua história, para levar as pessoas para mais perto do Senhor. Não importa o que falem, seu testemunho fala mais alto.

ORAÇÃO

Senhor, hoje oro pelas pessoas que têm atacado minha vida e minha fé em Ti. Revela o Teu amor e a Tua misericórdia por essas pessoas, e dá-me sabedoria para lidar com isso e Te honrar com minha atitude. Em nome de Jesus, amém.

ANOTAÇÕES

Seu testemunho fala mais alto que qualquer palavra.

@josuevalandrojr

21
JANEIRO
021/365

SEMEIE COM DEUS

Ao fiel, te revelas fiel. Ao repreensível, te revelas irrepreensível, ao puro te revelas puro, mas ao perverso te revelas astuto. Salvas os humildes, mas humilhas os de olhos altivos.

(SALMOS 18.25-27)

Você vive o que fala, vive o que crê? É coerente no seu relacionamento com Deus e no que pratica? Deus quer falar coisas muito fortes, quer revelar-Se a você. Quer que as pessoas olhem para você e vejam a presença dEle. Agora, esse trato de Deus com a sua vida, essa intimidade do Senhor com você, depende de algumas coisas.

É a lei da semeadura, que é também aplicada no mundo espiritual: muitas pessoas querem muito de Deus, mas não querem viver as condições para receber dEle as promessas. Toda promessa tem uma condição, toda promessa tem um princípio. Até a salvação eterna é de graça, mas para quem crê de todo o coração. E quem crê de todo coração vive de todo coração. Não existe crença sem atitude. Se eu realmente acredito no amor que tenho pela minha esposa, vou fazer alguma coisa para demonstrar esse amor. Se eu acredito no amor que tenho pelos meus filhos, vou demonstrar esse amor. Sem prática, o amor não passa de palavras. Posicione-se com coerência. Semeie com Deus e colha o melhor dEle a cada dia.

ORAÇÃO

Senhor, quero viver o que falo e falar o que vivo. Que a minha vida reflita o meu relacionamento contigo em todas as áreas, e eu experimente o Teu agir em mim e através de mim. Em nome de Jesus, amém.

ANOTAÇÕES

@josuevalandrojr

Plante o que você quer colher.

COMO NÃO PERDER O EQUILÍBRIO

Sempre tenho o Senhor diante de mim. Com ele à minha direita, não serei abalado.

(SALMOS 16.8)

22
JANEIRO
022/365

Na vida, a gente sonha com coisas boas e agradáveis. Quem nunca pensou em uma boa moradia, em uma viagem legal, em uma boa comida? Quem não pensa em realizar o sonho dos filhos, das pessoas que ama? Sonhar é bom, porque, de certa forma, quando você deixa de sonhar, deixa de viver.

Mas nem tudo que desejamos acontece, e, às vezes, não acontece no tempo que gostaríamos. Por isso, precisamos ter autocontrole na nossa caminhada, porque a decepção de hoje pode significar o desespero com o amanhã e a ingratidão pelo ontem. O salmista tem convicção ao declarar: o momento bom, ruim, de euforia, de fracasso, não importa — se o Senhor está à minha direita, eu não serei abalado. Todos nós deveríamos ter essa certeza! A vida não é um filme de Sessão da Tarde para entreter as crianças nas férias. A vida nos reserva momentos complexos, difíceis, e até momentos que nos dão vontade de desistir. Mas a nossa certeza não está firmada em momentos, e sim naquele que está à nossa direita, sendo o nosso Senhor. Que Deus abençoe você.

ORAÇÃO

Senhor, Tu és o meu equilíbrio e o meu sustento todos os dias. Diante de tudo que estou vivendo, eu seguro em Tuas mãos para caminhar e não me perder. Guarda a minha vida, em nome de Jesus. Amém.

ANOTAÇÕES

Deus sustenta você todos os dias.

23
JANEIRO
023/365

QUER OU NÃO QUER?

Não se deixem enganar: de Deus não se zomba. Pois o que o homem semear, isso também colherá.

(GÁLATAS 6.7)

Você tem tido os resultados que espera na vida? Tem conseguido alcançar o que planeja? Será que está faltando algum detalhe para colocar tudo nos eixos? Existe uma lei na física que diz que, para toda ação, existe uma reação. Então, imagine uma pessoa que quer falar um idioma, e todos os dias repete que quer muito aprender esse idioma, mas nunca treina, nunca faz nada para aprender. Você acha que ela vai atingir esse alvo? Não vai, porque o esforço necessário para isso ela não faz.

As pessoas tendem a achar que o que aconteceu com elas foi azar, foi falta de sorte, falta de oportunidade, que alguém é culpado pelo que aconteceu. Muitas vezes, tentamos dar vários motivos para os nossos fracassos, nossas dificuldades, os momentos que não são bons na nossa trajetória. Mas o texto de hoje coloca uma nova perspectiva: você planta, você colhe. Ação e reação. Quer resultados diferentes? Faça diferente. Em lugar de achar que o mundo está contra você, mude hoje a perspectiva e comece uma nova ação. Vá atrás, coloque seu esforço na direção certa. Procure conselho certo, orientação. Saia da posição de espera e vá para a posição de avanço. Deus é com você, e o resultado será diferente. Creia.

ORAÇÃO

Senhor, hoje determino em meu coração parar de me esforçar na direção errada, sem rumo e sem conselho, e começar a seguir a Tua direção. Abençoa-me e renova as minhas forças para alcançar os resultados que busco. Em nome de Jesus, amém.

ANOTAÇÕES

Com Deus, o seu resultado será diferente.

A FÉ QUE TRANSFORMA SUAS DORES

Ele enxugará dos seus olhos toda lágrima. Não haverá mais morte, nem aflição, nem choro, nem dor, pois as coisas antigas já passaram.

(APOCALIPSE 21.4)

24
JANEIRO
024/365

Na vida, temos muitas coisas boas. Comemos, rimos de coisas engraçadas, admiramos na televisão a vista da natureza, a beleza e perfeição do voo de uma ave, a força de um leão correndo na savana. Na vida, temos muitos momentos de prazer, como, em um dia de extremo calor, tomar aquele banho refrescante. Que prazer é comer uma fruta bem docinha!

Mas a vida também é muito dura. As pessoas que amamos não entendem o nosso amor, as que queremos ajudar não querem ser ajudadas. Lutamos para ser saudáveis e ficamos doentes. Amamos profundamente alguém, e, um belo dia, essa pessoa se vai. Como pastor, eu vivo isso todo dia. Busco dar apoio aos outros enquanto também pratico o cuidado com a minha própria vida. E quantas vezes vejo de perto a dor de vizinhos se perdendo, pessoas frequentando a igreja sem levar Deus a sério. Quanta gente sem acreditar que o Céu é verdadeiro, que Jesus vai voltar! Temos que ter uma posição clara. A fé transforma dores em certeza de vitória. Você crê que existe um lugar onde será enxugada dos seus olhos toda lágrima? Acredita que todas as coisas boas que vivemos nesta terra são quase nada em comparação com toda a eternidade de alegria e deleite com Deus? É hora de crer.

ORAÇÃO

Senhor, eu creio que há um lugar muito melhor do que esta Terra, um lugar em que não haverá mais morte nem dor, e todas as minhas lágrimas serão enxugadas. Sou grato por tudo que vivo, e até pelas provações, pois o Senhor está acima de todas as coisas. Em nome de Jesus, amém.

ANOTAÇÕES

É hora de crer.

@josuevalandrojr

NADA DARÁ CERTO SEM AMOR

25
JANEIRO
025/365

Jesus respondeu: "Ame ao Senhor, o seu Deus, com todo o seu coração, com toda a sua alma e com todo o seu entendimento."

(MATEUS 22.37)

Você ama a Deus acima de tudo? E como você tem amado as pessoas? Uma coisa que muitos não entendem é que o amor é vital para uma caminhada vitoriosa. Sem amor, não vamos prevalecer, porque é o amor que dá o tempero certo para cada coisa na vida: relacionamento conjugal, com os filhos e os pais, com os amigos, com o pessoal do trabalho e até com os necessitados. O amor é o melhor tempero da vida, e seu foco não deve estar em nós mesmos, mas no outro.

É natural que, no início de um ciclo ou etapa da vida, acreditemos que vamos conseguir fazer tudo amando ou não a Deus, amando ou não a nós mesmos e às pessoas. Mas a verdade é que seu amor nunca será pleno se, antes, você não tiver amor a Deus. Somente com essa perspectiva, e só vivendo dessa maneira, em amor, é que tudo dará certo em nossa vida. Hoje é dia de amar a Deus acima de tudo. Sem esse amor, nada dá certo como devia. Coloque seu amor a Deus, a si mesmo e aos outros na perspectiva certa!

ORAÇÃO

Senhor, quero amar tudo o que o Senhor ama e ser guiado pelo Teu Espírito para amar as pessoas. Se tenho falhado nisso, peço perdão e quero agir segundo o Teu querer para com o meu próximo. Em nome de Jesus, amém.

ANOTAÇÕES

O amor é o melhor tempero da vida.

@josuevalandrojr

EM JESUS, VOCÊ PODE

[...] Se você conhecesse o dom de Deus e quem está pedindo água, você lhe teria pedido e ele lhe daria água viva.

(JOÃO 4.10)

26
JANEIRO
026/365

Você já percebeu como é fácil confiar demais em suas próprias forças? Você acha que suas conexões e recursos são sempre suficientes? Já imaginou o que aconteceria se você buscasse algo além, algo divino? No começo de um novo ano ou novo ciclo, costumamos ter um raio de esperança de que podemos viver o que ainda não vivemos, fazer algo que ainda não fizemos e conquistar o que ainda não conquistamos. O problema é que confiamos muito naquilo que podemos fazer, em nossos pensamentos, conexões, no dinheiro que conseguimos guardar.

Todas essas coisas são boas para alcançarmos objetivos. Mas a meditação de hoje é uma resposta de Jesus à mulher samaritana. Ela tinha uma sede profunda, e já tinha tentado de tudo com suas próprias forças. Só Jesus é a Água da Vida que pode saciar a sede humana, e, quando ela fala com Ele, finalmente os esforços vazios acabam e a sede se vai. Beba da água viva hoje, que só em Jesus Cristo você pode encontrar.

ORAÇÃO

Senhor, tenho sede de Ti. Nada pode me saciar, somente a Tua presença, a Tua Palavra, o Teu Espírito Santo. Sacia-me! Em nome de Jesus, amém.

ANOTAÇÕES

Jesus é a Água da Vida. Ele sacia a sede da alma.

@josuevalandrojr

27
JANEIRO
027/365

AUTOEXAME

Examine cada um a si mesmo [...].

(1CORÍNTIOS 11.28)

Quais os seus planos? Qual o seu melhor plano, aquele pelo qual você acorda e luta todos os dias? Você pode achar que tem um plano incrível e grandioso, daqueles que impressionam. Mas hoje quero dizer que Deus ama você e tem planos ainda maiores para a sua história. Acontece que, às vezes, você tem um sonho, merece o sonho, Deus quer conceder o sonho, mas você não está preparado para receber a bênção.

Sabe aquele homem que tem o sonho de se casar com uma mulher digna, honrada, parceira, amiga, e Deus concede a ele essa bênção, e agora ele tem uma mulher especial ao lado, mas, depois de um tempo, não a valoriza mais, não a trata bem, não dá carinho, é grosseiro, muitas vezes mente, e sempre esquece das datas especiais? Essa pessoa queria algo e Deus queria conceder. A pessoa conseguiu, mas não estava preparada. O coração, o entendimento e o pensamento dela não estavam ajustados para viver aquele sonho. Quais sonhos Deus já concedeu a você que lhe trouxeram alegria de início, mas depois deixaram de ser valorizados? Faça esse autoexame hoje para não cair no grupo das pessoas que só se deixam levar pela vida, e param de ser gratas pelos sonhos que já estão desfrutando. Vale a pena olhar e identificar os sonhos que Deus já lhe deu e que você precisa valorizar e zelar.

ORAÇÃO

Senhor, já recebi tanta coisa da Tua bondosa mão, e muitas vezes não sei valorizar, agradecer e zelar como deveria. Perdoa-me, Senhor. Eu agradeço e estou pronto a corrigir em mim o que deve ser corrigido. Em nome de Jesus, amém.

ANOTAÇÕES

@josuevalandrojr

Valorize o que Deus já deu a você.

INSISTA NOS SEUS SONHOS

Não que eu já tenha obtido tudo isso ou tenha sido aperfeiçoado, mas prossigo para alcançá-lo, pois para isso também fui alcançado por Cristo Jesus.

(FILIPENSES 3.12)

28
JANEIRO
028/365

Na vida, temos momentos de mudanças, de começar um novo ciclo, uma nova fase. Há aquele momento em que você olha para sua vida, sua rotina e percebe que tem muita coisa que pertencia a outra fase, mas que você ainda mantém, e não consegue viver o novo.

Paulo toca profundamente o meu coração porque ele não diz que vai avançar e vencer simplesmente porque começou um novo ciclo, porque o ano virou e porque agora ele está motivado por isso. Não! A declaração dele é que ele prossegue, ele continua na direção do alvo que Deus lhe tinha dado. Sabe o que isso quer dizer para você hoje? Não desista dos sonhos que você tem guardados. Só porque não se realizaram ainda, você já pensa em deixá-los de lado? Nada disso. Prossiga! Perseverar é a palavra que define a vida cristã. Perseverar em nossos sonhos, em Deus, no crescimento espiritual, nos projetos. A nossa confiança em Cristo é motivo para prosseguir, porque já fomos alcançados por Ele. Que Deus abençoe sua vida!

ORAÇÃO

Senhor, eu renovo hoje a minha fé para crer e prosseguir na direção que o Senhor já está me dando. Não vou desistir do que o Senhor prometeu e fará em mim. Em nome de Jesus, amém.

ANOTAÇÕES

Persevere na direção que Deus já mostrou.

@josuevalandrojr

SE DEUS FALOU, ENTÃO CREIA

29
JANEIRO
029/365

Então, Deus respondeu: "Na verdade, Sara, a sua mulher, lhe dará um filho, e você o chamará Isaque" [...].

(GÊNESIS 17.19)

Você costuma duvidar das coisas na sua vida? Tem gente ao seu redor que, quando você quer mudar e melhorar, ninguém acredita? Até quando Deus fala que a sua sorte vai mudar, tem gente que quer "jogar terra"? Às vezes, as pessoas que mais amamos serão as que mais duvidarão do que Deus nos falou. Isso pode acontecer, sim! Mas o que os outros falam da nossa vida, incluindo os mais próximos, não determina o que Deus nos falou.

Foi isso que aconteceu com Sara e Abraão: ela ficou só observando para ver quando a promessa na vida dele aconteceria. Foi tanto tempo esperando que ela quis dar um jeitinho para apressar as coisas. Muitos agem como Sara, desconfiando, achando que Deus não vai fazer o que prometeu. Com pessoas desconfiando ou não, acreditando ou não, o Deus que nos chamou é fiel à Sua Palavra. Quem não pode deixar de acreditar nas promessas dEle é você. Não fique tentando dar uma ajudinha para Deus. Creia, lembre das promessas hoje, e viva para a glória dEle. Se Ele prometeu, Ele vai cumprir.

ORAÇÃO

Senhor, a Tua promessa está firme no meu coração e ninguém pode mudar os Teus desígnios na minha vida. Nada vai impedir o Teu agir, e eu sei que o Senhor vai realizar em mim o Teu propósito. Em nome de Jesus, amém.

ANOTAÇÕES

@josuevalandrojr

Se Deus prometeu, Ele vai cumprir.

EXISTE UM LUGAR PARA VOCÊ

Quem crê no Filho tem a vida eterna; já quem rejeita o Filho não verá a vida, mas a ira de Deus permanece sobre ele.

(JOÃO 3.36)

30

JANEIRO

030/365

O que você acha que vai acontecer com você no fim da sua vida? Sim, você sabe que um dia vai morrer, porque ninguém é um guerreiro imortal, afinal de contas. Muitos tentam explicar o que vai acontecer quando morrerem com a teoria da reencarnação, mas isso não tem base bíblica. Outros creem que, no fim da vida, tudo acaba. Esse é outro problema. Nós não sabemos lidar com a morte, temos a expectativa de vencê-la. O homem tem um conceito de vida, e não de morte. Portanto, a essência do homem lhe nega a possibilidade de a morte ser o fim.

Somos seres espirituais, e não só matéria. A ciência comprova que pessoas que oram têm melhores condições de vencer doenças, melhor equilíbrio emocional. Ambientes de fé geram curas milagrosas. Então, a humanidade só tem uma saída: crer na Palavra de Deus e estabelecê-la como verdade. Quem crê em Cristo tem a vida eterna. Jesus é vida! Ele preparou um lugar para você. Decida hoje que é para lá que você vai.

ORAÇÃO

Senhor, hoje eu confesso a Jesus como meu único e suficiente Salvador, pois só Ele pode me levar até a Tua presença, e só dEle vem o meu lugar na eternidade. Eu rejeito toda forma de ensinamento que contradiz essa verdade revelada por Ti em Tua Palavra. Perdoa os meus pecados e escreve o meu nome no Livro da Vida. Em nome de Jesus eu oro, amém.

ANOTAÇÕES

Ambientes de fé geram curas milagrosas.

@josuevalandrojr

DEUS CONHECE A SUA DOR

31
JANEIRO
031/365

Jesus chorou.

(JOÃO 11.35)

Você conhece a história: Jesus tinha uma enorme amizade com Lázaro e suas irmãs, Marta e Maria. De repente, chegou a notícia de que Lázaro estava muito doente, mas Jesus estava em outra cidade e só chegou à casa dele quatro dias depois de sua morte. Agora já não era um momento de festa na vida da família que Ele tanto gostava de visitar; era só dor e luto, vazio e tristeza, e tanto Marta como Maria Lhe disseram a mesma coisa: "Se o Senhor estivesse aqui, meu irmão não teria morrido". A separação por morte é a pior dor que o ser humano pode experimentar, e, sendo Deus, mas sendo humano também, Jesus sentiu a dor daquele momento. É assim que João registra a reação dEle diante do luto, de modo simples e direto: "Jesus chorou".

Diante da dor da morte, não há palavras. Às vezes, você só consegue baixar a cabeça e chorar, a dor engole todo o resto. Mas quero dizer para você hoje que Jesus veio para vencer o poder da morte. Ele ressuscitou, e, por isso, naquele dia, Ele chamou Lázaro do túmulo, para que se manifestasse ali a glória de Deus. Nós não estamos sozinhos em nosso sofrimento. Deus vê cada lágrima, cada dor, cada coração quebrado. Servimos a um Deus que não é estático, alheio, ausente. Jesus chorou. Ele sabe a sua dor, a sua perda, a sua tristeza. Seja fortalecido hoje na fé e na convicção de que um dia toda lágrima por morte cessará, todo pranto por perdas e angústias será tirado. Que o Autor da Vida fortaleça e abençoe você.

ORAÇÃO

Senhor, deposito aos Teus pés as minhas lágrimas e a minha dor. Que o Espírito Santo Consolador encha o meu coração de paz, na certeza de que a vida eterna é a Tua dádiva para mim. Restaura o meu coração. Em nome de Jesus, amém.

ANOTAÇÕES

@josuevalandrojr

Deus é o consolo diante da dor.

“

VENHAM A MIM,
TODOS OS QUE
ESTÃO CANSADOS E
SOBRECARREGADOS,
E EU DAREI
DESCANSO
A VOCÊS.

”

DEVOCIONAL

manhã com Deus

FEVEREIRO

01
FEVEREIRO
032/365

VENÇA SEU VELHO HOMEM

Quanto à antiga maneira de viver, dispam-se do velho homem, que se corrompe por desejos enganosos.

(EFÉSIOS 4.22)

Já reparou que há pecados que você até orou a Deus pedindo perdão, se arrependeu, mas, daqui a pouco, está cometendo outra vez? Pode ser uma mentira. Pode ser quando você fica irritado, explode e xinga. Pode ser quando você explora um cliente, vendendo uma coisa por mais do que é justo.

Paulo escreveu essa carta aos efésios nos dando princípios de uma vida cristã alinhada à vontade de Deus, para o nosso bem e crescimento. É isso que Deus quer para você quando chama sua atenção sobre sua maneira de viver, ordenando que deixe para trás velhos hábitos. Quanta gente tem tudo para prosperar, mas não consegue, porque sua vida é mal resolvida, a família não está bem, o coração e a existência não estão bem, o casamento está desalinhado e até mesmo os negócios. É o velho homem querendo aparecer de novo. A Bíblia diz que quem está em Cristo é nova criatura. Então, ou Cristo governa a sua vida, ou seu velho homem faz isso. Você é nova criatura, então deixe o Espírito Santo ensiná-lo a agradar a Deus com seu comportamento, abandonando o pecado. Hoje é dia de escolher viver para Cristo.

ORAÇÃO

Senhor, eu tenho atitudes que devo mudar. Quero deixar velhos hábitos para trás e andar nessa nova vida em Jesus. Em nome dEle eu oro, amém.

ANOTAÇÕES

Jesus faz novas todas as coisas.

PARE DE SE ACUSAR

O Senhor disse a Satanás: "Pois bem, tudo o que ele possui está nas suas mãos; apenas não toque diretamente nele.

(JÓ 1.12)

02
FEVEREIRO
033/365

Na vida, nem tudo é do jeito que nós gostaríamos. Às vezes, parece que somos os únicos que estamos vivendo uma situação, e achamos que não merecíamos passar por uma coisa assim. Então ficamos procurando um culpado e, quando não achamos, achamos que o que aconteceu foi por nossa causa, assumindo uma culpa enorme. Parece até um julgamento diário, em que nós somos o juiz e também o réu condenado! Temos um sistema de acusação forte, e aquilo que deu errado na nossa vida, de alguma maneira, nos paralisa. Assim, nos esquecemos de que muita gente melhor do que nós já viveu situações até piores. E temos acusação para tudo: vida financeira, emocional, espiritual, casamento, filhos, ministério. Sim, há quem tenha perdido o trabalho na igreja e depois perdeu o equilíbrio, se decepcionando com o resultado. Vamos colocar um ponto final nas acusações hoje!

Lembra quando Jó viveu aquelas terríveis perdas? Ele terminou dizendo: "Agora entendi. Tudo o que aconteceu era para eu conhecer o Senhor mais a fundo, para ter intimidade com o Senhor". Deus permitiu perdas para que ele tivesse o melhor ganho. Pare de se acusar, você é livre em Jesus Cristo. Nada vai frustrar o plano de Deus na sua vida. Seja abençoado hoje com esse renovo de liberdade, com a certeza de que Deus está atento e agirá em cada situação que nos pareça contrária.

ORAÇÃO

Senhor, eu rejeito hoje toda culpa e me coloco na Tua presença para viver a Tua graça, porque ela está sobre mim. Sou livre em Ti, em nome de Jesus. Amém.

ANOTAÇÕES

Você é livre em Cristo Jesus.

@josuevalandrojr

03
FEVEREIRO
034/365

TUDO COMEÇA PELA VIDA ESPIRITUAL

Portanto, se alguém está em Cristo, é uma nova criação. As coisas antigas já passaram; eis que se fizeram novas!

(2CORÍNTIOS 5.17)

Você está em Cristo? Muita gente quer ter uma vida melhor e faz planos para várias áreas da vida, seja para a família, finanças, saúde, viagens e empreendimentos. Porém, muitas coisas que planejamos nessas áreas só serão realizadas se estivermos bem na área espiritual.

A vida espiritual é a base de tudo. As pessoas acham que o dinheiro é a base de tudo, porque, com dinheiro, podem comprar a melhor casa, o melhor carro, o melhor remédio, o melhor médico, a melhor viagem. Mas dinheiro não compra o melhor sentimento, a melhor família, o amor verdadeiro e a paz de espírito. Não compra o sentimento da presença de Deus em nossa vida. É uma grande ilusão pensar que vamos impressionar as pessoas e viver bem o que sonhamos sem levar em consideração a nossa vida espiritual. Deus quer que você tenha uma vida plena, com nova mentalidade, com discernimento, com felicidade genuína, com visão espiritual, não só material. Você pode viver uma vida extraordinária em Cristo. Faça do dia de hoje o primeiro dia de sua vida extraordinária.

ORAÇÃO

Senhor, eu quero viver uma vida extraordinária nesta terra, e entendo que preciso começar no espiritual. Eu entrego a Ti os meus planos, e peço que o Senhor abençoe cada área da minha vida. Em nome de Jesus, amém.

ANOTAÇÕES

A vida espiritual é a base de tudo.

@josuevalandrojr

A CONTA QUE FECHA

Nada, em toda a criação, está oculto aos olhos de Deus. Tudo, porém, está descoberto e exposto diante dos olhos daquele a quem havemos de prestar contas.

(HEBREUS 4.13)

04
FEVEREIRO
035/365

Já precisou prestar contas a alguém? Talvez você tenha tido que devolver uma coisa que pediu emprestado, ou apresentar um relatório de atividades em sua empresa, ou explicar a seu chefe que estará ausente, pois terá de fazer um procedimento de saúde. Prestar contas tem a ver com receber de alguém uma responsabilidade ou um benefício, e, depois, ter de dizer o que fez em relação a isso, por que tomou essa ou aquela decisão. Todos nós prestamos contas a alguém, de algum modo. Ninguém vive isoladamente, por mais que pense isso. Até quem mora sozinho tem que prestar contas do lugar onde mora, seja ao governo ou ao proprietário do imóvel. Faz parte da vida.

Contudo, o ser humano vive como se nunca fosse prestar contas a Deus, que é o Dono de tudo. Ele é o Dono da vida. O homem faz escolhas e pensa que fica por isso mesmo, mas não é assim. No mundo espiritual, somos responsáveis por nossos pensamentos, sentimentos, ações e escolhas. Viva de tal modo que a conta que você terá de prestar não seja daquelas que não fecham, por você ter escolhido mal, na vaidade dos seus pensamentos, acreditando no que não é verdade, vivendo perdido em emoções e no impulso das situações. Decida viver diligentemente. O Dono de tudo vai voltar, e esse será o dia de prestar contas. Prepare-se.

ORAÇÃO

Senhor, tudo que há em minha vida está diante de Ti, nada Te é oculto. Sei que prestarei contas do que tenho feito com aquilo que o Senhor me confiou. Quero ser diligente, porque sei que um dia estarei diante de Ti para prestar contas. Abençoa-me com fidelidade e sabedoria, em nome de Jesus. Amém.

ANOTAÇÕES

Decida viver diligentemente.

@josuevalandrojr

05
FEVEREIRO
036/365

ESTÁ OLHANDO MUITO PARA TRÁS?

Esqueçam o que se foi; não vivam no passado. Vejam, eu farei uma coisa nova! Ela está prestes a acontecer! Vocês não a percebem? Até no deserto vou abrir um caminho e riachos no ermo.

(ISAÍAS 43.18-19)

O que atrapalha você de viver o novo? Ou melhor: quanto você ainda está agarrado ao velho? Tem gente que quer comprar uma casa nova e para isso precisaria vender a casa velha, mas não quer. Por não querer perder o velho, não se aventura no sonho do novo.

Você consegue abrir seus olhos para o novo? Deus está dizendo através de Isaías que Ele já está fazendo algo novo. Ele não diz que vai fazer, mas que já está fazendo, e que é tempo de nós percebermos isso. Ele está abrindo portas, abrindo caminhos no meio do deserto, colocando conexões e oportunidades ao nosso redor. Perceba hoje o novo que Deus está fazendo. Ele está mudando sua realidade, mas você precisa enxergar, perceber e reconhecer que Deus está agindo, e então se abrir para isso. Qual é o novo que Deus está fazendo hoje? E agora, você está disposto a abrir mão do velho? Que Deus abençoe sua vida.

ORAÇÃO

Senhor, eu quero viver o novo que o Senhor está fazendo em minha vida, e abrir mão da velha vida. Eu abro mão daquilo que está impedindo o novo do Senhor de vir sobre mim. Em nome de Jesus, amém.

ANOTAÇÕES

@josuevalandrojr

Deixe Deus renovar sua vida.

A GRAÇA DE DEUS

[...] A minha graça é suficiente para você, pois o meu poder se aperfeiçoa na fraqueza. [...]

(2CORÍNTIOS 12.9)

06
FEVEREIRO
037/365

Você vê a graça de Deus em sua vida? Consegue dizer em que áreas Deus tem revelado a Sua graça? Tem muita gente que está vivendo uma vida sem graça, e isso é muito triste. Mas isso acontece porque não conhecem a Deus. Viver é uma dádiva. Quando você entende o que é graça, então a vida ganha um significado mais profundo. Graça significa "favor imerecido". É uma dádiva divina. E Deus é tão maravilhoso, tão cheio de graça, que, mesmo quando ainda éramos pecadores, Ele nos amou e Se entregou por nós. Isso é graça! Graça é Jesus, e Ele nos dá um novo significado para viver.

A graça de Deus está nas coisas simples, como respirar e ver a beleza da vida. É por isso que, quando agradecemos, estamos reconhecendo a graça de Deus, a dádiva, o presente dEle para nós. Com ela, até nos momentos mais difíceis podemos desfrutar de paz, alegria, bondade e fé. É a graça que nos faz continuar, que nos faz dar a outra face e amar quem nos persegue, perdoar quem nos magoou um dia. A graça é a vida com Deus, é viver como Jesus. Veja a graça de Deus em sua história hoje, porque com ela — que é o próprio Jesus, — você vai desfrutar da vida.

ORAÇÃO

Senhor, eu Te agradeço por respirar, por poder estar fazendo este momento devocional agora. Eu não sou merecedor por mim mesmo, mas, porque Cristo me salvou, hoje eu posso viver para Ti. Em nome de Jesus eu oro, amém.

ANOTAÇÕES

Viver é uma dádiva de Deus.

@josuevalandrojr

07
FEVEREIRO
038/365

O QUE É A ETERNIDADE?

Pois todos nós devemos comparecer diante do tribunal de Cristo, para que cada um receba de acordo com as obras praticadas por meio do corpo, quer boas, quer más.

(2CORÍNTIOS 5.10)

Devemos sempre ter em mente a lei da semeadura. O que você semeia, vai colher. Muitos ignoram Deus e não vivem para Ele, e nem sequer estão percebendo isso.

O cristianismo não tem a ver com slogans, isto é, com frases de efeito que você estampa em sua camiseta, com um adesivo de cruz que você coloca no carro, nem com ir a uma igreja. Judas pertencia ao grupo de discípulos de Jesus, conviveu pelo menos três anos com Ele, e, mesmo assim, não entendeu a profundidade do que é ser cristão. Certamente, nosso destino eterno é decidido apenas pela justiça de Cristo, e não por coisas boas que fazemos. Mesmo assim, com nossa salvação garantida, Ele nos pedirá contas de tudo o que fazemos ou não fazemos. Paulo está sendo tão claro nesse texto que, se fosse nos dias de hoje, ele diria: "Eu preciso desenhar?" Todos vamos passar pelo tribunal de Cristo. Você vai receber seu galardão conforme as obras praticadas por meio do corpo. Se você fez algo de bom ou ruim, isso tem consequências, tanto aqui como na eternidade. É necessário você analisar o que está fazendo, porque vamos colher o que fazemos.

ORAÇÃO

Senhor, me perdoa-me se tenho cometido feito o que não Te agrada, mesmo com boas intenções. Eu quero aprender os Teus caminhos e praticar boas obras, para que eu honre o Teu nome e viva para a Tua glória. Em nome de Jesus, amém.

ANOTAÇÕES

@josuevalandrojr

Suas obras ecoam na eternidade.

A BONDADE DO SENHOR

Provem e vejam como o Senhor é bom. Bem-aventurado o homem que nele se refugia!

(SALMOS 34.8)

08
FEVEREIRO
039/365

Você já cantou aquela música "Bondade de Deus"? Ela diz: "És fiel em todo tempo, em todo tempo Tu és tão, tão bom! Com todo fôlego que tenho eu cantarei da bondade de Deus". Será que acreditamos de verdade nisso que estamos falando ou ouvindo? Ou será que, quando as coisas estão desafiadoras e complexas, fica mais difícil ver a bondade do Senhor?

Perceber que Deus é bom muda o rumo da nossa vida. Faz com que nos sintamos amados. Isso é fundamental quando vivemos situações de rejeição, porque não há nenhuma rejeição, ofensa ou dificuldade maior que o amor de Deus por nós e Sua bondade. Perceber a bondade de Deus significa ter esperança, porque, quando as coisas fogem do nosso controle, temos fé de que Deus é bom e está cuidando de tudo. Perceber a bondade de Deus também traz a responsabilidade de a reproduzirmos na vida de outros. Muitos reproduzem a maldade, fazendo com os outros o que odiariam que fizessem com eles, e vivem na lei da vingança. Quando acreditamos na bondade de Deus, entendemos que precisamos ser como Ele é, porque passamos a ser porta-vozes dEle. E você? Está vivendo de acordo com a bondade de Deus?

ORAÇÃO

Senhor, Tu és bom, e eu quero viver na Tua bondade e refletir isso para as pessoas. Quero aprender a amar e ver a Tua bondade. Em nome de Jesus, amém.

ANOTAÇÕES

A bondade de Deus é imutável.

@josuevalandrojr

09
FEVEREIRO
040/365

HONRA E OFERTA

Honre ao Senhor com os seus recursos e com as primícias de todas as suas colheitas; os seus celeiros ficarão plenamente cheios, e os seus lagares transbordarão de vinho.

(PROVÉRBIOS 3.9-10)

Quanto dos seus bens você consagra ao Senhor? Talvez você não ache isso importante, e pense: "Isso aí é coisa de igreja querendo recursos, é coisa de pastor querendo ofertas para a igreja e sendo esperto para tirar dinheiro dos outros". Mas não é isso que a Bíblia diz.

A honra na nossa vida precisa alcançar todas as áreas, e na área de finanças a Palavra é muito clara: devemos honrar ao Senhor com nossos bens. Isso quer dizer que devemos honrá-Lo com os nossos recursos e dinheiro. Com a primícia, e não com a última parte, o que sobrar. Não é que Deus precise do seu dinheiro, e sim que você deve entregar ao Senhor a obediência de um coração alegre. A Palavra diz que nossos celeiros ficarão cheios e nossos lagares transbordarão de vinho. Isso é uma promessa de provisão, simbolizada pelos celeiros, e alegria, simbolizada pelo vinho. Então, faça uma leitura de como você tem honrado ao Senhor com a primeira parte dos seus bens, e entregue ao Senhor a honra devida. Desfrute da promessa que Ele fez a nós pela obediência.

ORAÇÃO

Senhor, eu quero honrar a Ti em todas as áreas da minha vida, inclusive com os meus bens. Quero viver a Tua promessa de prosperidade para minha vida. Em nome de Jesus, amém.

ANOTAÇÕES

Entregue sua oferta com alegria e honra.

@josuevalandrojr

ALVOS E PRINCÍPIOS

Pensem nas coisas do alto, não nas coisas da terra.

(COLOSSENSES 3.2)

10
FEVEREIRO
041/365

Não há problema nenhum em ter alvos em sua vida. Aliás, isso é muito importante. É bom ter alvos de conquistar uma casa, um carro, uma reserva financeira, ou algo que você pense ser importante. Na verdade, o problema não é ter alvos, mas sim que, às vezes, para se atingir esses objetivos, muitas pessoas ignoram alguns princípios.

Quantas pessoas estão trabalhando e trabalhando, e acabam esquecendo que a família, a saúde e as pessoas são importantes. Com um alvo material em mente, muitos princípios acabam sendo ignorados, e isso não está certo. Imagine ter o dinheiro para comprar a casa nova, mas não ter a família para entrar com você nessa casa, ou comprar um carro novo e não ter o filho ou a filha para levar para passear, porque eles estão com outras prioridades, já que você não os priorizou antes. O dia de hoje é o momento que você tem para ponderar como está tratando o que é realmente importante em sua vida, e se está valorizando os princípios que devem ser valorizados. Conquiste muito, mas não perca os princípios nessa jornada.

ORAÇÃO

Senhor, sei que todas as bênçãos e vitórias vêm de Ti, por isso quero reafirmar que o Senhor está acima de tudo em minha vida. Graças Te dou por isso. Em nome de Jesus, amém.

ANOTAÇÕES

Atinja seus alvos e preserve seus princípios.

@josuevalandrojr

CONSIDERE JESUS CRISTO

11
FEVEREIRO
042/365

Portanto, santos irmãos, participantes do chamado celestial, fixem os seus pensamentos em Jesus, o apóstolo e sumo sacerdote que confessamos.

(HEBREUS 3.1)

Você tem um modelo de vida? Alguém que você admira e pensa: "Ah, eu quero ser assim. Quero aprender com essa pessoa e seguir esses passos"? Muitas pessoas elegem alguém para seguir e curtir nas redes sociais, porque seus valores as representam. Não há nada de errado nisso; é importante ter pessoas que traduzam o que almejamos. O problema é que pessoas falham, cometem erros. Querendo acertar, muitas vezes erram.

Jesus é o modelo perfeito em tudo. O texto de hoje está dizendo claramente que devemos fixar os pensamentos nEle. Repare que é mais do que só olhar, só observar, porque é nos pensamentos que tudo acontece. É ali que você decide se faz ou não faz, se vai ou fica, se compra, se vende, se estuda, se casa. Os pensamentos são o nosso coração, e Deus quer que fixemos o nosso coração em Jesus. Essa meditação de hoje é para você, é para cada um de nós: vamos fixar nosso modelo de vida em Jesus, e não nos deixar abater por modelos imperfeitos. Absorva o que é bom nas pessoas, mas lembre-se de que é em Jesus que você deve se basear para viver.

ORAÇÃO

Senhor, eu sei que as pessoas falham, mas Jesus é o meu modelo de perdão, de amor e de vida. Quero andar nos Teus passos. Eu oro em nome de Jesus, amém.

ANOTAÇÕES

Olhe e siga somente a Jesus.

@josuevalandrojr

O TERRENO É APROPRIADO PARA RAÍZES PROFUNDAS?

Contudo, visto que não tem raiz em si mesmo, permanece pouco tempo. Quando surge alguma tribulação ou perseguição por causa da palavra, logo a abandona.

(MATEUS 13.21)

12
FEVEREIRO
043/365

Como está o solo do seu coração hoje? Você é uma pessoa que escuta conselhos, pensa para falar ou agir, busca entender quando é corrigido por quem ama você? Ou, quando você escuta uma palavra ou versículo, acha bonito, mas fica por isso mesmo? A semente da Palavra de Deus busca corações onde ela possa nascer, gerar fruto.

Mas, nos dias de hoje, tudo é muito imediatista, ninguém consegue esperar nem a propaganda de seis segundos do YouTube que já reclama., o Ou, quando alguém demora para responder uma mensagem, já quer cortar a amizade! Isso não pode acontecer quando escutamos a voz de Deus, quando aguardamos que Ele fale.

Nosso coração deve ser um terreno preparado todos os dias, regado, adubado com um relacionamento com o Espírito Santo; só assim a semente, aquele conselho de quem amamos ou uma palavra de consolo e conforto, vai nascer em nossos corações. Precisamos gerar esse solo fértil e receber o que Deus está falando, e pensar nisso, meditar. É hora de preparar o terreno para que essas sementes criem raízes profundas em nós.

ORAÇÃO

Senhor, eu abro o meu coração para que a Tua semente cresça e gere frutos em minha vida. Eu quero ser enraizado em Ti, e dar frutos para o Teu Reino. Em nome de Jesus, amém.

ANOTAÇÕES

Seja solo fértil para a Palavra de Deus.

@josuevalandrojr

O CAMINHO DA SUA FELICIDADE

13
FEVEREIRO
044/365

Jesus respondeu: "Eu sou o caminho, a verdade e a vida. Ninguém vem ao Pai, a não ser por mim".

(JOÃO 14.6)

Você quer uma vida que vale a pena? Uma vida feliz, abençoada, de paz? Quer que as pessoas vejam que você não se abate por conta de seus problemas, quer ser inspiração pela forma como vive? Que tipo de vida você deseja viver?

Nem todos os caminhos levam ao lugar que você busca. Eu ouvi uma pessoa de grande autoridade dizendo algo totalmente vazio e sem sentido: "Existem muitos caminhos para chegar a Deus, muitas formas, muitas religiões para isso". A verdade, porém, é que só Cristo é o Caminho, a Verdade e a Vida. A Bíblia não apresenta nenhum outro jeito. Se alguém disser algo diferente, isso vem de algum deus inventado na cabeça de quem não sabe direito o que está dizendo. Temos que tomar cuidado com o que ouvimos, porque nem tudo o que as pessoas dizem está de acordo com a Palavra. Jesus está dizendo: "Você quer viver bem, quer ser feliz? Eu sou a resposta das suas perguntas. Eu sou o Caminho". O que passar disso é rua sem saída, é vazio de toda verdade. Não aceite atalhos, fique no Caminho.

ORAÇÃO

Senhor, eu reconheço que Tu és o Caminho, a Verdade e a Vida, e eu só vou ao Pai se for por meio de Ti. Rejeito toda forma enganosa de ensinamento, pois creio somente em Ti. Eu oro assim, em nome de Jesus, amém.

ANOTAÇÕES

Jesus é o único Caminho que leva a Deus.

@josuevalandrojr

NÃO MURMURE PELAS SEMENTES DESPERDIÇADAS

Enquanto ele semeava, uma parte caiu à beira do caminho, e as aves vieram e a comeram.

(MATEUS 13.4)

14
FEVEREIRO
045/365

Você já plantou e cuidou de sementes, mas elas nunca brotaram? Já investiu na vida de alguém e parece que foi um desperdício? O semeador saiu com as sementes, e parte delas caiu à beira do caminho. Da mesma forma, você semeou na vida de sua esposa, de seu filho, de seus pais, mas parece que dali não sai nada. Semeou tão bem, mas e o fruto? Não deixe que isso faça você parar de semear. Mesmo que tenha vindo um pássaro e que ele tenha comido a semente que caiu, você não pode parar. Essa opção não existe.

Não fique murmurando pelas sementes que foram desperdiçadas. Há sementes que caem no meio do caminho e os pássaros as comem. São sementes das quais você não irá desfrutar. Há coisas que você irá tentar, mas que não darão resultado. Pare de se frustrar por ter semeado uma coisa que não deu resultado. A vida é assim. Se você ler o restante da passagem bíblica de hoje, vai perceber que o semeador continuou semeando, e, afinal por fim, encontrou um solo fértil. Faça o mesmo. Olhe para o próximo solo e jogue a semente.

ORAÇÃO

Senhor, eu quero continuar semeando, embora pareça que muitas sementes que plantei não brotaram, mas foram sufocadas ou roubadas. Eu creio que, no tempo certo, haverá fruto, então não vou parar de semear. Em nome de Jesus, amém.

ANOTAÇÕES

Continue semeando pela fé.

15
FEVEREIRO
046/365

SUA VIDA INSPIRA?

Depois de atravessar, Elias disse a Eliseu: "O que posso fazer em seu favor antes que eu seja tirado de você?". Eliseu respondeu: "Dá-me porção dupla do teu espírito".

(2REIS 2.9)

O que você tem pedido a Deus? Está inspirado a viver mais? Tem inspirado outras pessoas a viverem mais perto dEle? O texto de hoje mostra um episódio na Bíblia que é muito interessante: Elias sabe que vai se separar de Eliseu, seu discípulo, e lhe diz: "Eliseu, antes de eu ir embora, o que você gostaria que eu fizesse por você?" A resposta poderia ser: "Ah, Elias, fale com Deus para eu poder ter mais dinheiro, poder, influência...", mas veja o pedido de Eliseu: "Eu quero porção dobrada da sua unção".

Duas coisas me chamam a atenção: a primeira, Eliseu viu que a vida de Elias valia a pena ser vivida. E a segunda, Elias ensinou Eliseu a acreditar que coisas maiores sempre estão por vir. Ele entendeu que podia fazer além do que tinha visto Elias fazer, e foi ousado em seu pedido, mostrando que estava inspirado por seu mestre a viver uma vida em outro nível. Jesus também nos diz que, se crermos, faremos obras maiores! Eliseu tinha convicção de que, se Elias tinha vivido tudo aquilo com Deus, ele poderia viver também, e, então, pediu porção dobrada. E você, o que vai pedir a Deus hoje?

ORAÇÃO

Senhor, eu quero me inspirar na vida de Eliseu e Te pedir para viver em um nível mais profundo de relacionamento contigo, quero Te pedir porção dobrada do Teu Espírito em mim. Em nome de Jesus, amém.

ANOTAÇÕES

@josuevalandrojr

Seja a inspiração das pessoas.

SONHOS REQUEREM TRABALHO

O preguiçoso muito quer e nada alcança, mas os que trabalham com dedicação prosperam.

(PROVÉRBIOS 13.4, NVT)

16
FEVEREIRO
047/365

Qual é o seu sonho? É legal? É grande? É bonito? Vale a pena? É alcançável? Bem, eu não sei qual é o tamanho do seu sonho, mas eu tenho reparado que muitas pessoas estão sonhando com algo que nunca vai acontecer. Talvez você diga: "Por quê? Por falta de dinheiro? De fé? De oportunidade?" Não. A razão de esse sonho não acontecer é uma palavrinha muito simples: preguiça.

Algumas pessoas acham que preguiçoso é só quem dorme o dia inteiro, quem não trabalha em lugar nenhum, quem fica em uma rede, balançando para lá e para cá o dia inteiro na sombra, mas deixar a preguiça existir na sua vida vai muito além disso. O sonho tem sempre 50% a ver com a sua parte. É você pesquisar, ir atrás, lutar pelo que quer. É montar uma loja, começar um negócio, fazer as parcerias certas. Lute pelo que busca: o casamento, o relacionamento com os filhos, a vida de oração eficaz, o conhecimento da Palavra. Essa regra vale para tudo. Sonhos requerem esforço para serem realizados. Faça a sua parte, e Deus abrirá diante de você os momentos de agir, de retroceder se preciso, de crescer e conquistar. Que Ele abençoe você com ânimo e garra no dia de hoje.

ORAÇÃO

Senhor, eu peço perdão por toda preguiça espiritual, relacional e profissional em minha vida. Estou pronto a assumir ações que sejam segundo a Tua vontade. Em nome de Jesus, amém.

ANOTAÇÕES

Lute pelo que você quer realizar.

@josuevalandrojr

17

FEVEREIRO

048/365

ANTES QUE O DIA ACABE

Quando ficarem irados, não pequem. Não permitam que o sol se ponha enquanto durar a ira de vocês.

(EFÉSIOS 4.26)

Você está magoado com alguém? Fizeram algo que o aborreceu e agora você está na fase do "deixa esfriar, deixa o tempo passar"? Quando uma pessoa guarda a dor de ter sido magoada, é como guardar comida na geladeira por muito tempo. O tempo não cura feridas, o tempo faz a ferida não tratada virar uma cicatriz, e às vezes fica uma cicatriz muito feia.

A Bíblia tem uma fórmula para sarar feridas. Não vale a pena você entrar nessa de "Ah, ela é que tem que pedir perdão para mim", ou "Foi ele que pisou na bola, e tem que chegar e se desculpar comigo". Faça a sua parte, que é oferecer o perdão, deixar disponível o remédio que cura todas as feridas, o amor de Deus que existe dentro de você. Pense bem: ninguém vai ficar neste mundo 200 anos. Se a questão é mágoa, você não deve deixar passar o tempo. Aprenda a liberar perdão, aprenda a dizer: "Olha, estou chateado com você, mas quero colocar isso diante de Deus agora, e quero ser livre de toda amargura ou raiva". Ofereça o perdão. E faça isso antes que o sol se ponha. Quantos cônjuges, pais ou filhos dormem com raiva um do outro, e como é difícil aprender a se esvaziar do orgulho e orar para superar as mágoas. Faça isso hoje, antes que o dia acabe, antes que a oportunidade se vá. Deus abençoe você.

ORAÇÃO

Senhor, não quero carregar o peso da falta de perdão. Eu me esvazio agora de toda mágoa e ofereço o perdão a quem me ofendeu. Eu me coloco debaixo das Tuas asas para ser curado. Eu confio em Ti. Em nome de Jesus, amém.

ANOTAÇÕES

Ofereça o perdão.

@josuevalandrojr

VOCÊ PRECISA DE VERDADEIROS AMIGOS

Quando as mãos de Moisés já estavam cansadas, pegaram uma pedra e a colocaram debaixo dele, para que nela se sentasse. Arão e Hur mantiveram erguidas as mãos de Moisés, um de cada lado, de modo que elas permaneceram firmes até o pôr do sol. Assim, Josué derrotou os amalequitas à espada.

(ÊXODO 17.12-13)

Analisando o seu último ano até agora, qual foi o maior diferencial? Você conquistou o que queria, teve um bom resultado na empresa, ficou mais famoso, conheceu mais pessoas, cresceu na fé e se desenvolveu mais em seu relacionamento com o Senhor? Tudo isso é bom, mas há algo ainda mais valioso: os amigos.

Ninguém vive isolado. Há momentos em que, se não você tiver quem esteja do seu lado e ajude você, os seus braços vão se cansar e a batalha vai ser perdida. A meditação de hoje mostra como Moisés teve Arão e Hur para sustentar seus braços na hora difícil. Moisés só teve vitória porque dois verdadeiros amigos vieram para ajudá-lo em plena batalha. Verdadeiras amizades são assim. Você sabe que um amigo é verdadeiro não porque ele fala que é, mas porque ele vive isso. Se você está em dificuldade, ele está lá, fortalecendo e ajudando sem querer nada em troca. E quando você está no topo, no lazer, curtindo a vida, ele não inveja você. Uma pessoa assim é um tesouro! Você é esse amigo? Consegue se alegrar com a alegria do seu amigo, e ficar entristecido com aquilo que o entristece? Para se ter um verdadeiro amigo, é preciso primeiro ser um amigo assim. Reconheça seus amigos, e seja um amigo verdadeiro para eles, para a glória de Deus.

ORAÇÃO

Senhor, eu Te agradeço pelos amigos que o Senhor me deu, e abençoo cada um deles. Eu quero ser um amigo verdadeiro, porque Tu és o meu amigo verdadeiro, e também quero ser bênção para meus amigos. Em nome de Jesus, amém.

ANOTAÇÕES

Os amigos são nossa riqueza.

@josuevalandrojr

19

FEVEREIRO

050/365

TRAVESSEIRO ERRADO

Venham a mim todos os que estão cansados e sobrecarregados, e eu darei descanso a vocês.

(MATEUS 11.28)

Você já tentou descansar em um travesseiro inadequado? É terrível. Você vira de um lado para o outro, e nada de dormir, nada de descansar. Você até encosta ali de qualquer jeito e dorme, mas pode acordar com um torcicolo. Além de cansado, fica também com dor, ou seja, piorou a situação. É o travesseiro errado. Esse detalhe faz a diferença.

Em qual travesseiro sua alma tem descansado? Precisamos do repouso correto para renovar as energias, para voltar ao bem-estar. Quando se trata de descanso na alma (isto é, na vontade, emoção e razão), você pode acabar com uma fadiga crônica mesmo, ficando acostumado a ser estressado, inquieto, sempre mal-humorado e reclamando. O fato é que você está descansando no travesseiro errado, está com a cabeça colocada em um lugar inadequado. E, às vezes, para dormir melhor, você só precisava trocar o travesseiro.

Na vida cristã também, você precisa aprender a descansar de verdade, descansar em Jesus. Não há descanso para a alma em outro lugar. Jesus é esse "travesseiro perfeito" para a nossa alma descansar segura e confortável na presença dEle. Será que você está tentando descansar em festas, em bebida, em vícios, na internet, em companhias que não edificam, em leituras que não agregam? Venha a Jesus e descanse de verdade. Tenho certeza de que você vai ficar novinho em folha!

ORAÇÃO

Senhor, estou muito cansado. Tenho repousado minha mente e meu coração no travesseiro espiritual errado, mas sei que o meu repouso está somente em Ti. Renova-me e toma a minha mente, emoções e vontade em Tuas mãos. Em nome de Jesus, amém.

ANOTAÇÕES

Descanse em Jesus.

@josuevalandrojr

SUA ÚNICA GARANTIA VERDADEIRA

Portanto, quem ouve estas minhas palavras e as pratica é como o homem prudente que construiu a sua casa sobre a rocha. Caiu a chuva, transbordaram os rios, sopraram os ventos e deram contra aquela casa, mas ela não caiu, porque estava alicerçada na rocha.

(MATEUS 7.24-25)

20
FEVEREIRO
051/365

Quem não quer ter uma casa confortável, bem decorada, com aquele ambiente agradável de se estar? Aliás, como é bom estar em um lugar acolhedor, tomar aquele café em um local bem cuidado, não por luxo, mas por zelo com as coisas de Deus.

Uma casa pode ser maravilhosa, mas estar construída em um lugar de risco, sem os alicerces firmes. Aí não adianta ter ambiente agradável, porque o principal está sendo negligenciado: o chão onde ela está fundamentada. Sem alicerce firme, na primeira tempestade ela desaba. Na vida cristã, é assim também. Sem os alicerces devidos, a casa pode cair. Não adianta ter aparência de vida bonitinha, tudo certinho. O alicerce é a questão, o modo como foi construída essa casa.

E você, tem construído sua casa na Rocha, que é Jesus? Se não for assim, não adianta construir uma mansão, porque, quanto maior a construção, maior a queda. Não construa sua casa no sucesso, na fama, nas conversas fiadas, na falta de comunhão com Deus e com o povo dEle. Escolha o material certo para construir: um networking que honra a Deus, um casamento firmado na Palavra, um ministério pautado na verdade e santidade. Se Cristo for o seu alicerce, sua casa vai resistir à tempestade.

ORAÇÃO

Senhor, quero construir minha vida na Tua vontade perfeita, boa e agradável. Escolho hoje firmar bem os alicerces de todas as áreas da minha vida na Tua Palavra. Tu és a minha Rocha. Em nome de Jesus, amém.

ANOTAÇÕES

Construa sua casa na Rocha.

@josuevalandrojr

21
FEVEREIRO
052/365

DEUS COM SAUDADE

[...] Eu me lembro da sua fidelidade quando você era jovem: como noiva, você me amava e me seguia pelo deserto, por uma terra não semeada. Israel, o meu povo, era santo para o Senhor.

(JEREMIAS 2.2-3)

Você andava nos caminhos do Senhor e, de repente, deu uma parada? Até era envolvido com as coisas de Deus, mas isso diminuiu? A sua empolgação em fazer as coisas do Senhor, em ir à igreja e estar em comunhão, tudo isso diminuiu? Hoje é dia de lembrar do que você fazia que agradava a Deus, mas não faz mais.

Na meditação de hoje, Jeremias não está falando sobre um povo qualquer, mas sobre o povo de Israel. Eles tinham uma postura de santidade, fidelidade e intimidade com Deus, mas passou o tempo e eles ouviram Deus dizer: "Olha, você já me buscou mais, lembra? Você era apaixonado por mim, e agora é uma coisa meio sem graça esse seu jeito de andar comigo". Que maravilhoso é o nosso Deus, que tem saudade de estar conosco! Será que estamos fazendo as coisas para Deus só por obrigação? Indo para a igreja porque é domingo, e não porque estamos com vontade de adorar a Deus? Será que temos amor por Deus da mesma forma que quando conhecemos a Ele? Acenda a chama do amor por Deus em seu coração hoje. Faça dEle seu primeiro amor, e mostre isso em suas ações.

ORAÇÃO

Senhor, acende em mim o desejo de Te adorar e andar contigo. Quero viver cada dia como era quando Te conheci, cheio de ânimo e de vigor. Perdoa minha indiferença e enche meu coração hoje com Teu renovo, em nome de Jesus. Amém.

ANOTAÇÕES

Acenda a chama do seu amor por Deus.

@josuevalandrojr

DISSOLUÇÃO

Embora conheçam o justo decreto de Deus, de que as pessoas que praticam tais coisas merecem a morte, não somente continuam a praticá-las, mas também aprovam aqueles que as praticam.

(ROMANOS 1.32)

22
FEVEREIRO
053/365

Você sabe o que é dissolução? Dissolução significa corrupção moral, imoralidade predominante. No texto de hoje, Paulo escreve aos romanos, observando que há gente que, mesmo conhecendo o justo decreto de Deus, continua praticando a dissolução. E isso não é só no contexto sexual, não; é uma insensibilidade a todo tipo de valor, porque a moral está corrompida.

Como se livrar da dissolução que está impregnada neste sistema em que vivemos? Para todo lugar que olhamos, vemos traição e atos abomináveis. Se você ligar o noticiário, parece mais um programa de fofoca sobre violência, e, quanto mais vemos e ouvimos isso, mais ficamos com medo e desacreditamos da vida. Chega! Essa não é a vida que Cristo conquistou para nós na Cruz! Ele morreu para vivermos —, e vivermos em abundância. Livre-se da dissolução na sua vida. Escolha ser luz e sal, viver segundo os princípios do Reino. Jesus é a solução para a sociedade, para as famílias, para o casamento, para as amizades verdadeiras. Que Deus abençoe sua vida.

ORAÇÃO

Senhor, eu me posiciono hoje para não ser conivente com a dissolução que predomina na sociedade. Que o Teu Reino venha sobre a minha vida e eu seja exemplo para outros. Em nome de Jesus, amém.

ANOTAÇÕES

Viva em santidade a cada dia.

@josuevalandrojr

REVELE A EXCELÊNCIA DE DEUS NO QUE VOCÊ FAZ

23
FEVEREIRO
054/365

O Senhor estava com José, de modo que ele foi um homem próspero na casa do seu senhor egípcio.

(GÊNESIS 39.2-3)

As pessoas veem excelência no que você faz? Ou você é conhecido por fazer as coisas de qualquer jeito? Quando olho para a história de José, sempre me impressiona a maneira como Deus abençoava as coisas que ele fazia, porque era um rapaz que fazia tudo com esmero, com o melhor de seu coração.

Certa vez, eu fui fazer uma visita pastoral. Cheguei ao local e logo descobri que o prédio tinha elevadores de um lado e do outro, cada um levando a apartamentos diferentes. Então, fui à portaria perguntar em qual elevador eu deveria entrar. A jovem da portaria, muito gentilmente, veio me atender com um sorriso, pedindo que eu a acompanhasse até a porta do elevador correto, explicando a direção que eu devia seguir depois que chegasse ao andar do apartamento. Que excelência no atendimento! Foi tão simples e tão rápido que eu pensei: "Alguém ainda vai convidar essa moça para algo maior". Comentei o ocorrido com a família que fui visitar. Não demorou um mês, e eles me disseram: "Pastor, lembra que o senhor falou naquele dia que aquela moça não ia ficar muito tempo ali? Pois é, ela foi convidada para um trabalho melhor, numa empresa, para ganhar três vezes o que ganhava lá no prédio!". Não tem jeito, excelência aparece. Pode não aparecer no tempo que você gostaria, mas uma hora vai aparecer. Entregue o seu melhor. Essa deve ser a sua identidade, seja em casa, no trabalho, no ministério, entre os amigos, no seu casamento, nos lugares que frequenta. A diferença é Deus em você.

ORAÇÃO

Senhor, que as pessoas vejam na minha vida a marca da excelência que só o Senhor traz. Que o fruto das minhas mãos prospere, mostrando Tua excelência. Em nome de Jesus, amém.

ANOTAÇÕES

@josuevalandrojr

Faça tudo para a glória de Deus.

FAÇA SUA MALA

Entregue as suas preocupações ao Senhor, e ele o susterá; jamais permitirá que o justo venha a cair.

(SALMOS 55.22)

24
FEVEREIRO
055/365

Você carrega muita coisa em seu coração, e passa o dia pensando nisso, muito mais do que executando o que tem que executar? Você é uma pessoa sobrecarregada, com excesso de bagagem nessa viagem chamada vida? Muita gente não quer carregar peso na vida, mas não deixa para trás aquilo que já não tem nada a ver com a vida atual. Mantém amizades que não são construtivas, mantém situações abusivas porque prefere estar mal acompanhado do que estar só. Sua vida é assim?

Algumas amizades estão ali, no seu dia a dia, mas não estão torcendo por você. Falam: "Ah, vou fazer uma crítica construtiva para você". Que nada! Vão é dar opiniões que colocarão você para baixo, desanimado. São pessoas críticas, tóxicas, que torcem para você se dar mal, para você perder coisas, mas ficam fingindo ser grandes amigos. Talvez você frequente ambientes que não promovem, que não fazem você amar mais a Deus. Ao contrário, diminuem a sua paixão por Deus, sua ligação com Ele. É hora de refazer essa mala que você carrega. Tire os excessos e mantenha o que edifica, o que leva você para mais perto de Deus. Assim você seguirá uma trajetória de fé e paz. Boa jornada!

ORAÇÃO

Senhor, quero tirar da minha vida e do meu coração aquilo que me afasta de Ti. Não há nada mais importante do que viver cada dia plenamente, certo de que o Senhor aprova e está à frente de tudo que faço. Em nome de Jesus, amém.

ANOTAÇÕES

Tire os excessos de sua vida.

@josuevalandrojr

25
FEVEREIRO
056/365

GARANTIA DE SUCESSO

Considere o íntegro, observe o justo; há futuro para o homem de paz.

(SALMOS 37.37)

Muita gente fala do futuro, dos sonhos para o futuro: "No futuro, eu quero isso. No futuro, eu quero aquilo. No futuro, eu vou fazer assim e assim. No futuro, eu vou quero ter uma casinha em tal lugar. No futuro eu quero comprar tal coisa". No futuro, no futuro, no futuro. Quando você tem sonhos e planeja como vai realizá-los, o sonho deixa de ser uma coisa vaga, uma possibilidade, e começa a se tornar um projeto.

Quanta gente já vimos no meio político, na mídia ou no esporte, que já teve fama e alcançou sucesso, mas se perdeu no meio de maus conselhos e companhias, vendo seu sonho desmoronar? Sucesso não é algo que acontece do nada; sucesso é resultado de uma construção, às vezes, durante toda uma vida. O que é sucesso para você? Será que é ter milhares de curtidas nas redes sociais? Sucesso vai muito além disso. A integridade, a paz, a certeza de estar fazendo o melhor para Deus, que resulta no melhor para nós e abençoa pessoas: isso, sim, é sucesso. Observe o íntegro, o justo. Ele tem como principal traço de sucesso a paz. Não há paz na mentira, na vida tortuosa. Você quer um futuro bem-sucedido? Seja uma pessoa de paz. Procure a integridade, a justiça, a prudência diária. Quem constrói sobre esse pilar não cairá.

ORAÇÃO

Senhor, quero edificar a minha vida no pilar da justiça, da integridade e do temor a Ti, porque sei que a paz estará presente em tudo o que eu viver ou fizer. Em nome de Jesus, amém.

ANOTAÇÕES

A paz é o melhor sucesso.

@josuevalandrojr

ATENÇÃO AOS DETALHES

[...] Tenham muito cuidado para que vocês nunca se esqueçam das coisas que os seus olhos viram; conservem-nas por toda a vida na memória. Contem-nas aos seus filhos e aos seus netos.

(DEUTERONÔMIO 4.9)

26
FEVEREIRO
057/365

Você é observador? Já notou a natureza, quantos detalhes tem ali, de cores, de sons, de formas? Deus faz coisas lindas, que refletem Sua beleza. Como Ele é criativo! Quando olho para a natureza, não consigo perceber todos os detalhes. Na praia, são tantas ondas que se formam a cada momento que é difícil ver tudo que está envolvido nesse cenário lindo. E na nossa vida, será que conseguimos ver todos os detalhes do que Deus está fazendo?

A Bíblia nos instrui a não esquecermos do que Deus tem feito em nossas vidas, e a prestar atenção a tudo que Ele está fazendo. Isso não é à toa, porque somos muito distraídos. Às vezes, somos distraídos por um alvo, um trabalho, um estudo, pelos problemas. Será que você está prestando atenção mais às dificuldades do que às bênçãos? Tenha o cuidado de lembrar dos detalhes que Deus tem feito. O que Ele fez hoje por você? Se você está lendo este devocional agora é porque Deus tem algo único para revelar. Preste atenção aos detalhes, e agradeça pelo que vai perceber.

ORAÇÃO

Senhor, ao refletir nos detalhes das Tuas bênçãos, eu agradeço e quero guardar em minha memória os Teus benefícios sobre mim. Graças Te dou. Em nome de Jesus, amém.

ANOTAÇÕES

Deus Se revela nos detalhes.

@josuevalandrojr

VAIDADE DOS PRÓPRIOS PENSAMENTOS

27
FEVEREIRO
058/365

Eles estão obscurecidos no entendimento e separados da vida de Deus pela ignorância em que estão, por causa do endurecimento do seu coração.

(EFÉSIOS 4.18)

Você se orgulha do que pensa? Sente vaidade quando pensa em quem é, no que faz, no que vive? Ou consegue reconhecer que foi Deus quem lhe permitiu viver tudo isso? Não estou dizendo para você ter falsa modéstia, não reconhecendo o que construiu. Estou falando de um tipo de vaidade que endurece o coração. Quando achamos que pensamos melhor do que os outros, isso obscurece e obstrui o entendimento. Coisas de que você não gostava e que dizia que não eram boas passam a ser aceitas e toleradas. Isso acontece porque a pessoa foi engolida pela vaidade dos próprios pensamentos.

Há pessoas que estão falando hoje contra algo que já disseram que era correto um dia, e já não sabem qual é a versão correta de si mesmas. "Agora eu penso assim!". Tudo passa a ser relativo para elas. Vivemos um tempo assim. Há uma relativização para com a família, por exemplo. O que é família? "Ah, tudo é família!". E casamento? "Ah, não precisa ser mais no papel!". Mas o movimento LGBT quer que seja no papel; e aí, pode ou não pode ser formalizado? "Ah, há...". A cada momento surge uma ideia: uma hora o casamento não vale de nada, depois vale de tudo? A pessoa fica tão vaidosa dos próprios pensamentos que não ouve nada nem ninguém, só a si mesma, e se perde nisso. Cuidado com a vaidade dos pensamentos que não estão firmados na Palavra. Eles atrapalham sua vida. Deus quer você livre, e não prisioneiro de vãos pensamentos.

ORAÇÃO

Senhor, me perdoe pela vaidade dos meus pensamentos, por eu colocar desculpas para não fazer o que tenho que fazer para o Senhor. Eu me posiciono contra toda ideia contrária à Tua Palavra, não quero ficar cativo de pensamentos vãos. Em nome de Jesus, eu oro. Amém.

ANOTAÇÕES

Cultive a humildade.

VOCÊ PRECISA DE CURA?

Senhor, meu Deus, a ti clamei por socorro, e tu me curaste.

(SALMOS 30.2)

Uma das coisas mais difíceis na vida é você estar em um ambiente em que as pessoas enfrentam uma enfermidade sem esperança de cura. Isso me faz lembrar do ano de 2003. Eu estava em Moçambique, fazendo um trabalho evangelístico em um hospital precário. Havia uma ala de pessoas com AIDS, e muita gente morria ali, porque naquela época os medicamentos para controlar a doença ainda não tinham sido desenvolvidos. O cheiro ali era de morte, porque não havia cura. Tantos precisavam de cura, mas ela não estava disponível.

Será que você tem enfrentado algum tipo de doença e precisa de cura? Talvez até uma cura emocional, ou de uma dor mal resolvida, como a distância de um pai e uma mãe, ou um sentimento de inferioridade e desprezo, ou uma palavra dura que alguém que você ama lhe disse. Tenho uma boa notícia para você: sua cura está disponível. A cura emocional, física, social, espiritual, todas elas são possíveis em Jesus. Reconhecer a necessidade de cura é melhor do que ignorar que precisa dela e viver sem desfrutar do benefício que ela tem a oferecer. No que você precisa de cura hoje?

ORAÇÃO

Senhor, eu preciso de cura em minha vida. Jesus conquistou isso para mim naquela cruz, levando sobre Si todas as minhas enfermidades. Em nome dEle, eu oro e creio. Amém.

ANOTAÇÕES

Jesus é a sua cura.

@josuevalandrojr

DEVOCIONAL

manhã com Deus

MARÇO

CAMINHANDO COM DEUS TODOS OS DIAS

01
MARÇO
060/365

Muitas nações virão, dizendo: "Venham, subamos ao monte do Senhor, ao templo do Deus de Jacó. Ele nos ensinará os seus caminhos, para que andemos nas suas veredas".

(ISAÍAS 2.3)

Muita gente diz que quer aprender mais, saber mais, crescer, andar com Deus, viver coisas sobrenaturais. Eu acho isso ótimo, mas, às vezes, o discurso é bem diferente da realidade. É só você olhar para a vida da pessoa e já percebe que ela dedica tempo a outras coisas que não priorizam o objetivo de andar com Deus. Algumas trabalham muito, mas não leem a Bíblia, não dedicam nem cinco minutos para ler um versículo. Outras estudam muito para passar em um concurso, mas não sentem empolgação alguma em estar na igreja, em ter comunhão com os irmãos.

Isso tudo reflete o tempo que vivemos, um tempo de muita gente que fala que quer, mas não demonstra que realmente quer a presença de Deus. Será que você conhece alguém assim, que para tudo diz sim, mas para as coisas de Deus está cansado, prefere deixar para amanhã ou para o próximo domingo? Você só vai receber mais de Deus e conhecê-Lo melhor se subir ao monte, se achegar-se a Ele, fizer o esforço e se dedicar para conhecê-Lo.

ORAÇÃO

Senhor, eu quero Te conhecer mais. Estou disposto a fazer o que tiver que ser feito. Não quero viver só de palavras ou vontades, mas me dedicar de verdade para subir Teu monte santo. Em nome de Jesus, amém.

ANOTAÇÕES

Dedique-se a conhecer a Deus.

A FESTA DA VITÓRIA

Esses dias [de Purim] seriam lembrados e comemorados em cada família de cada geração, em cada província e em cada cidade. Assim, esses dias de Purim jamais deveriam deixar de ser comemorados pelos judeus, de modo que a memória deles não se apagasse entre os seus descendentes.

(ESTER 9.28)

Você já ouviu falar em Purim? É uma festa judaica que celebra a proteção divina sobre o povo judeu quando estava ameaçado de extermínio na Pérsia antiga, conforme narrado no livro de Ester. A rainha Ester, com coragem e ousadia, intercedeu por seu povo e, com a ajuda de Mordecai, reverteu um decreto mortal contra os judeus.

Esse episódio nos faz pensar nos motivos que temos para nos alegrar, mesmo em meio a situações que nos ameaçam ou aborrecem. Você está conseguindo se alegrar na presença de Deus, ir ao culto e estar em comunhão, ou tem escolhido se fechar e se isolar, porque acha que só deve ter comunhão quando está "feliz"? Deus tem saída para todas as situações. Ele opera através de pessoas dispostas a se posicionar corajosamente a favor da justiça e da verdade. A festa da vitória, o Purim, é uma ocasião em que se trocam presentes; a bondade é o motivo da festa. Deus quer isso de nós: alegria e bondade. Ele nunca nos abandona. Purim não é um evento histórico, é um princípio de Deus para que nos alegremos, porque Ele nos livra e nos protege. Que Ele abençoe você hoje.

ORAÇÃO

Senhor, eu me inspiro nesse posicionamento que a rainha Ester teve para enfrentar com coragem e fé os desafios da vida. Eu me alegro em Tua bondade e fidelidade e declaro a Tua vitória em minha vida, em nome de Jesus. Amém.

ANOTAÇÕES

Deus tem saída para todas as situações.

@josuevalandrojr

03

MARÇO

062/365

ALEGRIA NA PRESENÇA DO SENHOR

Mudaste o meu pranto em dança, tiraste a minha veste de lamento e me vestiste de alegria.

(SALMOS 30.11)

Você já dançou de alegria? Já viveu situações de festa em que precisava pular, expressar a alegria que sentia? Celebrar uma vitória é ainda mais empolgante quando foi muito complexo conseguir aquele resultado. Você estudou muito e entrou na faculdade, lutou a vida toda e comprou sua casa própria, orou e se empenhou para construir o que tem hoje, ou até mesmo está no meio desses processos todos, e isso é digno de celebração e alegria.

Mas, de repente, vem aquela notícia que desmorona tudo, que tira a graça, que faz você querer parar, desanimar. Foi isso que aconteceu com o povo judeu, por exemplo, no livro de Ester, quando chegou a notícia de que Hamã queria matar a todos. De vez em quando aparece alguém na história querendo eliminar o povo de Deus, e o Senhor intervém com livramento. Ele tem livrado a nossa vida a cada dia também, por isso temos motivos de sobra para celebrar! Celebre os livramentos de Deus. Até os momentos mais tristes estão sob o controle dEle. Não há situação tão desesperadora que não seja alcançada pela mão do nosso Deus. Busque sua alegria na presença dEle. Seja abençoado hoje com a alegria do Senhor.

ORAÇÃO

Senhor, eu coloco toda tristeza em Tuas mãos neste momento, porque quero me alegrar em Tua presença. O Senhor é poderoso para transformar todas as situações. Eu creio. Em nome de Jesus, amém.

ANOTAÇÕES

Celebre as bênçãos recebidas de Deus.

@josuevalandrojr

A FARINHA E O AZEITE NÃO VÃO FALTAR

Pois assim diz o Senhor: "A farinha no cântaro não se acabará, e o azeite na botija não se secará até o dia em que o Senhor fizer chover sobre a terra".

(1REIS 17.14)

04
MARÇO
063/365

Você já se encontrou numa situação em que parecia que os recursos estavam no fim, e a incerteza sobre o futuro encheu você de ansiedade? A promessa de Deus para nós é como a experiência da viúva de Sarepta: mesmo nas circunstâncias mais desafiadoras, a farinha e o azeite não vão faltar.

Naquele tempo, a fome assolava toda a terra. Imagine a frustração e a dor daquelas pessoas ao ver acabar a farinha e o azeite, ingredientes para fazer o alimento mais básico, o pão! O profeta Elias foi enviado por Deus até a casa dessa viúva e seu filho, para ser alimentado e protegido da fome, mas eles também estavam nessa condição, prestes a morrer pela falta de pão. Mas Deus tinha dito que, apesar de tudo, ele seria sustentado ali. Assim, Elias foi o agente do Senhor para promover o milagre na vida dela e do filho. A provisão divina chega na sua vida através da Palavra; aconteceu com a viúva, e vai acontecer com você também. Encare cada novo dia com a certeza de que o cuidado de Deus não falha. Ele conhece cada necessidade antes mesmo de a mencionarmos, e está pronto a suprir sua vida. O desafio é manter os olhos na fonte da farinha e do azeite, o Senhor, e não na quantidade desses ingredientes dentro do jarro. Está preparado para viver mais milagres? A farinha e o azeite não vão faltar. Creia.

ORAÇÃO

Senhor, eu confio em Tua provisão no meio de toda e qualquer situação. O Senhor me capacita para encarar os desafios e oportunidades, e viver bênçãos abundantes. Eu dependo de Ti somente, e Te agradeço, em nome de Jesus. Amém.

ANOTAÇÕES

Deus tem provisão para você.

@josuevalandrojr

05
MARÇO
064/365

PEÇA CORRETAMENTE

Então, fez um voto, dizendo: "Ó Senhor dos Exércitos, se tu olhares com atenção para a aflição da tua serva, se te lembrares de mim e não te esqueceres da tua serva, mas lhe deres um filho, então eu o dedicarei ao Senhor por todos os dias da sua vida, e sobre a cabeça dele não passará navalha".

(1SAMUEL 1.11)

O que você tem pedido ao Senhor? Talvez você tenha pedido muito no dia 31 de dezembro do ano passado, porque pensava que esse seria o ano das suas vitórias, que você iria emagrecer, que todos da sua família estariam firmes no Senhor, que o dinheiro seria suficiente para todos os seus sonhos e que a saúde ficaria em dia. Será que você está pedindo só o que quer, sem perceber o que Deus espera que você peça? No texto de hoje, vemos que Ana finalmente orou pedindo a Deus não apenas o filho que queria, mas um filho para a glória de Deus. O que Ana fez foi entregar para Deus a glória. Ela abriu mão de ter aquele filho para si, de viver com ele para seu próprio prazer, e o entregou a Deus. Assim, ela agradou ao Senhor com sua oração ousada e confiante.

Quantos pedidos fazemos a Deus com a intenção de os usufruirmos, e por isso não recebemos? Será que estamos pedindo certo? Você precisa aprender a pedir. A Bíblia diz: "Vocês pedem e não recebem, porque pedem mal". É o momento de entregar a Deus a glória, até nos nossos maiores desejos.

ORAÇÃO

Senhor, quero aprender a Te pedir o que está em acordo com a Tua Palavra, porque o Senhor vai cumprir o que está ali. Não quero pedir segundo a minha vontade, mas segundo a Tua. Ensina-me a pedir assim. Em nome de Jesus, amém.

ANOTAÇÕES

@josuevalandrojr

Peça com fé e sabedoria.

NÃO DUVIDE DE QUE DEUS AMA VOCÊ

Os meus ossos não estavam escondidos de ti quando em secreto fui formado e entretecido nas profundezas da terra. Os teus olhos viram o meu embrião; todos os dias determinados para mim foram escritos no teu livro antes de qualquer um deles existir.

(SALMOS 139.15-16)

JVocê já viveu momentos em que parecia que você estava totalmente sozinho, sem ninguém? Já se sentiu abandonado? Quantas vezes você entra em situações que o fazem se sentir totalmente só, não é mesmo? Há horas em que parece que nem as pessoas mais chegadas estão compreendendo você. Faz parte da vida humana esse tempo de se sentir sozinho, como se estivesse faltando algo.

Deus ama você e nunca o deixa só. O salmo de hoje reforça que o amor de Deus já estava presente em sua vida mesmo quando você ainda era um embrião disforme no ventre da sua mãe. Ele planejou cada um dos nossos dias, nos desenhou cuidadosamente para louvor de Sua glória. Se Ele conhece cada aspecto de nossa existência, como poderíamos duvidar de Seu amor e cuidado? Mesmo nos dias mais sombrios, Deus está operando em nosso favor, usando cada circunstância para moldar nosso caráter e fortalecer nossa fé. Ele jamais abandona você! Se você está duvidando do amor de Deus devido às lutas, saiba que Ele está presente ao seu lado em cada uma delas. Firme-se no amor do Senhor —, Ele é real. Deus amou você desde a eternidade, e ama hoje também. Enquanto medita nas palavras do devocional de hoje, saiba que o Senhor está falando ao seu coração: "Eu amo você".

ORAÇÃO

Senhor, o Teu amor foi demonstrado na cruz do Calvário. O Senhor nunca me abandona, e eu creio na Tua fidelidade e amor para comigo. Eu Te entrego neste momento minha gratidão e minha adoração. Em nome de Jesus, amém.

ANOTAÇÕES

O amor de Deus por você é eterno.

@josuevalandrojr

07

MARÇO

066/365

O DOBRO

Depois que Jó orou pelos seus amigos, o Senhor lhe trouxe restauração e lhe deu em dobro tudo o que tinha antes.

(JÓ 42.10)

Sabe aquele período da vida em que parece que você está perdendo tudo? Sabe quando as perdas vão além das coisas materiais, e você se vê sem entender nada? Nessas horas, você pensa: "Mas como isso está acontecendo, se estou fazendo tudo direitinho, estou andando certo, estou sendo fiel no dízimo e nas ofertas, sou uma pessoa super diligente?" No texto de hoje, é impressionante como Deus permite que um homem fiel a Ele, Jó, passe por isso. Como é que Deus permite que Satanás venha tripudiar sobre um homem temente a Ele? Não dá para entender.

Mas uma das coisas que precisamos compreender na vida é que nós não vamos entender a lógica de Deus, não vamos entender como Ele pensa, como age, o que quer fazer. Nós não vamos entender por que Ele permite que certas coisas aconteçam. Não temos como compreender os propósitos, os desígnios, a lógica do Céu, a não ser que Ele nos revele. Só sei de uma coisa: a Bíblia registra que Deus deu a Jó o dobro do que ele tinha antes. Se Deus tem tirado algo da sua vida, prepare-se para o dobro. Na matemática de Deus, somos mais que vencedores, e nosso destino é a vitória em Cristo Jesus.

ORAÇÃO

Senhor, não há perda na minha vida que o Senhor não tenha permitido. Eu creio que toda perda é para abrir espaço para a Tua bênção abundante, e por isso eu Te louvo hoje, pela fé, porque o Senhor fará acontecer muito mais. Em nome de Jesus, amém.

ANOTAÇÕES

Toda perda abre espaço para um ganho.

@josuevalandrojr

FINAS JOIAS

Mulher virtuosa, quem a achará? O seu valor muito excede o de finas joias.

(PROVÉRBIOS 31.10, ARA)

08
MARÇO
067/365

Você já parou para refletir sobre o valor extraordinário das mulheres? Hoje comemora-se o Dia Internacional da Mulher, e é uma data escolhida para celebrar não apenas as conquistas sociais, econômicas, culturais e políticas das mulheres, mas também sua força, sabedoria e virtude, que todos os dias enriquecem nossas vidas. Mas o que realmente faz uma mulher ser tão valiosa?

O valor da mulher não é medido apenas por suas realizações externas, mas pelo seu caráter, pela capacidade de liderar com gentileza e força. Uma mulher virtuosa é aquela que, com sabedoria, constrói seu lar, sustenta sua família, e ainda encontra tempo para cuidar de si mesma e de sua comunidade. Há mulheres que dedicam sua vida a causas sociais, sem falar nas que atuam na igreja nas mais variadas atribuições. O valor delas está na resiliência com que enfrentam desafios e na habilidade de transformar dificuldades em oportunidades. E esse valor é muito maior do que o das joias finas! Seja você homem ou mulher, honre as mulheres que Deus colocou em sua vida. Seja qual for o papel desempenhado, valorize e agradeça, pois cada uma, ao seu modo, reflete a glória e a beleza de Deus em um mundo que, muitas vezes, as desvaloriza e descaracteriza. São essas joias preciosas e raras que tornam a nossa vida melhor.

ORAÇÃO

Senhor, eu Te agradeço pelas mulheres extraordinárias que colocaste em minha vida. Elas são parte do Teu plano perfeito para construir quem eu sou hoje. Quero valorizar, respeitar e olhar para elas como o Senhor olha. Em nome de Jesus, amém.

ANOTAÇÕES

Valorize o que Deus valoriza.

09
MARÇO
068/365

OLHANDO PELA JANELA

Devolve-me a alegria da tua salvação e sustenta-me com um espírito pronto a obedecer.

(SALMOS 51.12)

Talvez você tenha vivenciado fases bem distantes de Deus, ou pelo menos fases em que você estava morno: nem distante, nem perto dEle. Talvez esteja vivendo isso hoje. A pergunta é: o que gerou isso? Por que essa caminhada distante do que Deus planejou? Qual é o problema? Eu me lembro do rei Davi. Ele avançou, era um homem renomado, aclamado em Israel. Contudo, de repente, ele baixou a guarda.

Em um de seus maiores erros, vemos que ele não focou no seu propósito de vida: o de reinar. Enquanto seu exército estava em guerra, Davi foi espiar pela janela e viu a esposa de seu soldado Urias. Assim, sua cobiça deu início a uma maquinação para pecar ainda mais. Quando vamos dar uma olhada pela janela em vez de fazer o que Deus nos chamou para fazer, estamos à beira do precipício. Perdemos a noção de quem somos, do nosso propósito e do motivo pelo qual Deus nos colocou na posição em que estamos hoje.

E você? Se você cometeu erros por estar olhando pelas janelas da vida, Deus tem uma restauração para sua história. Deixe o pecado e creia nessa restauração de Deus, se arrependendo-se e fazendo o que está no propósito de Deus para você. Que Deus abençoe sua vida.

ORAÇÃO

Senhor, eu creio que Tu restauras todas as coisas na minha vida hoje. Eu deixo os meus pecados para trás e determino que meus pés seguirão, não para as janelas da vida, mas para Te glorificar. Em nome de Jesus, amém.

ANOTAÇÕES

Saia da janela e venha para o altar.

@josuevalandrojr

AME MESMO ASSIM

[...] Ame ao seu próximo como a você mesmo.

(MATEUS 22.39)

10

MARÇO

069/365

Você já se perguntou por que é tão difícil amar incondicionalmente? Será que a gente ama uma pessoa, mas já na expectativa do que ela nos dará de volta? O que você faz quando acha que alguém não o está amando como deveria? Retribui na mesma moeda? Muita gente fica frustrada porque ama alguém e não é recompensadao. Mas qual é a retribuição que você espera? Será que essa retribuição não é Deus quem vai lhe dar?

Deus nos ama eternamente. Mesmo sabendo de nossas falhas e fraquezas, Ele veio e morreu na cruz em nosso lugar, para termos uma vida com Ele, eterna e plena. Amar ao próximo como a nós mesmos não é uma sugestão; é um mandamento. Significa amar mesmo quando é difícil, mesmo quando somos maltratados, mesmo quando o outro parece não merecer nosso amor. Esse tipo de amor reflete a vontade de Deus e nos aproxima de quem Ele quer que sejamos. Não é sobre receber, é sobre dar amor. Então, fica a reflexão para você: não ame com o seu amor, ame com o amor de Deus.

ORAÇÃO

Senhor, o Teu amor é incondicional. Enche o meu coração com o Teu amor, porque somente a partir dele eu posso transbordar amor para as pessoas como o Senhor quer que eu faça, não por mim mesmo, mas por Ti. Em nome de Jesus, amém.

ANOTAÇÕES

Amar ao próximo é um mandamento, não uma opção.

@josuevalandrojr

11
MARÇO
070/365

NÃO CHORE, CREIA

Ao vê-la, o Senhor se compadeceu dela e disse: "Não chore".

(LUCAS 7.13)

Imagine um dia terrível, talvez o pior da sua vida, quando tudo pareceu desabar. Notícias devastadoras chegaram: um ente querido faleceu ou uma grande perda material ocorreu em uma inundação, um acidente. Você se depara com o desespero, com lágrimas e desolação.

Foi isso que aconteceu com a viúva de Naim, tema do devocional de hoje. Seu único filho tinha morrido. Sem saída, sem consolo, seu mundo desabou. Então ela encontrou Jesus. Mas Ele não começou dizendo que faria um milagre. Primeiro, Ele abordou a dor dela, dizendo: "Não chore". Que profundo! Jesus sabia o que estava por vir, mas, antes de realizar o milagre da ressurreição do filho, Ele quis que ela superasse sua dor. Quando o milagre aconteceu, a alegria e a paz que ela sentiu foram imensuráveis. Apesar daquele cortejo fúnebre, daquela situação desesperadora, Jesus Se preocupou com a dor daquela mulher. Antes de fazer maravilhas na sua vida, Deus quer curar essa dor que você carrega. Hoje é dia de colocá-la no altar do Senhor e não permitir que o choro abafe a sua fé, porque o nosso Deus transforma tristeza em alegria. Que Ele abençoe você.

ORAÇÃO

Senhor, hoje eu coloco as minhas dores diante de Ti para ser curado. O Senhor é o meu Deus de misericórdia, compaixão e amor, e cuida de mim. Coloco toda lágrima diante de Ti. Cura-me! Em nome de Jesus, amém.

ANOTAÇÕES

Deus quer curar a dor da sua alma.

VOCÊ ESTÁ CONFIANDO NO DINHEIRO?

Conservem-se livres do amor ao dinheiro e contentem-se com o que vocês têm, porque Deus mesmo disse: "Nunca o deixarei; jamais o abandonarei".

(HEBREUS 13.5)

12
MARÇO
071/365

Faltar dinheiro é algo que preocupa você? Algo que angustia e mexe com suas emoções? Algumas pessoas não conseguem dormir por causa disso, só à base de remédios. E você, tem dormido com tranquilidade, ou precisa de algum auxílio externo para ter uma boa noite de sono? Às vezes, carregamos fardos que tiram nossa tranquilidade e paz. Deus sabe que temos preocupações. Se faltar dinheiro, podemos não conseguir lidar com alguma situação, e assim nos desesperamos.

O texto que lemos mostra que, muitas vezes, temos a crença de que nosso dinheiro será suficiente para nos ajudar a resolver qualquer problema. Deus sabe como somos facilmente levados pelas situações se o dinheiro é a única base de nossos corações, tanto para dias de necessidade como de desfrute. Por isso, a palavra de hoje é: fique atento para que o cuidado com o dinheiro não se transforme em amor ao dinheiro. Ele é bom, e a Bíblia nos ensina a usá-lo. Porém, nós temos que controlar o dinheiro, e não o dinheiro nos controlar. Devemos ter liberdade em Deus quanto a esse recurso e o usarmos como uma ferramenta de bênção.

ORAÇÃO

Senhor, eu entendo que o dinheiro é somente uma ferramenta, e não um objeto do meu amor. Eu amo somente ao Senhor. Quero que o meu coração seja um altar a Ti, e não um altar ao dinheiro. Eu Te entrego minhas finanças e preocupações. Em nome de Jesus, amém.

ANOTAÇÕES

Faça do dinheiro o seu servo, e não o seu senhor.

@josuevalandrojr

13
MARÇO
072/365

DEUS SEMPRE AGE COM JUSTIÇA

Não tenho o direito de fazer o que quero com o meu dinheiro? Ou você está com inveja porque sou generoso?

(MATEUS 20.15)

Você já se pegou achando que Deus é injusto? Será que, em algum momento, você se sentiu injustiçado ao ver outros, aparentemente menos merecedores, prosperarem? Este é um sentimento comum, mas vamos entender o que realmente acontece. No texto de meditação de hoje, Jesus conta a história de um patrão que paga o mesmo salário para trabalhadores que trabalharam mais e para outros que trabalharam menos.

À primeira vista, pode parecer uma atitude injusta, mas este ocorrido destaca a soberania de Deus. Ele é o Dono de tudo, e faz o que deseja. O que parece injustiça aos nossos olhos pode ser um ato de generosidade divina. Você pode não entender o método de Deus, mas a justiça dEle é perfeita. Não fique se comparando com os outros na maneira como servem ao Senhor! Deus trata cada um segundo um propósito único, e se isso parece injusto para você, não se deixe enganar por pensamentos supérfluos. Nosso coração é enganoso, mas a Palavra de Deus é eterna e fiel. A justiça de Deus não se parece com a nossa. Confie no Senhor, Ele é fiel e justo em todo o tempo. Que Ele abençoe você hoje.

ORAÇÃO

Senhor, a Tua justiça é perfeita. Não há situação que esteja acontecendo e que fuja ao Teu olhar, e sei que a Tua mão generosa e abençoadora está sobre mim. Eu Te agradeço e oro em nome de Jesus, amém.

ANOTAÇÕES

@josuevalandrojr

A justiça de Deus é perfeita.

DEUS USA OS IMPROVÁVEIS

Também juntaram-se a ele todos os que estavam em dificuldades, os endividados e os descontentes; assim, tornou-se o líder deles. Havia cerca de quatrocentos homens com ele.

(1SAMUEL 22.2)

14
MARÇO
073/365

Você reconhece o talento das pessoas? Sabe vê-las como Deus as vê? Muitas pessoas não veem o outro, e querem elas mesmas fazer tudo, porque acham que algo só sairá bem-feito se fizerem do seu jeito, e, por isso, não delegam nada para ninguém. Agindo assim, elas não desenvolvem liderança, e, então, aqueles à sua volta se atrofiam, pois não há crescimento de talentos na equipe. Isso vale para tudo na vida, seja na igreja, em casa, no trabalho ou na escola: precisamos saber tratar com o ser humano. Onde há pessoas, há possibilidade de crescimento! E você, tem sido um incentivador ou um coveiro de talentos? Você precisa ajudar a promover crescimento na vida dos outros, porque você mesmo já foi um improvável um dia.

A Bíblia é cheia de gente improvável. Certa vez, Deus usou um rapazinho para matar um gigante de quatro metros na frente de todo o exército de Israel e dos filisteus. Acho que você já ouviu essa história. Davi sabia que tinha vindo de um lugar improvável. Mais tarde, escondendo-se na caverna de Adulão, ele viu ali homens endividados, descontentes e falidos, e os transformou nos "valentes de Davi". Quer encontrar gente mais improvável que eles? Eu e você. Hoje é dia de abençoar os improváveis da sua vida, e ser sábio e incentivador para cada um deles.

ORAÇÃO

Senhor, eu Te agradeço por ter me escolhido para ser um improvável em Tua presença. Eu quero ser bênção para as pessoas improváveis da minha vida. Em nome de Jesus, amém.

ANOTAÇÕES

Seja um incentivador.

@josuevalandrojr

RESGATE O SEU MELHOR SONO

15
MARÇO
074/365

Em paz me deito e logo adormeço, pois só tu, Senhor, me fazes viver em segurança.

(SALMOS 4.8)

O que você faz antes de dormir? Você ora, lê algum trecho da Palavra? Fica deitado, agradecendo pelo que aconteceu durante o dia? Que bom. Antes de dormir, gosto de recitar o texto de hoje, que o meu pai me ensinou desde pequeno. Porém, quanta gente, na hora de dormir, fica pensando nos problemas, nas preocupações, nas angústias do dia. É só deitar e começa o filme na cabeça: a conta que a pessoa não pagou, a entrevista do dia seguinte, as palavras que ouviu, a ligação que não fez. Isso sem falar nas pessoas que se deitam e acordam com o celular tocando no meio da noite. Conheço gente que toma três comprimidos para dormir. Como é esse momento do sono para você?

Hoje pode ser o dia de começar a mudar. Reaprenda a dormir! Olhe como Davi fazia; ele dizia: "Eu sei que o Senhor me faz viver em segurança". Nossa inquietação atrapalha o momento tranquilo de respirar fundo e adormecer. Adormeça em oração, adormeça agradecendo, adormeça em paz, sabendo que Deus está cuidando de tudo, daquele filho, daquela filha, daquele problema no trabalho, na faculdade, na família. Perder noites de sono não resolve problemas. O sono é o momento em que somos refeitos, recebendo garra e clareza mental para um novo dia. Cuide disso, porque seu corpo é o templo do Espírito Santo, como diz a Palavra, e precisa dessa atenção. Cuidar do sono faz parte do zelo que devemos ter com as coisas de Deus.

ORAÇÃO

Senhor, coloco diante de Ti a minha ansiedade. Quero me deitar e dormir na Tua presença. A Tua Palavra me acalma e descanso seguro em Ti. Em nome de Jesus, amém.

ANOTAÇÕES

Adormeça agradecendo.

VOCÊ É CORAJOSO?

Quanto aos covardes, aos descrentes, aos abomináveis, aos assassinos, aos que cometem imoralidade sexual, aos que praticam feitiçaria, aos idólatras e a todos os mentirosos, o lugar deles será no lago que arde com fogo e enxofre. Esta é a segunda morte.

(APOCALIPSE 21.8)

16

MARÇO

075/365

No texto de hoje, por que será que os covardes estão na mesma categoria dos idólatras, feiticeiros e mentirosos? Afinal, parece que a covardia é uma coisa comum e aceitável, não é? Não. Na verdade, a covardia é o contrário da fé.

O covarde não encara seus desafios, não entende seus propósitos, não entende o processo de Deus agir em meio a suas dores, e por isso não é aprovado nas aulas de vida que Deus está lhe dando. O covarde não tenta fazer o bem, porque é difícil, e não tenta salvar alguém se há dificuldade; ele não vive a vida que Deus idealizou para ele. É alguém que não acredita que pode fazer uma coisa maior e relevante, algo que mude a sociedade para melhor. O covarde não ama, porque não sabe o que é amor. A Palavra diz que o perfeito amor lança fora o medo. Pior: o covarde não é generoso, porque teme o dia de amanhã. Ele não é leal a ninguém, porque procura constantemente conforto, e não se compromete com ninguém. O covarde é mentiroso, porque a verdade pode lhe trazer más consequências. Em Deus, nós podemos ter coragem. Jesus é nosso maior exemplo de coragem. Podemos nos espelhar nEle, porque temos Seu Espírito Santo, que é um Espírito de ousadia e de verdade. A covardia aprisiona, a coragem em Deus liberta. Viva com coragem!

ORAÇÃO

Senhor, eu me arrependo de tantas vezes ter tolerado a covardia na minha, vida, pensando que era algo normal. Hoje sei que isso não Te agrada. Ensina-me a ser corajoso, porque quero Te agradar, enfrentando os desafios da minha vida, sendo exemplo. Em nome de Jesus, amém.

ANOTAÇÕES

A covardia aprisiona, a coragem em Deus liberta.

@josuevalandrojr

CUMPRA O SEU CHAMADO

17
MARÇO
076/365

Você, porém, seja moderado em tudo, suporte os sofrimentos, faça a obra de um evangelista, cumpra plenamente o seu ministério.

(2TIMÓTEO 4.5)

As pessoas estão perdendo a capacidade de pensar. A sociedade de hoje considera idiotas aqueles que vão à igreja. Ela diz que curtir a vida é ir para a balada, que isso, sim, é viver a juventude. A filosofia hedonista é a moda. Mas o que esse pensamento não mostra é a depressão, a ansiedade, a falta de identidade, a angústia de alma e o vazio de propósito de quem tem essa mentalidade, podendo chegar ao suicídio em muitos casos. Há tanta gente falando que defende a justiça, mas ferindo a lei. Na verdade, vivemos em um país onde é triste a realidade. E o que estamos fazendo para mudar isso?

Todos temos um chamado, e ele não é algo abstrato, bonitinho, mas um entendimento de que precisamos estar posicionados para a guerra. O chamado de Deus não é teórico, não é para ser cumprido quando queremos. Muitos vivem a filosofia de só cumprir seu papel se sobrar tempo, "se der", mas o que a Bíblia diz é que cada um de nós tem o chamado de servir. E se você não cumprir o seu chamado na obra de Deus, está fracassando, e vai responder por isso. Quando não fazemos o que tem que ser feito, alguém vai ser afetado por essa ação. Obedeça ao chamado de Deus para você hoje.

ORAÇÃO

Senhor, eu me posiciono para cumprir o Teu chamado em minha vida. Sou responsável por tudo que há em minhas mãos para fazer, e quero fazer tudo bem-feito, para que as pessoas sejam transformadas pelo Teu Santo Espírito. Em nome de Jesus, amém.

ANOTAÇÕES

Você é chamado para servir ao Rei Jesus.

NÃO CONVIVA COM RAIZ DE AMARGURA

Tomem cuidado para que ninguém se afaste da graça de Deus e para que nenhuma raiz de amargura, ao brotar, cause perturbação e contamine muitos.

(HEBREUS 12.15)

18
MARÇO
077/365

Você tem alguma raiz de amargura? Alguma coisa que dói por estar mal resolvida dentro de você em relação a alguém? Quem está deixando você amargurado? É muito importante pensar sobre isso, porque sua felicidade e seus sonhos dependem disso.

Raiz de amargura é um sentimento de injustiça. Há muita gente amargurada com um abandono ou algo de errado feito por um pai, uma mãe, membros da igreja. Várias pessoas não sabem o que é amargura, nem que a têm, e há outras tão dominadas por ela que não conseguem saber de onde vem. A amargura rouba até a presença de Deus na sua vida. É hora de tirá-la do seu coração, porque ela cresce e contamina, e a pessoa mais prejudicada por ela é você. Se alguém fez alguma coisa contra você, libere perdão! Você é melhor do que o que fizeram. Pode ser que não consiga conviver com a pessoa, pelo menos em um primeiro momento, mas quando você libera perdão, a raiz de amargura começa a secar. Seja livre hoje, em nome de Jesus.

ORAÇÃO

Senhor, hoje eu arranco do meu coração qualquer raiz de amargura que tenho alimentado, mesmo sem querer. Purifica-me para que em mim seja encontrado o Teu amor e a Tua graça. Abro meu coração para perdoar as pessoas que têm me ferido de algum modo, e peço a Tua bênção sobre elas e sobre mim. Em nome de Jesus, amém.

ANOTAÇÕES

Corte a amargura pela raiz.

@josuevalandrojr

19
MARÇO
078/365

SEJA ABENÇOADO DE VERDADE

Se vocês obedecerem fielmente ao Senhor, o seu Deus, e seguirem cuidadosamente todos os seus mandamentos que hoje dou a vocês, o Senhor, o seu Deus, os porá acima de todas as nações da terra.

(DEUTERONÔMIO 28.1)

Você se sente abençoado? Seus planos correspondem aos sonhos de Deus para você? As decisões que você toma se traduzem no melhor, ou você está sempre está fazendo escolhas das quais se arrepende depois? Muitas pessoas decidem que querem construir sua própria bênção, porque acham que, se esperarem a bênção de Deus, Ele vai dar algo ruim e elas terão que aguentar. Tem gente que pensa assim até com relação ao matrimônio.

Deus tem prazer em nos abençoar. Ele não quer brincar com a sua fé; pelo contrário, Ele é fiel e sabe o que é melhor para você. Abra mão da arrogância de achar que consegue fazer melhor do que Ele, e deixe Deus ser Deus na sua vida. O caminho da bênção é a obediência. Será que você confia mais em suas próprias escolhas do que nas de Deus? Mude isso hoje e confie no Senhor. Ele tem a bênção sob medida para sua felicidade.

ORAÇÃO

Senhor, minha bênção está em Tuas mãos e não na minha própria vontade. Eu não quero andar segundo minhas próprias escolhas. Só em Ti sou abençoado de verdade. Eu oro em nome de Jesus, amém.

ANOTAÇÕES

@josuevalandrojr

O caminho da bênção é a obediência.

PROFETA HABACUQUE

Permanecerei no meu posto de sentinela e tomarei posição sobre o baluarte; aguardarei para ver o que ele me dirá e que resposta terei à minha queixa.

(HABACUQUE 2.1)

20
MARÇO
079/365

O profeta Habacuque estava em um momento interessante com Deus. Aliás, seu livro na Bíblia é breve, mas é impressionante o quanto é atual, porque trata de política internacional, da violência da guerra, da decadência moral dos homens, da decadência religiosa e da opressão econômica. Parece que está descrevendo o Brasil de hoje.

Esse livro trata também da soberania de Deus e de um avivamento espiritual. Habacuque era um profeta que não se conformava em ver o povo de Israel agindo de forma tão distante daquilo que é a verdade divina. Deus lhe mostrou que o juízo sobre sua nação por causa do pecado seria o povo ficar cativo da Babilônia. Gente ímpia seria instrumento para aplicar o juízo sobre o povo de Deus. Será que a nossa nação está vivendo algo parecido? Habacuque se posicionou como sentinela para anunciar a mensagem do Senhor para Israel. Seu papel era receber uma palavra da parte de Deus, colocar-se como intercessor e vigia para seu povo, e então pregar a verdade. Nosso país precisa de sentinelas, pessoas que ouvem e obedecem à voz de Deus. Você é uma delas!

ORAÇÃO

Senhor, como Habacuque, eu me posiciono para seguir a Tua direção para a minha vida e para o meu país. Eu creio que Tu és bom, poderoso e soberano, e que um avivamento acontecerá, a começar em mim. Em nome de Jesus, amém.

ANOTAÇÕES

Sua vida é sua mensagem.

21
MARÇO
080/365

OBEDIÊNCIA PARA O MILAGRE

Jesus disse aos serviçais: "Encham os potes com água". E os encheram até a borda. Então, Jesus lhes disse: "Agora, levem um pouco ao encarregado da festa". Eles assim o fizeram.

(JOÃO 2.7-8)

Quem não quer um milagre? Não há uma só pessoa que fale para mim: "Não, eu quero que as coisas aconteçam no plano natural". Todos querem respostas, seja sobre uma situação financeira, uma questão na família, um vício do filho, uma situação emocional na família, uma amizade que se rompeu, acusações no trabalho.

Na vida, queremos soluções e, se possível, milagres —, algo que ninguém imaginava. Mas por que muitos não recebem o milagre? Por que tantos veem só os milagres dos outros, mas nunca têm o próprio milagre para contar? Quando Jesus estava em um casamento, faltou vinho, algo inadmissível em um casamento judeu. Mas aconteceu, e Jesus estava lá. Quando lhe contaram a situação, Ele deu orientações, como lemos no texto de hoje, e o resultado foi que aquelas pessoas beberam o melhor vinho de sua vida! Sem obediência, não há milagre. Creia, o seu milagre vai chegar na hora perfeita de Deus.

ORAÇÃO

Senhor, quero estar posicionado em obediência, e não afastar de mim a Tua bênção de mim por causa de meus posicionamentos. Ajuda-me a Te obedecer em fé, em nome de Jesus, amém.

ANOTAÇÕES

@josuevalandrojr

Seu milagre vai chegar na hora certa.

TROQUE A ANSIEDADE PELA ORAÇÃO

Não andem ansiosos por coisa alguma, mas em tudo, por meio da oração e da súplica, com ação de graças, apresentem os seus pedidos a Deus.

(FILIPENSES 4.6)

22
MARÇO
081/365

Na vida, você tem uma escolha: ou a ansiedade ou uma solução para ela. Você vai ser empurrado para a ansiedade frequentemente, porque ela é a preocupação e a desconfiança de Deus em relação ao futuro. "Será que vou ter o tempo ou o dinheiro necessário para isso? Será que alguma coisa ruim vai acontecer? Será que Deus vai me ajudar mesmo?". Você já se encontrou nesse tipo de situação? Ansiedade é nossa torcida negativa para o futuro, e sempre envolve falta de fé no Senhor. Porém, nem tudo o que nos preocupa hoje acontecerá como imaginamos, e, mesmo que aconteça, sempre haverá uma solução.

Eu poderia dar muitos exemplos, mas quero apresentar a você uma solução bíblica, um antídoto para a ansiedade. Paulo nos diz: "Vocês podem estar ansiosos, e isso não vale a pena. Usem a oração como antídoto". Já foi até comprovado cientificamente que a oração é uma arma poderosa para acalmar a mente, inclusive para gerar novas soluções! A ciência descobriu agora, mas Deus já tinha mostrado isso na Bíblia. Então, é hora de usar esse antídoto maravilhoso que temos em mãos, chamado oração. Ore sempre.

ORAÇÃO

Senhor, eu quero trocar a minha ansiedade pela oração neste momento, porque não sou escravo do amanhã, mas livre em Cristo. A minha vida está em Tuas mãos, Tu tens o controle de tudo, e eu creio em Teu poder sobrenatural. Em nome de Jesus, amém.

ANOTAÇÕES

A oração é o antídoto contra a ansiedade.

23
MARÇO
082/365

A BATALHA NÃO É SUA, É DE DEUS

Pois o Senhor, o seu Deus, o acompanhará e lutará por você contra os seus inimigos, para dar-lhe a vitória.

(DEUTERONÔMIO 20.4)

Você tem inimigos? Na sua vida, existe aquela pessoa que não gosta de você, que torce contra, que quer ver o seu mal, o seu prejuízo? Talvez você diga: "Eu não tenho inimigo, não". Será mesmo? Às vezes, você nem sabe. Será que não tem gente que você chama de amigo, mas é inimigo? Pode ser alguém que trabalha ao seu lado, mas no fundo não quer ver o seu bem.

Na vida, temos inimigos por causa de algum conflito ou alguma situação que trouxe inimizade, mas também temos inimigos gratuitos, por inveja ou por causa de Cristo, por exemplo. Vou dizer uma coisa: só de você falar a verdade, fazer o que é certo, vencer na vida, prosperar ou simplesmente estar feliz, vai ter gente que irá odiá-lo. O que fazer diante disso? O versículo de hoje dá direção. O Senhor é quem luta por você. Então, você não precisa ficar respondendo às pessoas nessa batalha. Mantenha-se firme no Senhor. Lembre-se: não é você quem luta, é Ele.

ORAÇÃO

Senhor, minhas guerras são vencidas por Ti, por isso descanso na certeza de que sou mais que vencedor por meio de Cristo Jesus. Peço misericórdia sobre os que se levantam contra mim e os entrego em Tuas mãos. Em nome de Jesus, amém.

ANOTAÇÕES

@josuevalandrojr

Deus luta por você.

O QUE TEM IMPEDIDO VOCÊ DE SERVIR A DEUS?

Ele designou alguns para apóstolos; outros, para profetas; outros, para evangelistas; outros, para pastores e mestres, com o fim de preparar os santos para a obra do ministério, para que o corpo de Cristo seja edificado.

(EFÉSIOS 4.11-12)

24
MARÇO
083/365

Como você está lidando com o seu chamado? Você até queria fazer mais para Deus, mas não consegue? São aqueles quinze minutos para falar de Jesus para alguém na fila do banco, ou ver que alguém está com dor e perguntar se gostaria de uma oração que levaria um minuto, mas dá aquela vergonha e você fica constrangido?

Ser cristão é ser um pequeno Cristo, ser seguidor dEle, e refletir Sua glória por onde passamos. Isso inclui os momentos em que estamos com os amigos, no ônibus, ou até quando estamos falando com o atendente de telemarketing. É você ser um pastor no trabalho, um evangelista na rua, um profeta em sua casa. É mostrar Jesus com a nossa vida e com as nossas palavras.

A Palavra diz que Deus deu ministérios para a Igreja para que todos saibam que temos que servir a Ele. Este é um assunto de Deus comigo e com você. Esses ministérios não são uma coisa abstrata, mas um presente dado pelo Senhor para um propósito: para que o Corpo de Cristo seja edificado. Então, o que está impedindo você de servir? Faça o que tem de ser feito, vá para cima e sirva a Deus em todo lugar.

ORAÇÃO

Senhor, eu Te agradeço porque sei que o Senhor designou ministérios para minha vida. Peço que o Senhor me ajude e me encha com o Teu Espírito Santo, para que eu tenha ousadia para falar de Ti em qualquer lugar. Em nome de Jesus, amém.

ANOTAÇÕES

Deixe Cristo brilhar através de você.

@josuevalandrojr

DISCIPLINA ESPIRITUAL

25
MARÇO
084/365

Orem no Espírito em todas as ocasiões, com toda oração e súplica. Tendo isso em mente, estejam atentos e perseverem na oração por todos os santos.

(EFÉSIOS 6.18)

Você tem disciplina? Muitos a têm para ir à academia, para organizar a casa e fazer a rotina da semana; alguns já deixam arrumado até o cardápio da semana. A disciplina é necessária em nossa vida, em todas as áreas. Assim como precisamos de dela para ter saúde e organização, precisamos dela na vida espiritual.

Ter disciplina é o que nos faz crescer. Assim como, para ter um bom condicionamento físico, precisamos desenvolver os nossos músculos, alimentar o corpo com nutrientes saudáveis e descansar o tempo necessário, de igual modo a nossa vida com Deus precisa de constância. Não é ir para a igreja todo domingo que faz seu relacionamento com Deus crescer. É seu momento com Ele, diariamente, de devocional, de oração, de leitura bíblica, abençoando a vida de alguém. Você não come só uma vez na semana, não é verdade? Mas e o seu espírito, com que frequência você tem alimentado? Como está a sua saúde espiritual? Hoje é dia para pensar nisso. Faça seu exame com o Médico dos médicos hoje, um exame da alma e do espírito.

ORAÇÃO

Senhor, eu quero viver com mais disciplina espiritual, e ter um relacionamento constante contigo. Quero me fortalecer em Ti e na Tua Palavra. Em nome de Jesus, amém.

ANOTAÇÕES

Alimente o seu espírito com a Palavra.

@josuevalandrojr

ACESSE A MENTALIDADE DE DEUS

"Pois quem conheceu a mente do Senhor, para que possa instruí-lo?" Nós, porém, temos a mente de Cristo.

(1CORÍNTIOS 2.16)

26
MARÇO
085/365

Que pensamentos acompanham você? Quais são os sonhos e ideais que motivam e movem sua vida? Será que sua mentalidade leva você a crer, tentar e lutar? Conheço pessoas que têm ideias maravilhosas, sensacionais, mas que nunca transformaram essas ideias em ações. No final, elas descobrem que outros tiveram a mesma ideia, mas, ao contrário delas, eles implantaram a ideia e se deram muito bem. Quem não se arrisca no mundo das ideias acaba se frustrando, porque nunca experimenta o mundo das realizações.

Muitos não tentam porque pensam que vai dar errado. É uma negatividade e uma descrença no coração, pensamentos e sentimentos deles. Eu não culpo ninguém por isso, porque as pessoas se machucam na vida e podem desenvolver essa suposta proteção, mas quem vive assim está impedindo o melhor de Deus de acontecer em sua vida. É preciso desenvolver uma fé no Senhor para superar todas essas situações, independentemente do que enxerga sobre si e seu momento. Deus sempre olha para você com planos lindos de fazê-lo prosperar. Você consegue ver sua vida pela perspectiva de Deus hoje? Que Ele abençoe seu dia.

ORAÇÃO

Senhor, não quero dirigir minha vida pelos meus pensamentos, mas colocar em Ti as minhas ideias e tudo que sinto. Só o Senhor tem a direção que leva à realização dos propósitos que tem para mim. Eu creio, em nome de Jesus, que viverei cada um deles. Em nome de Jesus, amém.

ANOTAÇÕES

Veja a sua vida pela perspectiva de Deus.

@josuevalandrojr

27
MARÇO
086/365

ENTREGUE-SE AO SENHOR, É ELE QUEM SALVA

[...] Na minha angústia, clamei ao Senhor, e ele me respondeu; do ventre do abismo, gritei, e tu me ouviste a voz.

(JONAS 2.2, ARA)

Você já se viu em um momento tão complicado que parecia não haver saída? Talvez você esteja passando por isso agora, vivenciando uma situação em que as dificuldades o deixam perdido, sem saber o que fazer ou em quem confiar. Jonas enfrentou um dilema semelhante quando fugiu da vontade de Deus e acabou no ventre de um grande peixe. Lá ele aprendeu que a salvação vem do Senhor, e só do Senhor. É claro que uma palavra amiga, uma oração, um apoio, uma mentoria, tudo isso é válido. Mas só Deus dá a palavra final.

Sem Ele, nossa autossuficiência vai literalmente para o fundo do mar quando o desafio surge, e aí percebemos como somos frágeis e limitados. Só o poder de Deus pode nos resgatar e reverter um laudo médico, uma situação caótica, um quadro preocupante, um conflito familiar. Jonas tinha desobedecido a Deus e estava no fundo do mar, no ventre do grande peixe, no poço da frustração, mas Deus o livrou dali, e vai livrar você também. Deus está sempre pronto para transformar nosso desespero em esperança.

ORAÇÃO

Senhor, eu sei que a minha salvação vem de Ti. Hoje entrego em Tuas mãos situações que têm me afligido e me feito sentir desespero e frustração, e clamo a Ti por socorro e livramento. Intervém com Tua poderosa mão e salva-me. Em nome de Jesus, amém.

ANOTAÇÕES

A salvação está somente no Senhor.

NÃO É QUALQUER ORAÇÃO QUE FUNCIONA

Depois de orarem, tremeu o lugar em que estavam reunidos. Todos ficaram cheios do Espírito Santo e anunciavam corajosamente a palavra de Deus.

(ATOS 4.31)

28
MARÇO
087/365

Você tem intimidade com Deus? A oração é sua rotina e sua prática indispensável no dia? Muita gente ignora que orar não é só falar o que se quer, mas conhecer a Palavra e orar de acordo com o que ela diz, porque Deus cumpre a Sua Palavra. Sem oração, ninguém vai ser íntimo de Deus, nem entender o coração dEle. Sem oração, ninguém vai entender o que Ele está falando. Oração é mais do que falar com Deus, é o momento em que crescemos diante dEle, é o momento em que somos libertos de tudo que nos oprime ou atrapalha.

No texto de hoje, os discípulos haviam orado e o lugar tremeu. Mesmo sendo perseguidos, eles estavam reunidos em oração. Quanto tempo faz que você não participa de uma reunião de oração que faz estremecer o seu coração e as vidas ao redor? A oração atrai a manifestação do poder sobrenatural do Espírito Santo. É uma ferramenta de conexão com o Céu que tem impacto na Terra. É hora de intensificar a oração na sua vida. A oração tem poder, gera intimidade com Deus, e por isso coisas sobrenaturais acontecem. Ore sem cessar, onde estiver, não se envergonhe do Senhor. Essa é a oração que funciona.

ORAÇÃO

Senhor, é minha alegria estar em Tua presença e falar contigo. Que eu viva mais perto de Ti em oração, pois o Senhor tem prazer nisso. Em nome de Jesus, amém.

ANOTAÇÕES

Ore em todo tempo.

@josuevalandrojr

29
MARÇO
088/365

ALEGRE-SE NA PRESENÇA DO REI JESUS

Alegre-se muito, Filha de Sião! Exulte, Filha de Jerusalém! Eis que o seu rei vem a você, justo e vitorioso, humilde e montado em um jumento, em um jumentinho, cria de jumenta.

(ZACARIAS 9.9)

Você já viu uma daquelas cenas em que a família real britânica desfila pelas ruas da cidade? Consegue imaginar o triunfo que representa um rei andar em meio ao seu povo? Isso aconteceu com Jesus, para cumprir uma profecia milenar a Seu respeito: Ele entrou triunfalmente em Jerusalém, naquele Seu último domingo antes da Cruz. Mas Ele não entrou montado em um cavalo de guerra, e sim humildemente em um jumentinho.

Essa imagem, profetizada séculos antes por Zacarias, revela uma verdade profunda sobre o caráter do nosso Salvador. Por que Jesus escolheu esse modo tão modesto de se apresentar à cidade santa? Essa entrada não foi apenas um evento histórico; foi um ato simbólico profundo, cheio de significado e alegria: Ele veio até nós para que possamos viver Sua vida. Quanta gente estava ali aplaudindo, ovacionando, sem imaginar que aquele momento era uma profecia se cumprindo! Jesus sabia que, naquela mesma semana, Ele seria humilhado e morto, mas alegrou-Se com Seu povo. Você tem se alegrado na presença do Rei Jesus? Faça isso, porque Ele é o Rei dos reis.

ORAÇÃO

Senhor Jesus, eu me alegro em Tua presença porque sei que o Senhor veio para me dar a salvação. Teu sacrifício me libertou e me deu vida eterna, e esta é minha alegria para sempre! Graças Te dou, e em Teu nome eu oro. Amém.

ANOTAÇÕES

Alegre-se na presença do Rei Jesus.

@josuevalandrojr

O DEUS QUE NÃO FALHA JAMAIS

Porque sou eu que conheço os planos que tenho para vocês, declara o Senhor, planos de fazê-los prosperar, não de causar dano, planos de dar a vocês esperança e um futuro.

(JEREMIAS 29.11)

30
MARÇO
089/365

Quantas vezes você já sentiu que tudo que planejou deu errado? É fácil nos perdermos em meio às dificuldades e nos esquecermos de que Deus não falha. Seu plano para nós é perfeito e completo. Então, como podemos manter essa verdade em nosso coração diante das adversidades? Afinal, na hora em que tudo está desmoronando, parece que some da nossa memória essa certeza de que o profeta Jeremias estava falando.

A fé não nos isenta de vivermos momentos complicados, problemas e desafios inexplicáveis. O que ela faz é nos fortalecer na Palavra para enfrentar tudo isso. Talvez você não esteja conseguindo ver além das circunstâncias e talvez as coisas estejam ruins mesmo, mas aqui entra a nossa meditação de hoje: Deus não falha. Não deixe que as circunstâncias enganem e frustrem você. É como aquele jogo empatado de final de campeonato em que, nos últimos segundos, o gol do desempate sai. Não dá para garantir que esse gol vai acontecer, mas, no caso do nosso Deus, a vitória já aconteceu na Cruz do Calvário. Portanto, hoje é dia de reafirmar sua fé no Deus que nunca falha. Seu amor é a garantia de que, no final, tudo dará certo para aqueles que nEle esperam.

ORAÇÃO

Senhor, eu confio em Ti e na Tua infalível Palavra. Ajuda-me a lembrar sempre que a Tua vontade para a minha vida é perfeita. Que eu possa descansar em Tua presença e ter a certeza de que, mesmo nos momentos mais difíceis, Tu estás comigo. Em nome de Jesus, amém.

ANOTAÇÕES

Creia em Deus, não importa a circunstância.

@josuevalandrojr

31

MARÇO

090 / 365

ACUSADORES

[...] "Mulher, onde estão aqueles teus acusadores? Ninguém te condenou?" Respondeu ela: "Ninguém, Senhor!" Então, lhe disse Jesus: "Nem eu tampouco te condeno; vai e não peques mais."

(JOÃO 8.10-11, ARA)

Você já se sentiu acusado ou julgado injustamente? Talvez você já tenha enfrentado olhares de reprovação ou palavras que feriram profundamente seu coração. É nesses momentos que Deus está pronto a mostrar que a misericórdia dEle sobre sua vida nunca muda. As pessoas podem querer até apedrejar você, mas, quando Jesus está presente, Ele é o seu libertador.

A história da mulher adúltera, cujo nome nem foi registrado, nos ensina uma lição poderosa sobre o perdão e a misericórdia de Jesus. Ele podia ter sido indiferente ou simplesmente ter ganhado pontos com os fariseus, concordando que ela fosse apedrejada, mas aquele foi o momento marcante em que Ele nos ensinou que não podemos atirar pedras nas pessoas, porque nós também somos pecadores perdoados. Em um mundo onde é tão fácil apontar o dedo e condenar, como você tem respondido? Tem sido um portador da graça de Deus ou um eco das acusações alheias? Você foi alcançado pelo perdão e amor de Cristo, então escolha demonstrar a graça, o perdão e a compaixão que Jesus demonstrou. Jesus não foi conivente com o pecado daquela mulher, mas disse: "Vá e não peque mais". Esta é a mensagem da graça e da transformação do Evangelho.

ORAÇÃO

Senhor, ajuda-me a ser um instrumento do Teu perdão e da Tua graça. Que eu possa estender a mão com amor e compaixão àqueles que a sociedade condena. Ensina-me a agir com a mesma misericórdia que Tu mostraste para com aquela mulher acusada. Em Teu nome eu oro, amém.

ANOTAÇÕES

@josuevalandrojr

Demonstre e viva a graça de Deus.

“DEUS SEMPRE OLHA PARA VOCÊ COM PLANOS LINDOS DE FAZÊ-LO PROSPERAR.”

DEVOCIONAL

manhã com Deus

ABRIL

01
ABRIL
091/365

SEJA PERSEVERANTE NA ORAÇÃO

Orem constantemente.

(1TESSALONICENSES 5.17)

Quantas vezes você já se sentiu cansado e desanimado, pensando em desistir de orar por uma situação que parece não mudar? Conheço pessoas que oraram por toda a vida, aguardando pacientemente a resposta do Senhor ao pedido que fizeram, e viveram para ver essa resposta se concretizar. A perseverança em oração é um chamado bíblico que não depende de circunstâncias, mas da fidelidade dAquele a quem oramos. Você tem mantido seu compromisso de orar sem cessar?

A oração constante é o combustível para a vida espiritual. Ela não é apenas um pedido de ajuda, nem é uma insistência teimosa, mas é uma comunicação contínua com Deus, que fortalece nossa fé e aprofunda nossa dependência dEle. Quando oramos sem cessar, mostramos nossa confiança inabalável na soberania de Deus. Se você tem algo pelo que vem orando há tempos, e parece que só vem o silêncio como resposta, ou parece que nada está mudando, quero lhe dizer que a perseverança em oração é um exercício de fé que agrada a Deus. Não desista, persevere. Se você está orando segundo a vontade de Deus, a resposta é certa, porque Ele ouve e responde no tempo perfeito.

ORAÇÃO

Senhor, meu prazer é estar na Tua presença. É quando meu coração se enche de paz. Quero perseverar em oração, pois sei que o Senhor responderá no tempo certo, de acordo com a Tua vontade. Em nome de Jesus, amém.

ANOTAÇÕES

Ore segundo a vontade de Deus.

A PROMESSA

Eles o matarão, e, no terceiro dia, ressuscitará. [...]

(MATEUS 17.23)

02

ABRIL

092/365

Você já cancelou um compromisso por causa da ansiedade, pelo simples fato de ter que cumpri-lo? Hoje se fala muito em procrastinação e nos motivos que levam as pessoas a deixarem as coisas para depois. O medo de fracassar, a angústia de pensar na execução de algo, como uma apresentação ou uma entrevista de emprego, tudo isso pode ser antecipado por ansiedade ou até angústia. Jesus viveu um momento assim. Ele sabia que seria morto, que sofreria por causa dos pecados da humanidade. Imagine o nível de estresse! Ele chegou a suar gotas de sangue, — algo que, segundo a medicina, ocorre quando há um altíssimo nível de dor e angústia na alma, explica a medicina. Mas Ele não desistiu de nós, porque havia uma promessa: a ressurreição aconteceria. Seriam exatos três dias, e então ela aconteceria. Deus não erra em nada, nem no calendário do cumprimento de Suas promessas.

A ressurreição de Jesus é a certeza que temos de que, não importa a circunstância, um dia estaremos na presença dEle. Você pode estar lendo isso agora enquanto enfrenta um tratamento de saúde, atravessa uma dor que parece que não vai acabar, ou se aflige com a expectativa de que algo possa dar errado. Receba paz agora, a paz que vem do alto, pois a promessa de Deus é inabalável.

ORAÇÃO

Senhor, obrigado por me garantir, através da Tua ressurreição, que há esperança. Ajuda-me a viver cada dia com a certeza da Tua vitória, confiando que o mesmo poder da Tua ressurreição está operante em minha vida. Em nome de Jesus, amém.

ANOTAÇÕES

A promessa de Deus para nós é inabalável.

@josuevalandrojr

03
ABRIL
093/365

VALE A PENA FAZER A VONTADE DE DEUS

Pai, se queres, afasta de mim este cálice; contudo, não seja feita a minha vontade, mas a tua.

(LUCAS 22.42)

Você já se perguntou se realmente vale a pena seguir a vontade de Deus, especialmente quando isso significa abrir mão dos seus próprios desejos? Será que você confia mesmo que tudo que está acontecendo é Deus respondendo à sua oração e fazendo o que é melhor para você? Tem gente que não confia em Deus para escolher o cônjuge, com medo de que Ele dê uma pessoa talentosa, porém feia, ou alguém desafinado, ou com biotipo diferente. Isso não é confiança —, não. É é dúvida disfarçada.

Você confia em quem você conhece! Jesus tinha profundidade de relacionamento com Deus, e ainda assim gastava tempo na presença do Pai, deleitando-Se em Sua presença. Ele sabia o que ia passar, mas manteve Sua decisão, porque amava a Deus, e quem ama a Deus tem prazer em fazer a vontade dEle. É assim com você? Ou você costuma fazer birra com Deus quando as coisas não saem do jeito que planejou? Confie: fazer a vontade de Deus é a direção certa para uma vida plena.

ORAÇÃO

Senhor, eu quero fazer a Tua vontade, e não a minha própria escolha. Não quero escolher viver para mim mesmo, mas para a Tua glória. Em nome de Jesus, amém.

ANOTAÇÕES

@josuevalandrojr

Escolha fazer a vontade de Deus.

ONDE ESTÁ, Ó MORTE, A TUA VITÓRIA?

[...] A morte foi tragada pela vitória. Onde está, ó morte, a sua vitória? Onde está, ó morte, o seu aguilhão?

(1CORÍNTIOS 15.54-55)

Você já parou para meditar sobre a magnitude da vitória de Cristo sobre a morte? No momento crucial entre Sua morte e ressurreição, Jesus não somente suportou a cruz, mas também confrontou diretamente o poder da morte. Ele morreu na sexta-feira e ressuscitou no domingo, e, no intervalo disso, Cristo adentrou o domínio da morte, o inferno, e recebeu do Pai a autoridade suprema e as chaves do inferno e da morte.

Em Apocalipse 1.18, a Bíblia diz que Jesus tem as chaves da morte e do inferno nas mãos. Temos uma esperança que não é abalada por circunstâncias, por coisas que são passageiras. Cristo é soberano sobre a morte, e, quando digo morte, digo também a morte emocional, a morte do seu casamento, a morte dos seus sonhos, dos seus projetos. Todo tipo de morte. A morte foi derrotada na Cruz, e você agora é livre para viver uma vida abundante e cheia da presença do Espírito. Não se deixe iludir por nada contrário a isso. Jesus tem nas mãos a vitória para você.

ORAÇÃO

Senhor, a morte não pode Te deter, pois o Senhor é o Dono da Vida. Graças Te dou por Teu amor por mim. Que eu possa viver em vitória e fé. Em nome de Jesus, amém.

ANOTAÇÕES

Sua liberdade foi comprada na Cruz por Jesus Cristo.

@josuevalandrojr

05
ABRIL
095/365

JESUS VIVE!

Ele não está aqui; ressuscitou, como tinha dito. Venham e vejam o lugar onde ele jazia.

(MATEUS 28.6)

Você já sentiu que algo em sua vida estava morto? Um sonho, um relacionamento, uma esperança? Você acredita que essa área morta pode ser revitalizada? Quando celebramos a ressurreição de Jesus, celebramos o pilar central da nossa fé. Quando aquele anjo no sepulcro disse às mulheres que Jesus tinha ressuscitado, essa notícia mudou a História, mudou a nossa vida, e trouxe a eternidade para nós desde já.

Será que algo está morto dentro de você? Sua vontade de adorar, de servir, de estar na presença de Deus? Será que você tem vivido fracassos que têm feito de seu coração um lugar de coisas perdidas? Hoje o Autor da Vida pode mudar isso. Não importa o que houve, você pode sair da tumba em que entrou. Seja um jeito de viver sem paz, seja uma relação quebrada, uma situação desesperadora ou o que for, há vida para você! Jesus ressuscitou para que você vivesse plenamente. Comece isso hoje, pois Deus tem para você esperança, vida e uma eternidade com Ele.

ORAÇÃO

Senhor, hoje quero experimentar o começo de uma nova vida, e vida em abundância na Tua presença. Quero transbordar a Tua vitória. Ressuscita os meus sonhos e restaura a minha esperança. Em nome de Jesus, amém.

ANOTAÇÕES

Porque Ele vive, posso crer no amanhã!

@josuevalandrojr

PREPARE-SE PARA O EXTRAORDINÁRIO

Josué ordenou ao povo: "Santifiquem-se, pois amanhã o Senhor fará maravilhas entre vocês".

(JOSUÉ 3.5)

Você está pronto para o extraordinário em sua vida? Hoje celebro meu aniversário, e essa pergunta é muito forte para mim. Quando fazemos aniversário, queremos viver algo extraordinário, algo exponencial, queremos receber um presente do Céu! Eu creio nisso para minha vida, e você? Todos nós queremos vitórias. Uma pessoa que diz: "Ah, qualquer coisa está boa para mim", é uma pessoa que não sabe seu valor. Não é "qualquer coisa está boa"; se você pode ter algo melhor, tenha. Pode morar em um lugar bom? More. Pode preparar aquela comidinha boa? Prepare, coma algo bom.

Existe um preparo para receber determinadas coisas. Há coisas que nunca receberemos porque não fizemos o preparo necessário, e, se Deus nos der o que nós pedimos, será para nosso próprio prejuízo. Quantas pessoas pediram dinheiro a Ele e receberam, mas então O deixaram, deixaram a ética, deixaram a família. Eu não sei se você está preparado para receber aquilo com que sonha. O povo de Israel, para ver as maravilhas que Deus ia fazer no meio deles, teria que fazer uma coisa fundamental: santificar-se. Isso quer dizer se preparar para o melhor de Deus. E você, está disposto a se preparar, a pagar o preço? Prepare-se para viver o extraordinário de Deus!

ANOTAÇÕES

Avance, conquiste e seja feliz em Cristo!

ORAÇÃO

Senhor, graças Te dou porque hoje é um dia que celebro o Teu extraordinário em minha vida. Tu és fiel em todos os Teus caminhos, e eu Te louvo. Em nome de Jesus, amém.

@josuevalandrojr

TRANSFORMAÇÃO EM TEMPO RECORDE

07
ABRIL
097/365

O Senhor, contudo, disse a Samuel: "Não considere a sua aparência nem a sua altura, pois eu o rejeitei. O Senhor não vê como o homem: o homem vê a aparência, mas o Senhor vê o coração".

(1SAMUEL 16.7)

E se eu disser a você que uma reviravolta pode acontecer em sua vida? Uma melhoria, uma abundância pode chegar à sua casa, negócios, vida pessoal, intimidade com Deus, relacionamento com a família, em pouco tempo. Você pode viver um sonho que pensava não ser possível no momento que está passando. Parece que estou querendo chamar sua atenção dizendo isso, mas olhe para a Bíblia: Deus transformou a vida de Davi.

O texto de hoje fala do momento em que, dentre os oito filhos de Jessé, Deus escolheu Davi, o mais novo, para ser o próximo rei de Israel. Todos apostaram nos demais irmãos, inclusive o pai de Davi e o próprio profeta Samuel. Mas Deus selecionou aquele que não estava na escolha de ninguém, alguém que aparentemente não tinha as qualificações, alguém que deixava a desejar. O que a sua situação diz para você? Tudo parece dizer que você não é capaz, que os outros são melhores, que é melhor nem tentar? Deus escolhe e transforma em tempo recorde o que Ele quer. E hoje Ele escolheu você.

ORAÇÃO

Senhor, eu creio que Tu és um Deus poderoso, fiel e verdadeiro, e que vês o meu coração, e não a minha aparência. Tuas escolhas são perfeitas para mim. Em nome de Jesus, amém.

@josuevalandrojr

ANOTAÇÕES

Deus escolheu você e irá transformar sua vida.

APRENDA A SE COMPADECER

Pois eu tive fome, e vocês me deram de comer; tive sede, e vocês me deram de beber; fui estrangeiro, e vocês me acolheram.

(MATEUS 25.35)

08

ABRIL

098/365

Você já parou para observar a dor das pessoas ao seu redor? Consegue sentir empatia pelas dificuldades dos outros? E, o mais importante: você se permite ser movido pela compaixão? Viver em uma sociedade cada vez mais individualista pode endurecer nosso coração para com as necessidades alheias. No entanto, a Bíblia nos chama a um padrão mais elevado: o da compaixão. Jesus exemplificou isso em Seu ministério, nunca tratando com indiferença as misérias humanas.

Compadecer-se não é apenas sentir pena, é ser movido internamente a ponto de agir para aliviar o sofrimento do próximo. Foi o que Jesus fez ao alimentar os famintos, curar os enfermos e consolar os aflitos. Este chamado é para todos nós que seguimos Seus passos. Estamos sendo chamados a olhar além de nossos próprios interesses e a agir efetivamente onde há necessidade. Aprenda a se compadecer, a agir de forma prática. Procure ser voluntário na igreja, ser solícito na vida. Deus honra essas ações e recompensa no dia certo.

ORAÇÃO

Senhor, que meu coração seja sempre sensível às dores dos que me cercam. Que minha vida seja um reflexo do Teu amor e cuidado, e que, através das minhas ações, outros possam sentir Tua presença consoladora. Em nome de Jesus, amém.

ANOTAÇÕES

A prática da compaixão reflete o amor de Deus que está em você.

@josuevalandrojr

09
ABRIL
099/365

O FORNO DE DEUS

Veja, eu refinei você, embora não como prata; eu o provei na fornalha da aflição.

(ISAÍAS 48.10)

Você já se sentiu no forno de Deus? Sendo testado em sua paciência, em sua tranquilidade, em sua gentileza? Em nossa caminhada cristã, é comum nos depararmos com situações que nos testam ao extremo, momentos que mais parecem um fogo refinador do que uma vida tranquila. É assim que Deus forja em nós um caráter que reflete o dEle.

O processo de refino é mencionado várias vezes nas Escrituras. Assim como a prata é purificada pelo fogo, o qual vai removendo suas impurezas, nós também somos purificados por meio das adversidades e desafios diários. Esse forno de aflição não é um sinal de que Deus nos abandonou, é justamente uma evidência do cuidado dEle para conosco. Como você tem respondido a esse calor? Será que tem reclamado muito, tem se tornado mal-humorado, sem entender o propósito de tanta provação? Se você está no forno de Deus, e se ele está bem aquecido, você está sendo tratado em detalhes por Deus. Fique firme, agradeça, tenha paz. Vai sair uma prata refinada dessa situação! Deus abençoe você neste dia.

ORAÇÃO

Senhor, sei que o Senhor está refinando a minha vida para que eu saia mais forte dessa provação e mais parecido com Jesus. Eu confio em Ti e agradeço mesmo sem compreender. Em nome de Jesus eu oro, amém.

ANOTAÇÕES

No forno de Deus, somos transformados, não destruídos.

@josuevalandrojr

JESUS VAI VOLTAR

As nações andarão na sua luz, e os reis da terra lhe trarão a sua glória. As suas portas jamais se fecharão de dia, pois ali não haverá noite. A glória e a honra das nações lhe serão trazidas.

(APOCALIPSE 21.24-26)

10
ABRIL
100/365

Imagine um lugar iluminado continuamente, onde ninguém fica doente, ninguém tem fome, ninguém trai, ninguém mente para ninguém. Um lugar em que a felicidade existe, um lugar em que não vamos duvidar de que o Rei da glória está sobre nós, que valeu a pena passar por lutas e provações. Esse lugar existe, e Jesus prometeu que nos levaria para lá no momento certo.

Muita gente não acredita que Jesus vai voltar, que vai levar a Sua Igreja, e que as pessoas que crerem nEle de todo coração herdarão uma mansão celestial. Eu não estou falando de uma mansão celestial no sentido físico, com paredes, corredor e sala. Quem somos nós para definir isso? A Palavra diz que no Céu as ruas são de ouro, mas talvez isso queira dizer que aquilo que mais lutamos para ter aqui na Terra será o mínimo que teremos lá, que lá isso ficará sob os nossos pés. Todas as dores e dificuldades que passamos nesta Terra findarão um dia, mas a Palavra dEle jamais passará, e todo aquele que nEle crê será salvo e viverá essa promessa.

ORAÇÃO

Senhor, meu coração anseia passar a eternidade contigo. Nenhuma dificuldade desta Terra pode me separar do Teu perfeito amor e tirar de mim a certeza da vida eterna. Eu oro em nome de Jesus, amém!

ANOTAÇÕES

Você está preparado para a volta de Jesus?

11
ABRIL
101/365

O INÍCIO DE UMA TRAIÇÃO

E ele, jurando, negou outra vez: "Não conheço esse homem!".
(MATEUS 26.72)

Como acontece uma traição? Será que, em um belo dia, alguém acorda e fala assim: "Vou trair a minha esposa ou meu esposo, o meu amigo ou minha amiga"? Ou "Ah, vou trair meus companheiros de igreja e o meu Deus"? Algumas pessoas têm dificuldade de entender como uma traição acontece, mas o fato é que ela vai sendo construída, depois se instala dentro de nós de alguma maneira, e então se revela por fora. Na verdade, quem está prestes a trair seu cônjuge é alguém que está permitindo coisas erradas acontecerem dentro de si, está permitindo que o ambiente fique propício para que seu coração se perca.

A traição não acontece do nada, mas sim por situações e brechas que vamos permitindo. Pedro estava em uma situação de desânimo, de confusão emocional. Jesus estava sendo preso, o sonho de Pedro estava se acabando diante dos seus olhos. Então ele pisa na bola, não suportando ouvir alguém dizer: "Você estava com Jesus". Situações mal resolvidas, não tratadas, criam ambientes favoráveis para que você se torne um traidor. Preste atenção nas situações da sua vida, coloque-as diante de Deus, e tenha seu caráter firmado em Jesus.

ORAÇÃO

Senhor, que toda situação mal resolvida em minha vida seja desfeita, para que não haja brecha alguma e, assim, eu não peque contra Ti. Em nome de Jesus, amém.

ANOTAÇÕES

Firme seu caráter em Jesus.

@josuevalandrojr

NÃO EXISTE IMPOSSÍVEL QUANDO SE TEM FÉ

Ele respondeu: "Porque a fé que vocês têm é pequena. Em verdade lhes digo que, se tiverem fé como um grão de mostarda, poderão dizer a este monte: 'Vá daqui para lá', e ele irá, e nada será impossível para vocês".

(MATEUS 17.20)

O que parece impossível, distante e inatingível para você hoje? Talvez uma situação no casamento, um vício, uma situação na família, uma negociação ou um diagnóstico possa serseja o que parece impossível para você. Aos seus olhos, essa situação pode parecer inviável.

Porém, a forte afirmação do texto de hoje foi feita por Jesus. A fé determina o que é possível e o que não é possível; tudo que parece impossível, se houver fé, é possível. Somos conduzidos por nossa visão, percepção e toque. Nossos olhos estão sob nosso controle, mas, quando as coisas fogem dele, precisamos exercer a fé em Deus. Ainda que a fé seja do tamanho de um grãozinho de mostarda, ela tem um poder sobrenatural. Se você crê, vai a lugares que jamais imaginou. E existe um segredo: obediência é prova de fé. Quando você obedece, mostra com as suas atitudes que sua fé está em Deus. O seu impossível está nas mãos dEle. O que você precisa fazer hoje? Crer e obedecer. Que o Senhor Se manifeste sobre o seu impossível hoje.

ORAÇÃO

Senhor, eu deposito minha fé em Ti. Que toda falta de confiança em Ti seja eliminada da minha vida neste momento. Em nome de Jesus, amém.

ANOTAÇÕES

A fé em Deus move o impossível.

@josuevalandrojr

13
ABRIL
103/365

A MISERICÓRDIA DE DEUS

Todavia, Deus, por ser rico em misericórdia, por causa do grande amor com que nos amou, deu-nos a vida com Cristo quando ainda estávamos mortos nas transgressões – pela graça vocês são salvos.

(EFÉSIOS 2.4-5)

Será que nós temos em nossas mãos o poder de fazer Jesus ser nosso Senhor, o poder de governar nossa vida? Será que somos nós que fazemos isso acontecer? Sabe por que temos a chance de tê-Lo como Senhor da nossa vida? Pela misericórdia de Deus, porque Ele nos ama.

Jesus deu a Sua vida porque ninguém poderia tê-la tirado dEle. E fez isso porque é misericordioso. Receber misericórdia é você ter uma dívida, mas não receber a conta. Isso acontece porque Deus é tão compassivo e tem tanto carinho por você que Ele quer mudar a sua história. É impressionante como as pessoas desprezam a misericórdia de Deus e pensam que Ele não está vendo o que elas estão aprontando de errado. Deus não é cego, mas longânimo e bom. Isso, por si só, já deveria causar em nós um constrangimento, um arrependimento tão grande que traz a mudança de vida, de caráter e de comportamento. Nós jamais seremos merecedores da graça de Deus. Mas Ele Se deu a nós, e nos dá hoje a oportunidade de viver uma vida abundante, porque já pagou o preço do nosso pecado na Cruz. E agora, como você vai escolher viver hoje?

ORAÇÃO

Senhor, recebe no dia de hoje a minha gratidão por Tua misericórdia! Em nome de Jesus, amém.

ANOTAÇÕES

A misericórdia de Deus nos salvou em Jesus Cristo.

@josuevalandrojr

TRAINDO O SENHOR

Sejam praticantes da palavra, não apenas ouvintes, enganando a vocês mesmos.

(TIAGO 1.22)

14
ABRIL
104/365

Às vezes, a traição bate à porta da nossa vida. O traidor pode ter sido um sócio, um conhecido, um parente. A traição nos magoa e entristece, porque pensamos: "Como isso pode ter acontecido comigo? Como uma pessoa tão próxima a mim foi fazer isso?" No entanto, nós somos assim com Deus muitas vezes. O Senhor está todos os dias aguardando estarmos sedentos por Ele, buscarmos Sua face, entregarmos a Ele o controle de nossa vida inteiramente. Então oramos e falamos, mas, assim que terminamos nosso momento com Ele, parece que tomamos o controle de volta em nossas mãos.

Quantas vezes oramos e dizemos ao Senhor tantas coisas, porque temos a intenção de agradá-Lo, mas, no final das contas, não vivemos o que dissemos. Será que estamos sendo fiéis ao Senhor? Será que Ele está sendo engrandecido em tudo o que fazemos e falamos? Um cristão verdadeiro não envergonha o nome de Cristo. Pode até ser perseguido, caluniado e viver situações difíceis pelo nome de Jesus, mas nunca traz vergonha ao Seu nome. Como está sendo sua postura hoje? Será que você está sendo fiel ao Senhor?

ORAÇÃO

Senhor, Tu conheces o meu coração. Guarda-me de agir de modo a envergonhar o Teu nome. Eu oro em nome de Jesus, amém.

ANOTAÇÕES

Seja fiel a Deus.

@josuevalandrojr

15
ABRIL
105/365

TRÊS PALAVRINHAS SÓ

[...] Deus é amor.
(1JOÃO 4.8)

Se você cresceu na igreja, se tem filhos ou netos, ou se já deu aula para crianças na escola bíblica, deve ter ouvido essa pequena canção: "Três palavrinhas só eu aprendi de cor: Deus é amor!" Aposto que você leu cantando, não foi? Pois é, talvez essa canção simples que ensinamos às crianças precise ser repetida por nós mesmos na fase adulta da vida, porque essa verdade é a razão do nosso sorriso. Deus não somente é amor, mas esse amor foi mostrado por mim e por você. Aí está a razão do sorriso. É o Amor que nos ama!

Talvez alguém já tenha dito que ama você, mas comete falhas na maneira como expressa esse amor. Pode ser insuficiente, pode ser uma linguagem diferente da sua. Você não gosta de abraços, mas a pessoa, para demonstrar amor, fica abraçando você. Talvez dar e receber presentes seja um desperdício para você, que prefere passar um tempo junto com aqueles de quem gosta. Como você ama? Como quer ser amado? Isso precisa ser definido para que um relacionamento seja bem-sucedido. Mas há alguém que sabe amar você de uma forma perfeita. Deus ama você e lhe deu Jesus, Seu bem mais precioso, aquele que garante sua salvação eterna. Que amor é esse que muda a nossa história, que muda tudo em nós? Entregue-se a esse amor, e lembre-se de apenas três palavrinhas: Deus é amor. Que Ele abençoe seu dia.

ORAÇÃO

Senhor, o Teu amor perfeito toca a minha vida e torna tudo novo. Eu entrego a Ti o meu coração para viver o Teu amor em mim. Que eu transborde esse amor às pessoas ao meu redor. Em nome de Jesus, amém.

ANOTAÇÕES

O amor de Deus foi destinado a nós na Cruz do Calvário.

@josuevalandrojr

SEM CONTENTAMENTO VOCÊ ADOECE

Pois nada trouxemos para este mundo e dele nada podemos levar; por isso, tendo o que comer e com que nos vestir, estejamos com isso satisfeitos.

(1TIMÓTEO 6.7-8)

16
ABRIL
106/365

Você se sente realizado, encaixado dentro de um propósito, de um ritmo de vida de realizações e conquistas que lhe trazem significado, identidade, autoestima, felicidade? Não estou falando dizendo que não vai haver problemas e dificuldades em sua vida, porque é assim que ela funciona. O que estou perguntando a você é: em meio a tudo isso, você sente que sua vida vale a pena, que há propósito nela? Quão realizado você é na vida?

Podemos não nos sentir realizados por vários motivos. Há muitas pessoas que pensam que sua realização está atrelada aos bens, às conquistas patrimoniais, às coisas materiais. Por causa dessa busca frenética por realização no dinheiro, precisamos olhar para o versículo de hoje. Será que Paulo está dizendo que devemos ter uma teologia da pobreza, e que ter um carro e uma casa bonitinha é pecado e nos afasta dos propósitos de Deus? Não! O que ele está dizendo é que o seu contentamento não está vinculado a coisas e pessoas, mas a Deus. É dEle que vem o verdadeiro contentamento que traz saúde e paz. Que o Senhor abençoe você neste dia, para que desfrute do contentamento que Ele dá.

ORAÇÃO

Senhor, meu contentamento está em Ti, porque só o Senhor é capaz de alegrar o meu coração mesmo em meio a dificuldades e adversidades. Renova a minha alegria no dia de hoje. Em nome de Jesus, amém.

ANOTAÇÕES

Nosso contentamento está em nossa convivência com Deus.

17
ABRIL
107/365

NÃO TENHA MEDO DA PROSPERIDADE

O Senhor enviará bênçãos aos seus celeiros e a tudo o que as suas mãos fizerem. O Senhor, o seu Deus, os abençoará na terra que dá a vocês.

(DEUTERONÔMIO 28.8)

Muita gente fala em prosperidade. Falam em ter isso, ter aquilo. Por outro lado, tem gente que condena quem fala em ter carro, apartamento, um conforto a mais. E então, quem tem razão? Quem quer prosperidade ou quem a condena? Será que tudo o que envolve conquistas e bens materiais atrapalha a vida espiritual, e só o que envolve sacrifício e dor nos torna espirituais? Será que a vida é só sacrifício e dor, perda e dificuldade?

Deus tem uma promessa para quem obedece à Sua Palavra, a do versículo de hoje. O Senhor envia bênçãos aos nossos celeiros e a tudo o que as nossas mãos fizerem. A sociedade dessa época era agropastoril, e a riqueza era medida principalmente pelos animais e plantações que se tinha. Deus está falando que Ele é quem abençoa e dá riquezas à nossa vida. Então, não está errado buscar conforto, buscar prosperar, porque isso vem de Deus! Mas, quando prosperarmos, nosso coração deve garantir que só Deus tenha prioridade máxima em nossa vida. Seja próspero e coloque Deus sempre em primeiro lugar.

ORAÇÃO

Senhor, eu recebo a Tua prosperidade em minha vida, porque ela vem de Ti, e não do Diabo. Eu amo o Senhor acima das riquezas, Tu és mais importante que qualquer coisa neste mundo. Em nome de Jesus, amém.

ANOTAÇÕES

Deus quer fazer sua vida prosperar.

@josuevalandrojr

AJA COM PERSONALIDADE

Noé, porém, encontrou favor aos olhos do Senhor.

(GÊNESIS 6.8)

18

ABRIL

108/365

É comum escutarmos "Fulano tem personalidade forte" quando nos referimos a alguém que expõe e apresenta seus argumentos de forma veemente. Mas será que é isso que o Senhor considera uma personalidade forte? Se uma pessoa vai pelo algoritmo das redes, pela sua opinião própria ou pela ideia da maioria, defendendo coisas que não têm nada a ver com o que a Bíblia ensina, então, aos olhos de Deus, essa pessoa está totalmente enganada sobre sua personalidade ser forte.

Personalidade forte não é xingar e gritar para defender o que pensa, mas sim saber se posicionar de acordo com a Palavra de Deus e com sabedoria. Isso faz com que, além de ter personalidade, você consiga passar a mensagem correta, porque não é só o como você fala que importa, mas também o que fala. Noé tinha tanta personalidade e se firmou tanto em Deus que, no meio de uma sociedade sem temor divino, ele foi encontrado como justo e bom, e salvou toda a sua casa por obedecer a uma só ordem de Deus. Isso é que é ter personalidade. Seu jeito de ser precisa refletir Cristo. Que sua personalidade esteja sempre firmada nEle!

ORAÇÃO

Senhor, que a minha personalidade permaneça firmada em Teus princípios. Quero Te servir a cada dia, independentemente de qualquer circunstância. Em nome de Jesus, amém.

ANOTAÇÕES

Que a minha personalidade reflita Cristo.

@josuevalandrojr

19

ABRIL

109/365

SUA VIDA É UM EXEMPLO A SER SEGUIDO?

Uma das que ouviam era uma mulher temente a Deus chamada Lídia, vendedora de tecido de púrpura, da cidade de Tiatira. O Senhor abriu o seu coração para atender à mensagem de Paulo.

(ATOS 16.14)

Você já refletiu sobre o impacto que sua vida pode ter no seu círculo de influência? Você é um exemplo a ser seguido? Lídia, uma comerciante de tecidos na cidade de Filipos, é um exemplo notável de como uma vida dedicada a Deus pode influenciar muitos ao redor.

Ela era uma mulher de negócios bem-sucedida, conhecida por seus tecidos de púrpura, um símbolo de riqueza e status naquela época. Mas o que realmente a distinguia não era sua posição social ou sua riqueza, e sim sua devoção a Deus. Quando ouviu a mensagem do Evangelho pregada por Paulo, ela não só acreditou, como também agiu imediatamente, sendo batizada e hospedando os missionários em sua casa. A hospitalidade de Lídia e seu zelo pela propagação da fé foram cruciais no estabelecimento da igreja cristã em Filipos. Como você está usando seus recursos, talentos e oportunidades? Lídia abriu o coração e decidiu servir ao Senhor em tudo. Ela se tornou um exemplo de temor a Deus. Seja você um exemplo hoje para alguém. Que Deus abençoe sua vida.

ORAÇÃO

Senhor, quero ser exemplo de temor a Ti, não com palavras, mas com minhas atitudes. Que eu use os recursos que o Senhor me deu para abençoar o Reino e as vidas ao meu redor. Em nome de Jesus, amém.

ANOTAÇÕES

Tudo que sou e tudo que tenho é de Deus.

@josuevalandrojr

O VALOR DA INTEGRIDADE

20
ABRIL
110/365

Melhor é o pobre que vive com integridade do que o tolo de lábios perversos.

(PROVÉRBIOS 19.1)

Você já percebeu que a integridade afeta cada aspecto da sua vida? Por que é vital manter-se íntegro, principalmente quando ninguém está observando? Já considerou como isso pode influenciar o legado que você deixa para os outros? A integridade é um tesouro mais valioso do que a riqueza material. O texto de hoje nos ensina que, mesmo na pobreza, um homem íntegro tem maior valor do que aquele que, apesar de suas riquezas, é desonesto e insensato.

No mundo dos negócios e nas relações pessoais, a verdadeira medida de sucesso não são os ganhos materiais, mas a honestidade e a retidão com que esses ganhos são alcançados. O legado da integridade é um presente que você deixa para os seus filhos. Estou falando sério, o maior presente que você pode deixar para eles é sua própria vida escrita com honra diante de Deus. Quem caminha assim não apenas se destaca em suas próprias realizações, mas também molda o ambiente ao redor, influenciando a todos positivamente. Quer ter relacionamentos duradouros e negócios prósperos, com paz? Viva com integridade.

ORAÇÃO

Senhor, graças Te dou porque, em meu coração, está plantada a Tua semente de retidão e integridade, e seu fruto é certo. Eu confio em Ti para me guiar e abençoar, porque Tu és a minha salvação. Em nome de Jesus, amém.

ANOTAÇÕES

A integridade é um legado que construímos a cada dia.

@josuevalandrojr

21
ABRIL
111/365

A FONTE DA SABEDORIA PARA VIVER

Aquele que é a Palavra tornou-se carne e viveu entre nós. Vimos a sua glória, glória como do Unigênito vindo do Pai, cheio de graça e de verdade.

(JOÃO 1.14)

Algumas pessoas dizem: "Ah, eu faço tudo errado, não consigo acertar. Nada dá certo em casa e no trabalho". Talvez você queira viver um sentimento de realização em sua vida, mas sente que dá um passo para frente e dois para trás. As pessoas buscam um caminho para o sucesso, procurando mentores, cursos, livros, e tudo isso é bom. Mas encontramos no versículo de hoje algo muito importante: a Palavra Se tornou carne. O que é isso? Significa que temos que viver a Palavra de Deus, simples assim.

Se você quer ter uma vida feliz, precisa obedecer aos mandamentos de Deus. A felicidade está em Jesus. A Bíblia é o relato da vida, a forma de ser do próprio Cristo. Quando as coisas não estão bem, o que temos que fazer é olhar para Jesus! Se você quer acertar na vida, o texto de hoje mostra o caminho do acerto, mas você tem que colocar em prática esses princípios. Faça isso na simplicidade, diante de Deus. Apresente sua vida hoje, e peça que Ele lhe mostre a sabedoria, cuja fonte é Jesus.

ORAÇÃO

Senhor, eu Te peço que me mostres a direção a seguir em minha vida por meio da Tua Palavra. Quero conhecer mais de Jesus. Em nome dEle eu oro, amém.

ANOTAÇÕES

A Palavra de Deus é a fonte da sabedoria.

@josuevalandrojr

CHEIO DO ESPÍRITO SANTO

Então, Pedro levantou-se com os Onze e, em alta voz, dirigiu-se à multidão: "Homens da Judeia e todos os que vivem em Jerusalém, deixem-me explicar isto! Ouçam com atenção".

(ATOS 2.14)

22

ABRIL

112/365

Você já tomou iniciativa para fazer algo que impactasse as pessoas para a glória de Deus? Quais são suas iniciativas? O texto de hoje mostra o momento em que Pedro se levantou para pregar seu primeiro sermão. Como isso aconteceu, se ele não tinha o hábito de falar em público? A resposta é que Pedro foi cheio do Espírito Santo no dia de Pentecoste, juntamente com todos que estavam reunidos ali. O poder de Deus transformou sua vida, e então ele se levantou com ousadia e autoridade. E sabe quantas pessoas se converteram naquele dia? Três mil.

Antes Pedro era impulsivo. Ele até tinha coragem, mas agia na força do braço. Agora ele tinha autoridade pelo Espírito Santo, e passou a pregar a todos. Ele deixou de pensar só em si mesmo, e passou a ser a diferença no lugar onde estava. Para ser a diferença onde está, você precisa ser cheio do Espírito Santo, precisa se entregar a Ele, conhecê-Lo de verdade e buscá-Lo de todo o coração. Você quer ser a diferença? Seja cheio do Espírito Santo.

ORAÇÃO

Senhor, eu desejo ser cheio do Teu Espírito. Quero fazer a diferença onde estiver, e ser usado por Ti, para Tua glória. Em nome de Jesus, amém.

ANOTAÇÕES

Para viver o propósito, seja cheio do Espírito!

@josuevalandrojr

23
ABRIL
113/365

ESTOU OCUPADO!

Por isso, enviei-lhes mensageiros com esta resposta: "Estou executando uma grande obra e não posso descer. Por que parar a obra para ir encontrar-me com vocês?".
(NEEMIAS 6.3)

Com o que você está ocupado? Como tem administrado as suas interrupções naquilo que Deus o direcionou a fazer? E que tipos de interrupções você tem tido? O texto de hoje mostra o momento em que Neemias respondeu a quem tentou interrompê-lo na condução da reconstrução dos muros de Jerusalém, por ordem de Deus. Ele estava com a sua equipe trabalhando, tudo encaminhado, todos focados. De repente, veio um convite de Sambalate e Tobias, homens que queriam parar a obra, pedindo que Neemias fosse visitá-los. A tática deles era jogar uma distraçãozinha para ver se Neemias caía no papo e, quando chegasse lá, iriam matá-lo. Mas a certeza do propósito, a certeza de que aquela obra que ele estava fazendo era para Deus, era tão latente que aquela interrupção não enganou Neemias.

Ele respondeu objetivamente àqueles dois homens: "Estou ocupado! Por que vocês estão me interrompendo?". Aqui está a saída para as interrupções que não vêm de Deus: "Estou ocupado!". Quando ouvir: "Ah, vamos ali no barzinho, na festinha do amigo tal, vamos deixar esse compromisso de igreja para depois", não dê ouvidos a essas interrupções. Você já sabe a resposta que tem que ser dada.

ORAÇÃO

Senhor, eu entendo que há interrupções fora do propósito que o Senhor já me deu. Eu quero ter discernimento para identificá-las, e assim cumprir a missão que tenho. Em nome de Jesus, amém.

ANOTAÇÕES

Para tudo que não agrada a Deus, diga: estou ocupado.

@josuevalandrojr

NÃO PARE DE CLAMAR

24
ABRIL
114/365

Clame a mim, e eu responderei; e direi a você coisas grandiosas e insondáveis que você não conhece.

(JEREMIAS 33.3)

Você sonha com grandes coisas? Quer viver algo exponencial e incrível? Deus está sonhando coisas muito maiores a seu respeito do que você imagina. O que você pode estar pensando é que, pelo grau de dificuldade da situação, está ficando cada vez mais difícil o Senhor fazer algo por seu sonho. Mas o que é difícil para Ele? Muitas vezes fazemos isso: medimos o poder de Deus pela probabilidade da situação. Não seria assustador receber o diagnóstico de que você só tem 1% de chance de engravidar, ou de sobreviver a uma cirurgia, ou de ser aprovado em um concurso? Mesmo assim, saiba que, se for da vontade de Deus, é nesse 1% que Ele irá operar e fazer o extraordinário. O ser humano vê apenas os 99% de impossibilidade, mas para Deus sempre há 100% de possibilidade.

São muitas as lutas: contas para pagar, pessoas que querem nos prejudicar, dificuldades, mentiras. Nossa dúvida parece ser maior do que aquilo que Deus diz. Porém, Ele nunca mudou, e a palavra para você hoje é que Ele não Se move pelas circunstâncias. Ele está acima de todas elas. Tenha fé! Não desista de clamar, não desista de crer. Quando você clama, está mostrando que escolheu ser fiel em meio a tudo isso e crer que Deus pode tudo, e que Ele está revelando grandes coisas a você.

ORAÇÃO

Senhor, eu clamo hoje para que o Senhor entre nessa situação difícil. Eu posso até não conseguir ver possibilidades, mas o Senhor é o Deus que ouve o nosso clamor. Em nome de Jesus, amém.

ANOTAÇÕES

Deus ouve o meu clamor e responde no tempo certo.

@josuevalandrojr

25
ABRIL
115/365

FOCADO NO SENHOR

O Senhor dos Exércitos está conosco; o Deus de Jacó é a nossa torre segura.

(SALMOS 46.7)

Você se sente protegido em meio aos desafios de sua vida? Existe alguma coisa afligindo você, roubando sua tranquilidade, seu equilíbrio emocional? Se há algo que o está assustando, hoje é o dia de entender este versículo.

Antes de enfrentar um desafio, sua mente precisa estar focada. Antes de uma prova ou um concurso, você tem que dar o seu melhor, estudar horas a fio, fazer de tudo para ser aprovado. Na vida, sempre temos provas espirituais, mas muitas vezes não nos preparamos para elas, não focamos nossa atenção. Preparar-se para as batalhas espirituais do dia a dia é agir como o salmista: lembrar-se de quem Deus é, e lembrar-se de que Ele está conosco. Quem pode vencer o nosso Deus? Antes das batalhas, precisamos focar nossa atenção em quem Ele é. O Senhor dos Exércitos luta as suas guerras, Ele está com você, e nisso deve estar o seu foco.

ORAÇÃO

Senhor, eu coloco minha atenção em Ti antes de entrar nas batalhas da minha vida. Tu és o meu refúgio, a minha torre segura, por isso não temerei. Em nome de Jesus, amém.

ANOTAÇÕES

@josuevalandrojr

Refugie-se em Deus todos os dias.

USANDO O FILTRO DA PALAVRA DE DEUS

Destruímos argumentos e toda altivez que se levanta contra o conhecimento de Deus e levamos cativo todo pensamento para torná-lo obediente a Cristo.

(2CORÍNTIOS 10.5)

26
ABRIL
116/365

Há alguma coisa que atrapalha você de amar mais a Deus? De ser mais espiritual, de viver os planos dEle para sua vida? De ser mais fiel no estudo da Palavra, e mais obediente a ela? Tem algo que atrapalha você de fazer o certo? Há algo que você sabe que deve fazer, mas não tem forças para viver?

No texto de hoje, o apóstolo Paulo estava escrevendo para os coríntios em um tempo no qual muitos se levantavam com narrativas, ideologias e discursos contrários ao Evangelho, ideias vindas de grupos que afrontavam a verdade da Palavra de Deus. Parece o nosso tempo, não é? Nesse contexto, Paulo estava dizendo: "Para lidar com todas essas ideias, eu uso um filtro: procuro saber se elas se encaixam no conhecimento de Deus. Se não se encaixam, eu as coloco em cativeiro e as torno obedientes a Cristo". Esta deve ser a nossa decisão diária também. Faça sua vida passar pelo filtro da Bíblia. Analise se as suas influências, forma de viver e pensamentos estão encaixados na Palavra de Deus.

ORAÇÃO

Senhor, eu submeto todos os pensamentos que tenho à Tua Palavra e à Tua vontade. Não quero cair em argumentos vazios de ideologias, mas quero estar firmado em Ti. Em nome de Jesus, amém.

ANOTAÇÕES

Filtre o que influencia sua vida.

@josuevalandrojr

27
ABRIL
117/365

POR QUE DEUS ODEIA A MENTIRA?

O Senhor detesta os lábios mentirosos, mas os que agem com lealdade lhe agradam.

(PROVÉRBIOS 12.22)

Como você lida com a mentira? Você mente? Vou mudar a pergunta: será que você não se dá conta de que mente, fingindo que isso não acontece em sua vida? Você sabia que a pessoa que mente pode estar tão viciada na mentira que perde o discernimento? Esse é um hábito destrutivo. A mentira não é algo engraçado. Ela é um atentado à vida, pois é contrária a Deus, que é a Verdade. O Inimigo está constantemente incentivando a cultura da mentira, querendo que seja considerada normal, e o mundo cai nessa conversa. Mas a ciência comprova que a mentira emburrece.

A Palavra nos diz que Deus Se agrada da lealdade, e lealdade significa o que você faz quando ninguém está olhando. Isso significa muito mais do que só falar a verdade. Significa viver a verdade. Você está disposto a ter essa vida, não importa o que lhe custe? Se sim, Deus Se agrada da sua escolha; se você escolhe a verdade, ela o libertará. Deus não tolera a mentira, mas tem prazer na verdade. Qual será a sua escolha?

ORAÇÃO

Senhor, eu abomino qualquer mentira dos meus lábios e de minhas ações. Eu me arrependo se tenho tolerado isso. Ajuda-me a enxergar se tenho errado nisso. Em nome de Jesus, amém.

ANOTAÇÕES

A verdade é um valor inegociável para o cristão.

@josuevalandrojr

EMBAIXADORES DA RECONCILIAÇÃO

Portanto, somos embaixadores de Cristo, e Deus faz seu apelo por meio de nós. Por amor a Cristo, suplicamos: reconciliem-se com Deus.

(2CORÍNTIOS 5.20)

28
ABRIL
118/365

Você incentiva as pessoas a buscarem o perdão de Deus? Ser um embaixador da reconciliação é uma missão para todo aquele que crê em Jesus. Desde que Adão e Eva puseram fim à sua união com Deus na Queda, o mundo em que vivemos é cheio de desacordo, desarmonia e desunião, não só com Ele, mas uns com os outros. É rixa e manipulação para todo lado, a começar pelas famílias: é marido que não se entende com a mulher, ou os pais com os filhos, ou um irmão com o outro. Esse é o plano do mundo: separar as pessoas. Mas o plano de Deus é trazê-las à unidade e reconciliação em Cristo. Para que a Igreja cumpra sua função no mundo, é preciso que os cristãos estejam unidos com Deus e entre si. A Igreja é um lugar de reconciliação.

É hora de pregar a unidade típica do Reino de Deus. Apesar de estarmos em um mundo de desacordo, na em nossa vida não devemos aceitar isso. Ser Igreja é refletir a união em Cristo na forma como vivemos, sendo exemplo para as pessoas do mundo. Como você está agindo? Promovendo um mundo de desacordos, ou de paz e união?

ORAÇÃO

Senhor, eu declaro que sou embaixador do Teu Reino. Quero pregar a reconciliação em Cristo, a começar pelo meu lar. Em nome de Jesus eu oro, amém.

ANOTAÇÕES

A comunhão deve ser a minha marca registrada.

@josuevalandrojr

29

ABRIL

119/365

DEUS É SUA FORÇA

Tudo posso naquele que me fortalece.

(FILIPENSES 4.13)

Todos sabemos que, em nossa vida, não faltam situações que não podemos controlar. Mesmo assim, muitas pessoas leem o versículo de hoje como se "tudo posso" fosse uma ideia positivista, insinuando que, agora que estamos com Cristo, podemos ser e ter o que quisermos. Podemos até ser as pessoas mais ricas da terra. Mas não foi isso que Paulo quis dizer.

O que ele nos ensina hoje é que Deus é quem nos fortalece para podermos passar por todas as situações. Então, pode haver situações difíceis, como doenças, dores, incertezas, perseguições, entre outras. Mas, nesses momentos, Deus é a Sua força. É Ele quem vai ser o seu alicerce firme. Tenha essa certeza em seu coração.

ORAÇÃO

Senhor, Tu és a minha força. Eu sei que posso passar por muitas coisas, sejam difíceis ou fáceis, porque em todas elas o Senhor me fortalece. Eu creio em Ti. Em nome de Jesus, amém.

ANOTAÇÕES

O Senhor nos fortalece em todas as circunstâncias.

@josuevalandrojr

SAIA DA ANGÚSTIA

Na minha angústia, clamei ao Senhor, e ele me respondeu.

(SALMOS 120.1)

30
ABRIL
120/365

Quantas vezes a angústia bate em nossas vidas, não é verdade? Ela nos deixa abatidos e desorientados a ponto de não termos vontade de sair da cama, porque as lágrimas escorrem sem explicação. A angústia existe, e não há como eliminá-la da nossa vida, mas podemos lidar com ela e superá-la. Muita gente esconde que está vivendo angústias por medo do que as pessoas vão pensar, ou porque tem uma imagem que quer preservar, mas Deus conhece a verdade escondida atrás de um sorriso. Quantas pessoas estão escondendo a própria infelicidade!

Deus nunca vai julgar a nossa angústia. Pelo contrário, Ele é um Deus amoroso, que nos abraça, nos consola e entende a nossa dor. Deus ama você, e quer entrar em sua vida, quer ser a sua força em qualquer situação. O salmista admite que estava em angústia, mas usou a arma mais poderosa que poderia: clamou a Deus. O Senhor é Deus de sustento, e ouve o nosso clamor. Coloque diante dEle hoje o seu coração, e creia que Ele fará além do que você pediu ou pensou.

ORAÇÃO

Senhor, eu creio que Tu és Deus Todo-poderoso e fazes maravilhas. Eu creio que o Senhor me ouve em minha angústia, por isso clamo a Ti neste momento. Vem em meu favor, Senhor. Em nome de Jesus eu oro, amém.

ANOTAÇÕES

Deus ouve e responde o meu clamor!

@josuevalandrojr

DEVOCIONAL manhã com Deus

MAIO

CONFORME AS SUAS FORÇAS

01
MAIO
121/365

Tudo quanto te vier à mão para fazer, faze-o conforme as tuas forças, porque no além, para onde tu vais, não há obra, nem projetos, nem conhecimento, nem sabedoria alguma.

(ECLESIASTES 9.10, ARA)

Você já precisou fazer uma atividade e sentiu muito cansaço ou desânimo, ou até falta de motivação? Nesses momentos, muitas vezes fazemos as coisas de qualquer maneira e dizemos que está bom assim.

Há uma recomendação na Palavra de Deus para que tudo o que fizermos seja feito conforme as nossas forças. É importante que façamos dessa maneira porque o que o mundo vê em nós é a excelência que Deus coloca em tudo que fazemos. Esse comportamento é uma maneira inconfundível de testemunhar. Não há nada melhor do que alguém que faz o melhor que pode. Não por dinheiro, não por recompensa ou aplauso, mas porque seu coração é inclinado a fazer o melhor. Esta é uma recomendação de Deus para nós, e vale a pena começar a torná-la nossa marca registrada. Fazer tudo que podemos da melhor maneira possível é uma maneira de glorificar a Deus. Então, mãos à obra!

ORAÇÃO

Senhor, hoje eu Te dedico todos os meus afazeres, cada um deles para honrar o Teu nome e testemunhar a todos ao meu redor. Quero fazer o melhor para Ti. Em nome de Jesus, amém.

ANOTAÇÕES

Tudo que faço é para a glória de Deus.

@josuevalandrojr

A UNIDADE DA IGREJA DEPENDE DE VOCÊ

Ora, vocês são o corpo de Cristo, e cada um de vocês é membro desse corpo.

(1CORÍNTIOS 12.27)

02
MAIO
122/365

O que é a Igreja para você? Pode ser que seja paredes, cadeiras, um lugar. Mas a Igreja é a Noiva de Cristo, o Corpo dEle nessa terra. A Igreja é inabalável, e as portas do inferno não prevalecem contra ela. É formada por pessoas lavadas e remidas no sangue de Jesus, que O receberam como Único e Suficiente Salvador e que estão aguardando a Sua volta. Você faz parte da Igreja do Senhor?

Muitos usam esse versículo como desculpa para não ir à igreja, ao templo, porque não têm entendimento de que Deus Se agrada do ajuntamento do Seu povo para adorar o Seu nome. Na unidade, o Senhor ordena a bênção, e, quando estamos reunidos, ali o Senhor libera a bênção, a cura, a revelação, a palavra sobre a vida de quem crê.

A unidade da Igreja depende de você. A sua casa precisa refletir a unidade da Igreja do Senhor, você precisa ser Igreja por onde for, refletir a luz de Cristo e estar em comunhão com seus irmãos. Cada um de nós é membro dessa Igreja e aguarda a volta de Cristo, pregando a mensagem do Evangelho não só com palavras, mas com a própria vida.

ORAÇÃO

Senhor, sou parte da Tua Igreja e recebo a Tua bênção hoje, para cumprir a Tua vontade como integrante do Teu Reino. Em nome de Jesus eu oro, amém.

ANOTAÇÕES

A unidade do Corpo de Cristo é refletida na minha vida de comunhão na igreja.

@josuevalandrojr

03

MAIO

123/365

ESCUTE O SÁBIO

Os lábios dos justos dão sustento a muitos, mas os insensatos morrem por falta de juízo.

(PROVÉRBIOS 10.21)

Para quem você pede conselhos? Você sabia que esse alguém pode influenciar suas escolhas de maneira permanente? Eu já vi um casamento acabar porque a pessoa foi pedir opinião de diversas pessoas, que falaram o que pensavam, mas não o que a Palavra dizia. Depois, quem sofreu as consequências foi a pessoa que ouviu, e não quem deu o conselho. Assim, infelizmente, o casamento terminou de forma precipitada.

Se você quer pedir conselhos para alguém, peça para o sábio. O sábio é uma pessoa que, em primeiro lugar, teme a Deus, porque o princípio da sabedoria é o temor a Deus. O sábio vai querer o melhor para você, vai buscar ouvi-lo e vai falar o que está de acordo com a Palavra, e não com o que ele acha. Cuidado com quem você busca para ouvir conselhos. Acima de tudo, o melhor conselheiro que você pode ter é o Espírito Santo. Desenvolva comunhão com Ele de tal forma que você vai estar alinhado à Sua voz.

ORAÇÃO

Senhor, o melhor conselho para a minha vida vem daqueles que Te seguem e têm temor ao Teu nome. Guarda a minha vida. Em nome de Jesus, amém.

ANOTAÇÕES

Que eu seja sábio para buscar o conselho que vem de Deus.

@josuevalandrojr

O QUE VOCÊ PENSA SOBRE DEUS?

Ele ofereceu sacrifícios aos deuses de Damasco, que o haviam derrotado, pois pensava: "Já que os deuses dos reis de Arã os têm ajudado, oferecerei sacrifícios a eles para que me ajudem também". Eles, porém, foram a causa da sua ruína e da ruína de todo o Israel.

(2CRÔNICAS 28.23)

04
MAIO
124/365

Você tem convicção da sua fé, de quem Deus é e do que Ele espera de você? Quanto você é maduro nas coisas de Deus? O rei Acaz era bem imaturo nesse sentido. Ele fazia parte da linhagem do rei Davi e tinha tudo para acertar na vida. Ele poderia ter tido uma vida bonita e interessante, mas perdeu uma batalha para um povo que adorava a deuses pagãos. Então, teve uma ideia que acabou com sua vida e com todo o Israel: resolveu barganhar a vitória com o deus do outro povo, adorando-o, e negando o Deus de Israel. Isso é que é fazer um gol contra!

O rei Acaz estava dizendo que o Senhor não era suficiente para ele, e mostrou que não O conhecia de verdade.

O mesmo acontece hoje: muitas vezes, diante dos desafios do dia a dia, vemos ímpios prosperando, pessoas que não servem a Deus ganhando algo que nós gostaríamos de ganhar, e acontece de negociarmos a nossa fé com aquele deus estranho a quem elas servem. Isso é abominável para Deus! Entregue a Ele a sua vida, busque direção nEle. Você pode até perder uma batalha, mas não perca a fé no Deus vivo.

ORAÇÃO

Senhor, eu sou mais que vencedor porque a Tua presença está em mim. Eu não vendo a minha fé por nada, e viverei a Tua vitória. Em nome de Jesus, amém.

ANOTAÇÕES

Eu creio em Deus, que me torna vencedor a cada dia.

@josuevalandrojr

05

MAIO

125/365

QUANTO VOCÊ AMA?

Assim, conhecemos o amor que Deus tem por nós e confiamos nesse amor. Deus é amor. Todo aquele que permanece no amor permanece em Deus, e Deus, nele.

(1JOÃO 4.16)

Até onde vai o seu amor? Ele tem limites definidos por quem? Pelos seus traumas e decepções? Está baseado no amor que você recebeu? Ou você consegue ter um amor que não lhe deram? O princípio do amor que você tem que viver está em Deus, que nos ama mesmo sem o merecermos.

Na verdade, o que merecemos é a punição, a condenação, mas Deus refez o caminho quando enviou Jesus para nos reconciliar com Ele. Por nos amar, Jesus Se entregou e nos deu a chance de nascermos de novo, de vivermos para Deus, de termos esperança e vida. Isso é cristianismo! Isso é amor.

Muitos não conseguem amar de verdade porque não acreditam que são amados. Pensam que o amor distorcido que viram em sua vida é o amor de verdade, mas não é. Essas pessoas precisam conhecer Deus através da minha e da sua vida, precisam entender que o Amor nos amou e também nos faz amar.

O amor transforma, cura, limpa, renova, dá uma nova chance. O amor gera um ambiente de arrependimento de pecados. E então, você realmente ama?

ORAÇÃO

Senhor, eu quero amar como o Senhor me amou. Eu creio que sou tão amado por Ti que o Senhor me dá a oportunidade de revelar Teu amor às pessoas. Em nome de Jesus, amém.

ANOTAÇÕES

Quero amar as pessoas com o amor que Deus transborda em mim.

@josuevalandrojr

NÃO CEDA AO MEDO

O Senhor é a minha luz e a minha salvação; a quem temerei? O Senhor é o meu forte refúgio; de quem terei medo?

(SALMOS 27.1)

É comum as pessoas nos contarem situações difíceis, que até envolvem violência. As pessoas estão assustadas: toda hora aparece no jornal um assalto, a todo momento surge uma tragédia, e parece que isso está rondando a sociedade. Além da violência, as incertezas da economia também fazem parte do dia a dia. O mundo faz um convite para que a ansiedade, a depressão, a insegurança, o estresse e o burnout pairem sobre o povo.

Como lidar com isso? O salmista está vivendo uma perseguição terrível em sua vida, pressão por todos os lados, mas mesmo assim fez essa declaração com fé: "A quem temerei? O Senhor é a minha salvação". O salmista sabia que as circunstâncias não determinavam a sua fé e não mudavam quem Deus era na vida dele.

E você, será que tem recebido muita pressão de todos os lados? Nessas horas, a quem você tem recorrido? Muitas vezes pensamos que um amigo ou uma mudança de rotina vai ser a saída, mas eu convido você a falar como o salmista hoje: "o Senhor é a minha luz e a minha salvação". É Ele quem enfrenta o nosso medo e vence, porque é vencedor invicto.

ORAÇÃO

Senhor, eu declaro hoje como o salmista: Tu és a minha luz e salvação. Só em Ti eu tenho clareza de pensamento e encontro a saída. Eu Te agradeço. Em nome de Jesus, amém.

ANOTAÇÕES

O Senhor é a minha luz e a minha salvação!

@josuevalandrojr

07
MAIO
127/365

PERDOAR É MELHOR PARA VOCÊ

Então, Pedro aproximou-se de Jesus e perguntou: "Senhor, quantas vezes deverei perdoar o meu irmão quando ele pecar contra mim? Até sete vezes?". Jesus respondeu: "Eu digo a você que não até sete, mas até setenta vezes sete".

(MATEUS 18.21-22)

Muito se fala sobre as dificuldades do casamento e as tristezas do divórcio. Há pesquisas que mostram que, muitas vezes, para uma criança, a morte dos pais dói menos que o divórcio deles. E situações assim estão se tornando comuns. Isso reflete uma postura social que se inicia nas famílias, mas que é influência do mundo: a falta de perdão e a divisão. Embora isso esteja sendo visto como algo comum, não quer dizer que é normal e correto aos olhos de Deus.

O perdão expressa o mais profundo grau de amor. Jesus respondeu a Pedro não com uma conta matemática, mas sim com a ordem para que tenhamos em nosso coração uma postura de perdão. Quem fica contando quantas vezes perdoou está se esquecendo de quantas vezes foi perdoado por Deus. Ter uma postura perdoadora liberta você da prisão da mágoa, angústia, rancor, arrogância, prepotência, e faz seu coração entender que o amor supera a injustiça, arrancando você do cativeiro de qualquer situação. Deus é amor, e Ele nos perdoou.

ORAÇÃO

Senhor, eu Te agradeço por Teu perdão, porque eu não o mereço, mas a Tua graça me alcançou. Eu quero perdoar como o Senhor me perdoou. Em nome de Jesus, amém.

ANOTAÇÕES

Hoje eu libero perdão para aqueles que me ofenderam.

@josuevalandrojr

VOCÊ ABRE MÃO?

Eliseu voltou, apanhou a sua parelha de bois e os matou. Queimou o equipamento de arar para cozinhar a carne e a deu ao povo, e eles comeram. Depois, levantou-se e partiu com Elias, tornando-se o seu auxiliar.

(1REIS 19.21)

Como você tem vivido sua vida espiritual? Você abre mão de qualquer coisa para fazer o que Deus o chama a fazer? Estaria disposto a abandonar o que fosse necessário para isso? Eliseu estava em um dia normal de trabalho, arando o campo com a sua junta de bois. De repente, Elias veio, jogou a sua capa sobre ele, e o recado foi dado: "Você será meu sucessor como profeta de Deus". O que você faria no lugar de Eliseu? Ele resolveu obedecer. Fez um churrasco com aqueles bois que usava para arar, chamou toda a vizinhança, e agora não tinha mais volta. Ele decidiu seguir Elias e viver no sobrenatural.

Eliseu é um exemplo de fé e obediência. Antes daquele dia, ele tinha uma segurança: viveria aquela vida normal, arando a terra, fazendo o que sabia fazer, mas nada além disso. Mas o dia do chamado em sua vida chegou. Eliseu não deixou qualquer possibilidade de voltar atrás. O que você faria no dia desse chamado? Será que você teria seguido Elias, ou teria escolhido os bois? O que tem impedido você de andar no sobrenatural? Seria uma mágoa, medo, pecado, situação, sonho? Deus chama você para fazer a vontade dEle. Abra mão de tudo e cumpra o querer do Senhor na sua vida.

ORAÇÃO

Senhor, não há nada na minha vida maior do que o Senhor, e eu estou disposto a abrir mão do que for necessário para servir a Ti. Eu quero viver o sobrenatural. Em nome de Jesus, amém.

ANOTAÇÕES

Eu abro mão do presente para viver o futuro que Deus tem para mim.

@josuevalandrojr

09
MAIO
129/365

QUAL É O SEU GRUPO?

Não me sento com homens falsos nem ando com hipócritas; detesto o ajuntamento dos malfeitores e não me sento com os ímpios.

(SALMOS 26.4-5)

Você já esteve em lugares que desrespeitaram a sua fé? Você tem ao seu lado pessoas que se dizem amigas, mas zombam quando você se posiciona? Tem algum parente que tira uma onda com você por servir a Deus? Vamos passar por isso na vida. O que temos que fazer é amar essas pessoas, mas não nos submetermos às suas práticas.

Às vezes, estamos chamando de amigo alguém que quer nos ver com o copo de cerveja na mão, ou um cigarro, ou tendo uma vida promíscua. Isso não é amizade. E você se engana achando que vai evangelizar esse alguém se permanecer naquele grupo de WhatsApp em que só aparece besteira. Você deve mostrar, por meio de sua atitude e vida, quem é Jesus — e às vezes isso envolve não aceitar compactuar com quem não quer nada com Deus. Seja a diferença onde quer que vá, e não mais um na multidão. Deus abençoe sua vida.

ORAÇÃO

Senhor, dá-me sabedoria para ser sal e luz neste mundo, mas sem me associar aos ajuntamentos que não honram o Teu nome, e sim zombam de Ti. Oro por essas pessoas para que venham ao Teu conhecimento. Em nome de Jesus, amém.

ANOTAÇÕES

Escolho andar com quem ama a Deus.

@josuevalandrojr

BELEZA QUE VEM DE DENTRO

A beleza de vocês não deve estar nos enfeites exteriores, como cabelos trançados e joias de ouro ou roupas finas. Ao contrário, que ela seja algo interior, imperecível, demonstrada em um espírito dócil e tranquilo, o que é de grande valor para Deus.

(1PEDRO 3.3-4)

10
MAIO
130/365

Você já percebeu como a verdadeira beleza de uma mulher se revela? Eu tenho duas mulheres maravilhosas em minha vida que exemplificam o que quero destacar hoje: minha mãe e minha esposa. Além de serem lindas aos olhos, elas têm uma beleza que vem de dentro. Que beleza é essa de que fala o apóstolo Pedro no texto de hoje, uma beleza que vai muito além de fazer luzes no cabelo ou usar uma maquiagem caprichada?

Uma mulher que cultiva sua relação com o Senhor irradia uma beleza que não desbota com o tempo. Essa beleza transcende o aparente. Ela é refletida em um coração cheio de amor, sabedoria e graça, e está enraizada em um espírito gentil e pacífico, valorizado por Deus acima de qualquer outra coisa. Neste Dia das Mães, celebre a vida das mulheres que, com seu exemplo de virtude e fé, de graciosidade e firmeza, fazem toda a diferença em seu dia a dia. Em um tempo em que tantas coisas tentam reduzir o valor da mulher, o valor de ser mãe, eu convido você a se juntar a mim para agradecer a Deus por essa dádiva preciosa que é a mulher cheia da presença do Senhor, um verdadeiro exemplo de bondade e amor para nós.

ORAÇÃO

Senhor, eu Te agradeço por minha mãe e por construir em mim, através do exemplo dela, as bases de que preciso para Te honrar e viver para Ti. Em nome de Jesus, amém.

ANOTAÇÕES

Honre sua mãe, é um mandamento com promessa.

11
MAIO
131/365

NÃO FRUSTRE O PLANO DE DEUS PARA VOCÊ

Sei que podes fazer todas as coisas; nenhum dos teus planos pode ser frustrado.

(JÓ 42.2)

Você tem convicção de que Deus tem um plano em sua vida, e que esse plano não pode ser frustrado? Entende que Deus idealizou algo para você, e que nada nem ninguém pode impedir isso? Só existe uma pessoa que pode impedir esse plano — e não é o Diabo nem a inveja dos outros. Essa pessoa é você mesmo. Como isso acontece?

O Diabo não tem poder para tocar nos planos de Deus. A inveja dos outros não consegue frustrar nada que Ele faz. Mas você pode: pode ter falta de fé, pode não acreditar, não fazer sua parte, não agir com fé. O texto de hoje mostra o momento em que Jó — depois de ter sido até acusado por seus amigos de ter perdido tudo em sua vida porque talvez estivesse em pecado — olha para tudo e evidencia sua fé. Depois de compreender que todo o sofrimento que viveu tinha um propósito, Jó tem algo a declarar. Ele só conseguiu ver que nenhum dos planos de Deus podia ser frustrado porque, no meio do sofrimento, ele não saiu do lugar certo: a presença de Deus. Ele não ficou indo atrás de nada, mas se manteve fiel. E você, está se mantendo fiel no meio das lutas? Tenha fé, faça a sua parte. Não frustre o plano de Deus para você.

ORAÇÃO

Senhor, os Teus planos não podem ser frustrados, e o Senhor é Deus sobre todas as coisas. Não há situação difícil demais para Ti, e há um propósito no sofrimento. Eu entrego a Ti a minha vida. Em nome de Jesus, amém.

ANOTAÇÕES

Deus tem um plano perfeito para mim.

@josuevalandrojr

PENSE NO QUE VAI DIZER

"Você é o rei dos judeus?", perguntou-lhe Pilatos. "Tu o dizes", respondeu Jesus.

(MARCOS 15.2)

12
MAIO
132/365

Com quem você conversa? E sobre o que conversa? Às vezes, conversamos sobre tantos assuntos que até falamos da nossa vida para quem não deveríamos. Quantas vezes você disse coisas que não deveria, para a pessoa que não deveria, e isso tomou uma dimensão que você não imaginava?

Jesus estava preso, diante do governador Pilatos, e foi questionado por ele se era o "rei dos judeus". A resposta de Jesus mostra sabedoria e domínio próprio: "Tu o dizes". Jesus não esticou a conversa, porque sabia que não tinha que provar quem era, não precisava Se justificar. Ele era o Messias, e não perderia tempo explicando algo para quem não queria ouvir.

Será que você entra em conversas para se justificar, para explicar o porquê disso e daquilo, e acaba expondo segredos seus? Talvez você faça isso com boa intenção, mas a outra pessoa agora tem argumentos para falar contra você. É tempo de entender como responder a algumas perguntas, assim como Jesus fez, e não puxar conversa fiada que desvia o nosso foco de Deus. Pense bem no que vai dizer em suas conversas.

ORAÇÃO

Senhor, ensina-me a ser como Cristo e a saber responder às perguntas astutas, para que eu tenha domínio próprio e sabedoria. Em nome de Jesus, amém.

ANOTAÇÕES

Responda aos outros honrando ao Senhor.

@josuevalandrojr

PERCEBA DEUS NA CRIAÇÃO

13
MAIO
133/365

Deus fez os dois grandes luminares: o maior para governar o dia e o menor para governar a noite; fez também as estrelas.

(GÊNESIS 1.16)

Você percebe Deus nas coisas que acontecem, em situações nas quais você não tinha de onde tirar solução? Consegue perceber Deus na bondade das pessoas, no abraço de alguém, no sorriso de uma criança, ou simplesmente no respirar, no poder admirar o nascer do sol, ou na brincadeira de um animal de estimação? Você tem percebido Deus em sua vida?

Pensando nessas coisas, eu me lembro de Neil Armstrong, o primeiro homem a pisar na Lua. Ele era um servo do Senhor e relatou que, quando viu o globo terrestre a partir da Lua, percebeu que aqui na Terra temos todas as condições necessárias à vida. Ele se surpreendeu ao ver como Deus, o Todo-Poderoso, preparou cada detalhe do ambiente aqui para que houvesse vida, diferentemente de outros lugares espaciais. Deus é tremendo em tudo que faz!

Às vezes, o milagre que precisamos está bem na nossa frente, mas não o percebemos. Pedimos o milagre — "Senhor, faz o milagre" — e ele está bem diante de nós. A vida é um milagre. Podermos desfrutar do que Deus nos deixou nesta Terra é um milagre. Você está percebendo?

ORAÇÃO

Senhor, eu Te percebo na criação. Desde a formação de uma nova vida até a bondade de uma pessoa, eu vejo a Tua mão. Graças Te dou por tudo que criaste. Em nome de Jesus, amém.

ANOTAÇÕES

@josuevalandrojr

Vejo Deus na criação e na minha vida!

SER AMBICIOSO É PECADO?

Não acumulem para vocês tesouros na terra, onde a traça e a ferrugem destroem e onde os ladrões arrombam e furtam.

(MATEUS 6.19)

14
MAIO
134/365

Você gosta de dinheiro? Muito ou pouco? Quanto dinheiro você tem hoje, e quanto gostaria de ter? Os seus planos sobre dinheiro têm a ver com você ou com as pessoas a quem você se compara? O texto de hoje é uma orientação bíblica de que não devemos acumular dinheiro e bens neste mundo, mas será que isso quer dizer que ninguém pode ter riquezas? Se fosse assim, todos os homens de Deus que tiveram dinheiro não foram, de fato, homens de Deus: Davi, José, Abraão, Isaque, Jacó, Salomão, Jó, e a lista é longa.

O que Jesus está dizendo é que não devemos colocar o nosso coração nas riquezas; ou seja, podemos, sim, tê-las, mas não devemos amá-las nem as acumular sem pensar na eternidade. Hoje em dia, as pessoas pensam muito no material, vendem a alma por dinheiro, poder e fama, e se esquecem de que a vida não acaba nesta Terra. Aquele que tem riquezas deve ser generoso, fiel a Deus e estender a mão ao necessitado. Isso é o que Jesus está falando para mim e para você.

ORAÇÃO

Senhor, eu desejo agradar o Teu coração com minhas riquezas. Entrego a Ti o controle da minha vida. Em nome de Jesus, amém.

ANOTAÇÕES

Tudo que tenho vem do Senhor!

@josuevalandrojr

O ESCAPE

Não sobreveio a vocês tentação que não fosse comum aos homens. Mas Deus é fiel; ele não permitirá que vocês sejam tentados além do que podem suportar. Antes, quando forem tentados, ele mesmo providenciará um escape, para que a possam suportar.

(1CORÍNTIOS 10.13)

15
MAIO
135/365

Você precisa de solução para um problema que parece não ter saída? Está numa situação para a qual olha e pensa: "Agora não sei mais o que fazer"? Hoje quero encorajar você a saber que Deus está acima de toda e qualquer situação. Não importa a dimensão do que você está passando, Deus tem a solução.

Lembro-me do povo judeu, que é extraordinariamente resiliente. Olho para a história deles e percebo quantas perseguições viveram, e isso desde muito tempo, quando estavam sendo escravizados pelo faraó, no Egito, nos tempos de Moisés. Sempre sofreram perseguições. Até em acontecimentos recentes vemos isso. Mas Deus lhes deu livramento em todas as situações. Deus tem o escape para você hoje; Ele tem a saída. Não desanime, coloque seu coração em postura de fé, dizendo: "Deus, dê-me sabedoria para atravessar essa situação". Ele é fiel, e isso ainda vai virar um tremendo testemunho. Creia!

ORAÇÃO

Senhor, diante do que estou passando, eu escolho crer em Ti, porque sei que o Senhor conhece todas as coisas e tem nas mãos o escape para mim. Fortalece o meu coração hoje. Em nome de Jesus, amém.

ANOTAÇÕES

@josuevalandrojr

Deus tem a saída para toda situação.

NÃO DESPERDICE SUA ENERGIA COM CRÍTICOS

Quando viu Elias, disse-lhe: "É você mesmo, perturbador de Israel?".

(1REIS 18.17)

16

MAIO

136/365

Você já viveu algo parecido com o versículo de hoje? Já teve críticos em sua vida que queriam desonrar você, que queriam só falar e opinar, mas não ajudar a solucionar nada? Você tem sido ofendido de alguma maneira? Este texto mostra um momento em que o profeta Elias foi chamado de "perturbador". Isso pode acontecer com qualquer um de nós. Às vezes, somos chamados de nomes que não são agradáveis. As pessoas podem nos nomear de tal modo que até passamos por constrangimentos e frustrações. Quantas vezes jornais que não são muito a favor de igreja (muito menos a evangélica) fazem reportagens menosprezando, e não falam do que fazemos pelos necessitados? Em vez de falar das muitas famílias transformadas pelo Evangelho, querem causar divisão e falar mal de quem está fazendo o bem.

Quando o rei Acabe chamou o profeta de "perturbador", Elias não ficou brigando, argumentando, tentando se justificar. Apenas respondeu à crítica com a verdade e encerrou o assunto. Ele continuou focado no que tinha que ser feito. Esta é a lição de Deus para você hoje: se alguém está afrontando você, não desperdice sua energia com críticos, mas posicione-se na verdade e siga fazendo o que Deus disse para você fazer.

ORAÇÃO

Senhor, entrego a Ti tudo que tenho ouvido e que tem me desmotivado ou aborrecido, e me coloco firmado em Tua Palavra, para seguir fazendo a Tua vontade, em paz. Em nome de Jesus, amém.

ANOTAÇÕES

Saia de discussões desnecessárias!

17

MAIO

137/365

DEUS DE LONGE E DE PERTO

"Sou eu apenas um Deus de perto", declara o Senhor. "Não também um Deus de longe? Poderá alguém esconder-se sem que eu o veja?".

(JEREMIAS 23.23-24)

Já sentiu que ninguém está vendo o que você está fazendo? Já percebeu que, em determinado momento, as pessoas não estão olhando, não há amigos por perto, nem mesmo seus pais ou qualquer pessoa que possa saber o que acontece? Eu quero lhe dizer uma coisa: Deus está vendo você a cada instante, e isso é mais que suficiente.

Muitas vezes, abrimos mão dos nossos princípios e valores quando pensamos que estamos sozinhos. Esquecemos que Aquele que é onipresente está com os olhos por toda a Terra, e nada está oculto diante dEle. Será que você tem agradado ao Senhor quando parece que ninguém está olhando? Será que tem honrado a Deus tanto nos momentos em que está acompanhado de pessoas quanto naqueles em que ninguém está ao lado? Há uma multidão de anjos vendo você, e o Senhor onipotente também. Sempre escolha adorar a Deus, até quando ninguém está vendo, e você colherá o fruto da lealdade a Ele.

ORAÇÃO

Senhor, eu sei que estás vendo tudo, até o que está acontecendo no meu coração. Por isso, eu me arrependo se Te desagradei, e peço que o Senhor encha a minha vida com o Teu Espírito. Em nome de Jesus, amém.

ANOTAÇÕES

Deus está comigo a todo instante.

QUAL TEM SIDO O SEU FRUTO?

Toda árvore é reconhecida pelo fruto que dá. Ninguém colhe figos de espinheiros nem uvas de ervas daninhas.

(LUCAS 6.44)

Você pensa que conhece as pessoas? Sabe de verdade quem elas são, ou só pensa que sabe? A Bíblia é clara em dizer como conhecer alguém. Jesus costumava usar de parábolas e metáforas para descrever o ser humano. O versículo de hoje é um exemplo disso. Como conhecer alguém? Da mesma maneira que conhecemos uma árvore.

Pode parecer estranho, mas é isso mesmo: uma macieira só é uma macieira porque produz o quê? Manga? Não, porque produz maçã. O fruto revela qual é a árvore. Quando você olha a vida de alguém, ela é como uma árvore: não adianta parecer uma macieira, mas produzir uva. Isso é impossível. São os frutos dessa pessoa que revelam, de verdade, a essência de quem ela é. Se está cheia do Espírito Santo, vai produzir o que é do Espírito; mas se está cheia de conversa fiada, se está longe de Deus, é isso que a pessoa vai produzir.

E você, qual tem sido o seu fruto? São seus frutos que estão revelando do que você está se alimentando, aquilo que você está plantando no seu coração. Analise seus frutos e os das pessoas ao seu redor, e veja se o que aparentam ser realmente está de acordo com o que produzem.

ORAÇÃO

Senhor, que meus frutos sejam para a Tua glória. Peço também discernimento para que eu consiga identificar quem as pessoas que estão ao meu redor realmente são. Em nome de Jesus, amém.

ANOTAÇÕES

O fruto da fé brota da minha vida, porque eu ando com Deus.

@josuevalandrojr

19

MAIO

139/365

A INSENSIBILIDADE AO PECADO

Tendo perdido toda a sensibilidade, eles se entregaram à devassidão, cometendo com avidez toda espécie de impureza.

(EFÉSIOS 4.19)

Você tem sido sensível à voz de Deus? Ou será que está decidindo tudo do jeito que quer? Há pessoas que estão tão acostumadas a fazer tudo do próprio jeito que atingiram outro nível de insensibilidade: estão insensíveis ao pecado. Muito se fala sobre consciência. Ela é o fiscal de Deus dentro de nós. Quando fazemos uma coisa que todo mundo está fazendo, mas que é errada, esse fiscal diz dentro de nós: "Isso não está certo". Até um cachorro tem consciência! Uma vez, vi o vídeo de uma pessoa que chegou em casa e encontrou o sofá todo bagunçado; então, ela perguntou: "Quem fez isso? Que bagunça é essa?", e o cachorro dela ficou com as orelhas para baixo, olhando de lado. Tem gente que tem menos consciência do que um cachorro!

A pessoa está completamente errada e pensa que Deus tem de aceitá-la do jeito que ela é, sem transformação, sem mudança de vida. Isso não é Evangelho! A mensagem do Evangelho é que Deus o ama tanto que Se entregou por você para que você saia de uma vida de pecado e seja transformado à imagem de Cristo, uma imagem de santidade! Seja sensível à voz de Deus. Não tolere o pecado na sua vida para não ser aprisionado pela insensibilidade a ele.

ORAÇÃO

Senhor, graças Te dou porque o Senhor revela na minha vida, através do fiscal que é a consciência, o que eu estou fazendo de errado. Eu me arrependo dos pecados que tenho cometido e quero ser sensível à Tua voz. Em nome de Jesus, amém.

ANOTAÇÕES

Deus sonda o meu coração e me corrige a cada dia.

@josuevalandrojr

QUAL É A SUA PERGUNTA?

Onde você estava quando lancei os alicerces da terra? Responda-me, já que você sabe tanto.

(JÓ 38.4)

20
MAIO
140/365

Você tem alguma pergunta sem resposta até hoje? Será que você tem perguntado alguma coisa a Deus, e nada de Ele responder? Há um livro na Bíblia que impressiona pela quantidade de perguntas: é o livro de Jó. São 40 capítulos de questionamentos. Jó estava sem entender nada do que aconteceu com sua vida: os amigos o tinham abandonado, os filhos tinham morrido todos de uma vez, a fortuna tinha ido embora como palha no fogo. “O que eu fiz de errado? O Senhor pode me falar?”. E nada da resposta de Deus. Jó simplesmente não entendia o porquê de tudo aquilo. Ele se sentia constrangido, punido. A coisa chegou ao ponto de sua mulher lhe dizer: “Chega, amaldiçoe esse seu Deus e morra!”.

Então Jó se posicionou: “Eu não vou abandonar o Senhor. Ele me deu tudo e agora tomou de volta. Bendito seja o nome do Senhor”. Jó estava dizendo: “Eu não tenho a resposta, mas eu tenho fé, eu sei agradecer a quem me deu a vida”. Você não precisa de respostas, você precisa de fé nAquele que é fiel para cumprir tudo na sua vida. Você pode não entender o que está acontecendo, mas pode crer no que virá.

ORAÇÃO

Senhor, não entendo certas situações que estão acontecendo na minha vida, mas minha decisão hoje é Te adorar, porque Tu és o Senhor da vida, e haverá cumprimento do Teu propósito infalível. Eu creio e oro em nome de Jesus, amém.

ANOTAÇÕES

A resposta para suas perguntas é Jesus.

@josuevalandrojr

21
MAIO
141/365

O JARDINEIRO

Ele disse: "Mulher, por que está chorando? Quem você está procurando?". Pensando que fosse o jardineiro, ela disse: "Se o senhor o levou, diga-me onde o colocou, e eu o levarei".

(JOÃO 20.15)

Você está procurando alguém para resolver seu problema? Todos nós temos problemas a enfrentar, desafios diários, e muitas vezes nos angustiamos e queremos procurar alguém para conversar, para tirar um pouco daquele peso. Pode ser que a pessoa nem resolva o problema, mas queremos ser ouvidos.

Quando Jesus estava sepultado, Maria Madalena entrou em desespero. Jesus tinha transformado a vida dela e não havia ninguém mais com quem quisesse conversar. De repente, Jesus ressurreto aparece naquele lugar. Ela pensa que Ele é um jardineiro cuidando do sepulcro, e continua chorando. Repare a pergunta de Jesus: "Por que está chorando? Quem você está procurando?". Pouco depois, Maria Madalena soube que era Jesus quem estava falando com ela. Não sei o motivo pelo qual você está chorando hoje ou quem você está procurando, mas o Espírito Santo está presente para secar suas lágrimas e derramar sobre você a paz em meio a qualquer situação. Ele é o Amigo fiel e presente em todas as horas, e está ao seu lado. Que Ele abençoe sua vida.

ORAÇÃO

Senhor, tenho procurado consolo e apoio em pessoas, mas o Senhor é o meu Ajudador fiel. Hoje coloco em Tuas mãos todas as minhas preocupações. Quero viver uma vida plena de fé e adoração a Ti, pois sei que o Senhor cuida de mim. Em nome de Jesus eu oro, amém.

ANOTAÇÕES

Jesus cuida de mim.

SEJA UM ENCORAJADOR

Ao contrário, encorajem uns aos outros todos os dias, durante o tempo que se chama "hoje", a fim de que nenhum de vocês seja endurecido pelo engano do pecado.

(HEBREUS 3.13)

22
MAIO
142/365

Você encoraja, abençoa e tenta fazer o seu melhor para as pessoas? Ou será que está cansado de fazer isso e não está querendo mais encorajar ninguém? Será que há pessoas ao seu redor que estão desencorajadas, e você ainda não entendeu o porquê de Deus permitir isso? Diante das situações de desencorajamento, cansaço e desânimo, devemos ter uma postura.

O ser humano não foi feito para viver sozinho. Até para nascer, precisamos da nossa mãe, e dependemos do nosso pai e mãe para sermos gerados. Por isso, quando enfrentamos situações que sugam nossas energias, devemos nos lembrar de que há pessoas que precisam ser encorajadas, cuidadas e amadas como nós. Talvez esteja faltando encorajamento na sua vida, e eu quero, neste momento, encorajar você no Senhor a seguir firme na direção da vitória. Não estamos sozinhos neste mundo, e a Bíblia nos diz, no versículo de hoje, que não podemos passar um dia sequer sem abençoar alguém.

O amor consiste em você colocar o interesse do outro acima do seu e escolher encorajar todos os dias. Seja um encorajador!

ORAÇÃO

Senhor, ensina-me a encorajar meus irmãos, mesmo que eu esteja vivendo momentos difíceis. Quero olhar além da minha dor e abençoar as pessoas todos os dias. Em nome de Jesus, amém.

ANOTAÇÕES

Abençoe e será abençoado, encoraje e será encorajado.

@josuevalandrojr

23

MAIO

143/365

TOME SUA DECISÃO

Daniel, contudo, decidiu não se tornar impuro com a comida e o vinho do rei e pediu ao chefe dos oficiais permissão para se abster deles.

(DANIEL 1.8)

Você já foi confrontado com uma escolha que testou seus princípios? Como Daniel, já teve que decidir entre o caminho fácil e o caminho certo? Tem muita gente que não tem certeza do que realmente acredita e vive um drama cada vez que precisa decidir entre o certo e o errado, entre o que agrada a Deus e o que apenas satisfaz os desejos da carne.

Daniel, ainda jovem e distante de sua terra natal, enfrentou uma escolha crítica no palácio da Babilônia. Estava diante de um grupo de jovens, olhou e pensou: "Tudo certo, já cheguei aqui decidido a não me contaminar". Será que você tem mantido sua integridade e fidelidade aos mandamentos de Deus, mesmo em situações que testam sua fé? Será que, no mundo ao seu redor, você é reconhecido como aquele que prefere não se contaminar, porque ama a Deus e quer agir de maneira a ser aprovado por Ele? Isso é vida cristã. Esse é o desafio.

Daniel colheu o favor e a confiança de todos, inclusive do rei, por causa de sua atitude. E você, o que será que vai colher das suas escolhas e posicionamentos? Pode ser a oferta que for, tome a decisão prévia de que não vai se contaminar com as coisas que desonram o nome do Deus que ama você.

ORAÇÃO

Senhor Deus, eu tomo a decisão de Te honrar. Não preciso ficar decidindo o tempo todo, porque essa única decisão norteia todas as minhas escolhas. Que elas reflitam meu compromisso Contigo. Em nome de Jesus, amém.

ANOTAÇÕES

Suas decisões refletem seu temor a Deus.

@josuevalandrojr

PODER QUE VEM DO ALTO

Mas receberão poder quando o Espírito Santo descer sobre vocês [...].

(ATOS 1.8)

24

MAIO

144/365

Você já sentiu uma força extraordinária vindo sobre você em um momento de necessidade? No dia de Pentecoste, os discípulos experimentaram exatamente isso: o cumprimento da promessa de Jesus de que receberiam poder quando o Espírito Santo viesse sobre eles. Esse poder não era meramente humano, mas divino, capacitando-os a pregar o Evangelho com ousadia e a realizar maravilhas em nome de Jesus.

Muita gente pensa que o Espírito Santo é um "energético divino", como naqueles filmes de ação. Mas Ele é uma pessoa, e é na força dEle que agradamos a Deus. Às vezes, você quer fazer muita coisa, quer participar da obra, agradar a Deus, mas falta o poder que vem do alto. E qual é a fonte desse poder? A intimidade com Deus, a vida diária de oração, de leitura da Palavra. Falta deixar que o Espírito Santo participe de tudo na nossa vida, porque somos dEle. Então, tudo é diferente, tudo sai como Deus quer, e Ele nos reveste do Seu poder para cumprir o propósito que Ele tem para nós. Não é um esforço que você faz, mas o resultado de uma vida de comunhão de verdade. Você se sente fraco, sem ânimo, sem vontade de participar de nada na igreja? É hora de clamar pelo poder que vem do alto, e Deus vai responder, porque essa é a vontade dEle para você.

ORAÇÃO

Senhor, eu desejo receber esse poder que vem do alto para ser cheio da Tua graça e do Teu agir em mim. Quero viver uma vida que Te glorifique. Em nome de Jesus, amém.

ANOTAÇÕES

O Senhor me reveste do poder do Espírito, que me faz viver para Ele.

@josuevalandrojr

SEJA MISERICORDIOSO

25
MAIO
145/365

Bem-aventurados os misericordiosos, pois obterão misericórdia.

(MATEUS 5.7)

Você já confiou em quem não devia? Já deu carinho para quem não honrou você? Já se sentiu traído ou chorou por ter acreditado em uma pessoa desonesta? Na vida, passamos por muitos momentos em que nossa vontade é deixar de confiar nas pessoas. Até pensamos em vingança, se tivermos a possibilidade.

Jesus poderia ter dito: "Se vocês forem misericordiosos, vocês vão agradar a Deus, e Eu vou ter orgulho de vocês. Que bonito, parabéns!". Mas o que Jesus está falando é que os misericordiosos são bem-aventurados porque, quando precisarem, vão alcançar misericórdia. A misericórdia é algo que se planta: você perdoa hoje, abençoa hoje, é misericordioso hoje, e a promessa de Deus é que você colherá misericórdia.

Algumas pessoas são muito duras, e não admitem erros dos outros. Elas parecem amargas e tristes, e você já sabe o porquê. Seja misericordioso hoje, e viva livre das amarras da frustração.

ORAÇÃO

Senhor, eu aprendo Contigo a ser misericordioso. Que eu possa ter um coração disposto a perdoar, amar e abençoar a quem me feriu, e estender a mão a quem precisa. Em nome de Jesus, amém.

ANOTAÇÕES

A misericórdia de Deus transborda de mim.

@josuevalandrojr

FOFOCAS

Não dê falso testemunho contra o seu próximo.

(ÊXODO 20.16)

26
MAIO
146/365

Com que frequência os outros procuram você para contar sobre a vida de alguém? Quanto você procura saber da vida dos outros, confirmando o que falam para você? Será que a verdade é o que sai da sua boca quando o assunto é a vida de outra pessoa? Os Dez Mandamentos influenciam todos os outros mandamentos e leis bíblicas, e o versículo de hoje ainda está valendo. A Palavra de Deus não muda. Portanto, falar mal do nosso irmão, colocar fake news na internet e caluniar é algo que fere um princípio eterno.

Quando o assunto é a vida do outro, algumas pessoas nem sabem quem são: uns são mexeriqueiros, querem ficar vasculhando o que o outro fez; outros são fofoqueiros, escutam algo e passam para frente; há também pessoas que, quando se conta um conto, aumentam um ponto, são mentirosas. Todos esses não agradam a Deus, porque não estão enchendo o coração de compaixão pelo próximo. Diante de conversas sobre a vida dos outros, a verdade, o amor e a compaixão devem ser o que sai da nossa boca como cristãos, e nossos ouvidos devem buscar ouvir a voz do Espírito, e não a voz de quem fofoca.

ORAÇÃO

Senhor, perdoa-me se eu estou dando ouvidos a pessoas que passam informações da vida alheia. Coloca em meu coração o amor e a verdade para sair dessa armadilha. Em nome de Jesus, amém.

ANOTAÇÕES

Meus lábios falam do que honra a Deus e edifica as pessoas.

@josuevalandrojr

27
MAIO
147/365

O FILHO QUE FICOU

O pai disse: "Meu filho, você está sempre comigo, e tudo o que tenho é seu".

(LUCAS 15.31)

Você já se sentiu desvalorizado ou esquecido, mesmo estando sempre presente? Porém, será que tem notado as bênçãos diárias que estão ao seu redor? Ou acha que os outros são sempre mais valorizados que você? É o que eu chamo de "síndrome do irmão do filho pródigo": ele viu o irmão mais novo ir embora, levar a herança a que tinha direito, gastar tudo e, ao voltar, ser recebido pelo pai com uma festa. Foi aí que esse irmão se incomodou: "Peraí! Eu faço tudo certinho, estou sempre ajudando, não faço nada que entristeça, e o senhor faz festa para esse ingrato?".

O filho mais velho trabalhava nos campos, lutava todo dia, era aquele filho dedicado. Mas tinha uma coisa: ele não celebrava em casa as vitórias, as alegrias.

Quanta gente está assim na igreja, em casa, na vida: nunca celebra, não acende nem a vela para cantar parabéns, para não gastar. Não usa os talheres bonitos, só guarda tudo e nem sabe para quê. Aprenda a celebrar; não faça como o filho que ficou, o irmão do filho pródigo. Celebre na igreja, na célula, com os amigos, com a esposa, com os filhos. O Senhor é um Deus de celebração, que nos move à gratidão. Aquele filho estava tão perto do pai, mas não sabia desfrutar. Faça diferente dele, aprenda a valorizar o que o Senhor já deu a você. Que Ele abençoe sua vida!

ORAÇÃO

Pai celestial, abre meus olhos para as riquezas que já possuo em minha vida Contigo. Ajuda-me a valorizar Tua presença constante e as muitas bênçãos que tenho em Teu amor. Em nome de Jesus, amém.

ANOTAÇÕES

@josuevalandrojr

Valorize e celebre as bênçãos do Pai.

O LOUVOR É ARMA!

Tu, porém, és santo, entronizado entre os louvores de Israel.

(SALMOS 22.3)

28

MAIO

148/365

Você sabe o que é louvor? Não é música ou som, muito menos palmas. Louvor é a atitude de coração de exaltar a Deus. Quando você expressa essa exaltação através de música, de brado, com gestos de entrega e alegria, então você está expondo aquilo que já é verdade em seu coração.

O salmista entende uma verdade extraordinária: Deus é entronizado nos louvores de Israel, o Seu povo. Quando louvamos a Deus, estamos declarando tanto com nossas palavras como com nosso corpo tudo o que Ele tem feito, como Ele é grande e poderoso. Isso começa a fazer com que a nossa mente fique sujeita àquilo que reconhecemos e o nosso coração fique mais feliz, porque entende que Deus está presente. Deus habita no meio dos louvores. O que você tem falado sobre Deus? Você demonstra com suas atitudes o que está dentro do seu coração? Use o louvor como uma arma que entroniza a Deus. Se está em uma situação em que não faz sentido declarar elogios a Deus, aí é que você precisa louvar a Ele, para que a sua mente se submeta à verdade da Palavra. Lute com a arma do louvor!

ORAÇÃO

Senhor, diante das lutas que estou enfrentando, eu Te louvo, porque o louvor é uma arma que traz libertação. Graças Te dou. Em nome de Jesus, amém.

ANOTAÇÕES

Deus habita no meio dos louvores.

@josuevalandrojr

29

MAIO

149/365

QUAIS SÃO OS SEUS GATILHOS?

Afastem-se de todo tipo de mal.

(1TESSALONICENSES 5.22)

Já reparou que, muitas vezes, não é contra o pecado em si que temos de lutar, mas sim contra os gatilhos que dão início a ele? É aquele grupo na rede social que estimula você à fofoca, é aquela rodinha de amigos que só fala besteira, é aquele convite para beber quando você tem dificuldade de se controlar, é passar sempre em frente àquela loja que leva você a gastar mais do que pode ou a comer alimentos que não são saudáveis. O gatilho em si nem sempre é pecado, mas abre a porta para ele. E aí já sabemos o que acontece.

Se você sabe que tem dificuldade com algum pecado, não fique dando brechas para ele, entregando a sua vida à mercê do "deixa a vida me levar". Isso é perdição, irresponsabilidade, falta de prudência, e quem perde é você. Estamos sujeitos a tentações neste mundo, mas está em suas mãos a decisão de manter a porta do seu coração fechada. É hora de se posicionar. Identifique seus gatilhos e feche a porta para o pecado.

ORAÇÃO

Senhor, eu peço sabedoria e firmeza no Teu Espírito para fechar a porta para o pecado, acabando com todos os gatilhos. Só Tu és meu Senhor. Em nome de Jesus, amém.

ANOTAÇÕES

Entregue a Deus a chave do seu coração.

@josuevalandrojr

JUSTIFICADO

Justificados, pois, mediante a fé, temos paz com Deus por meio de nosso Senhor Jesus Cristo.

(ROMANOS 5.1, ARA)

30
MAIO
150/365

Você se sente culpado por algo que cometeu no passado? Você já pediu perdão, mas isso continua vindo à sua memória? Já parou para pensar no que significa ser justificado pela fé em Jesus Cristo? Sabe a dimensão disso? É graça pura para você. Quantas pessoas estão vivendo sob o peso de acusações internas porque não compreenderam que são justificadas e têm direito à paz com Deus!

Ser justificado é muito mais do que um termo teológico; é uma mudança radical de status perante Deus. Pela fé em Jesus Cristo, somos declarados justos, não porque merecemos, mas porque Ele fez o sacrifício perfeito na cruz. Perceba que isso não tem nada a ver com mérito nosso! Antes da justificação, estávamos separados de Deus pelo pecado, incapazes de nos reconciliar com Ele por nossos próprios esforços. Mas Jesus veio e mudou tudo isso. Chega de viver pela metade, constrangido, achando que deve algo a Deus. Receba o carimbo onde está escrito: "Justificado!" — esse selo que o Espírito Santo coloca em você e ninguém tira. Tenha paz com Deus por meio de Jesus!

ORAÇÃO

Senhor, o sangue de Jesus me lavou dos meus pecados e sou justificado. Posso viver em paz Contigo e anunciar essa verdade maravilhosa que me transformou por Tua graça. Em nome de Jesus, amém.

ANOTAÇÕES

Você é justificado por Cristo!

@josuevalandrojr

OS LIMITES DO RESPEITO

31
MAIO
151/365

Tratem todos com o devido respeito: amem os irmãos, temam a Deus e honrem o rei.

(1PEDRO 2.17)

Você se sente respeitado? O respeito faz parte do seu dia a dia? Muitos têm dificuldade com a palavra "respeito", porque falam sobre ele, mas não o praticam. Querem ser respeitados, mas não respeitam os outros. Se há algum tipo de discordância, a outra pessoa já passa a ser odiada, atacada, preterida, injustamente criticada e, quem sabe, até processada. No tempo em que vivemos, não há respeito por coisas básicas.

O versículo de hoje fala que devemos demonstrar temor a Deus, amor ao próximo e honra às autoridades, e que isso é o que Ele chama de respeito. Não importa se temos opiniões diferentes das dos governantes, por exemplo. Todos merecem respeito, e é preciso que a expressão de opiniões diferentes aconteça sem ofensa. O amor é nossa marca e o respeito é nossa maneira de agir. E você, como tem tratado os outros? Tema a Deus, ame seu irmão, honre as autoridades.

ORAÇÃO

Senhor, quero aprimorar a cada dia meu respeito e amor ao meu próximo. Quero ter sabedoria em temer a Ti, amar o meu irmão e honrar as autoridades. Em nome de Jesus, amém.

ANOTAÇÕES

@josuevalandrojr

Respeite, e colherá respeito.

"O AMOR É NOSSA MARCA, E O RESPEITO É NOSSA MANEIRA DE AGIR."

DEVOCIONAL

manhã com Deus

JUNHO

QUEM PREGA JESUS PERTURBA O MUNDO

01
JUNHO
152/365

Estavam muito perturbados porque os apóstolos ensinavam o povo e proclamavam em Jesus a ressurreição dos mortos.

(ATOS 4.2)

Você tem coragem de pregar, mesmo que as pessoas se incomodem com a verdade? Pedro e João estavam exatamente nessa posição. Pelo poder do nome de Jesus, eles curaram um homem paralítico e foram perseguidos pelos religiosos, a ponto de serem levados para julgamento e intimados a nunca mais falar no nome de Jesus, o mesmo nome pelo qual o paralítico foi curado!

Hoje, os valores também estão invertidos em nossa sociedade. Onde a verdade da Palavra de Deus é anunciada, há pessoas que se incomodam, não querem nem ouvir, e até ofendem quem está pregando. Mesmo assim, a Igreja deve perseverar diante dessa oposição, ainda que custe algo, porque os paralíticos dos nossos dias precisam da verdade que liberta. O nome de Jesus traz libertação para os enfermos tanto de alma como do corpo, e causa perturbação aos que não querem escutar. Escolha pregar Jesus às pessoas, com todo o seu coração.

ORAÇÃO

Senhor, quero ter a coragem e a ousadia de enfrentar qualquer oposição contra a verdade. Eu quero usar a minha boca para proclamar o Teu nome acima de tudo. Em Teu nome, Jesus, eu oro, amém.

ANOTAÇÕES

Tenha ousadia de pregar o nome de Jesus.

@josuevalandrojr

MIL OU DEZ MIL, NÃO IMPORTA

02
JUNHO
153/365

Mil poderão cair ao seu lado e dez mil à sua direita, mas nada o atingirá.

(SALMOS 91.7)

Você já se sentiu cercado de desafios por todos os lados? Já observou outros ao seu redor sucumbindo às pressões enquanto você permanece de pé? A promessa de Deus é clara e poderosa: mesmo que mil caiam ao seu lado ou dez mil à sua direita, você não será atingido. Será que você está usando uma capa protetora de super-herói? Não. Muito melhor que isso. Essa é uma garantia de proteção divina, um escudo invisível que nos guarda nas batalhas da vida.

Neste mundo, estamos sujeitos a ver o caos, mas não precisamos ser parte dele. A presença do General dos Exércitos, o nosso Deus, é a razão pela qual podemos estar no meio do conflito e não sermos tocados. Jesus nunca prometeu uma vida de calmaria, mas disse que estaria ao nosso lado todos os dias. Que luta está tentando derrubar você hoje? Levante-se e assuma sua posição, porque a vitória é certa. Não importa o que está acontecendo à sua volta, nada o atingirá. Deus o abençoe.

ORAÇÃO

Senhor, sou grato pela Tua proteção e presença constante em minha vida. Eu sei que estou seguro sob Teu comando. Eu confio em Tua proteção. Em nome de Jesus, amém.

ANOTAÇÕES

Quando o Senhor está no comando, a vitória é certa.

@josuevalandrojr

AQUIETE O SEU CORAÇÃO

03
JUNHO
154/365

Aquietai-vos e sabei que eu sou Deus [...].

(SALMOS 46.10 - ARA)

Como é sua rotina? Você tem uma agenda muito cheia e acaba não tendo tempo para nada, nem para orar direito? Sua oração é daquelas rápidas, feitas antes das refeições, porque você está com pressa para o próximo compromisso? Deus quer ter tempo com você. Ele quer chegar perto, ouvir sua oração, sentir o derramar daquilo que o aflige ou tem deixado você inquieto.

Estamos no mundo da correria, das soluções imediatas. Até uma conexão lenta de internet nos tira do sério. Uma demora no atendimento, uma ligação que não é atendida... tudo se torna fonte de reclamação, de inquietação. Parece que queremos ter o controle de tudo. Mas só Deus tem esse controle.

Somente quando você entende isso é que consegue descansar nEle, sabendo que Ele está atento a você, para o abençoar e fazer prosperar. Você pode experimentar calma e confiança inabaláveis, porque Deus é Deus, e sempre será.

Então, aquiete o seu coração e deixe Deus enchê-lo de paz! Em meio ao silêncio, Ele nos fala, nos guia e nos fortalece. Aquiete-se, lembre-se de que o Senhor é Deus sobre a sua vida.

ORAÇÃO

Senhor, acalma o meu coração no dia de hoje. Por Tua misericórdia e graça, peço que nenhuma preocupação ou ansiedade tire a paz que o Senhor me dá, seja qualquer for a situação. Em nome de Jesus, amém.

ANOTAÇÕES

Deus está no controle de tudo. Aquiete o seu coração!

@josuevalandrojr

O QUE TRAZ ESPERANÇA A VOCÊ?

Todavia, lembro-me também do que me pode dar esperança.

(LAMENTAÇÕES 3.21)

04
JUNHO
155/365

Você já teve uma ferida e arrancou a casquinha antes da hora, só para ver o que acontecia? Pois é, muitas vezes estamos fazendo isso na nossa vida: cutucando feridas que eram para cicatrizar. Quando insistimos em remoer a mágoa, o que acontece? Sangra.

Deus nos dá uma dica infalível para termos forças e esperança, uma coisa que nós é quem temos que fazer e mais ninguém: trazer à memória o que nos dá esperança. Pode até ser que tenha vivido histórias tristes, mas tenho certeza que você também viu muitas bênçãos sobre você. Por mais que algo esteja doendo, você tem a oportunidade de lembrar do que lhe dá esperança. Eu quero dizer uma coisa para você hoje: Deus sempre vai ter o remédio para a sua alma, porque Ele é o Deus que dá esperança, mas é preciso parar de cutucar esse machucado. É hora de crescer e ter esperança em Deus.

ORAÇÃO

Senhor, eu tenho esperança em Ti. Não há machucado que o Senhor não tenha poder para curar, então eu vou parar de cutucar a casca, e a ferida vai sarar em minha alma. Em nome de Jesus, amém.

ANOTAÇÕES

Minha esperança está em Deus.

@josuevalandrojr

QUAL É O SEU LANCHINHO?

05

JUNHO

156/365

Aqui está um rapaz com cinco pães de cevada e dois peixinhos, mas o que é isto para tanta gente?

(JOÃO 6.9)

Quantas vezes você deixa de fazer as coisas porque acha que não tem o suficiente? Quantas oportunidades foram perdidas porque você achou que o que tinha em mãos não ia levá-lo ao resultado desejado? Há situações em que não temos tudo de que gostaríamos e ficamos pensando que vai levar muito tempo até conseguirmos todos os recursos, então não fazemos nada. Deixamos de estudar porque não temos carro, deixamos de ler porque não temos uma biblioteca maravilhosa, deixamos de ir a lugares porque nossa roupa não está boa o suficiente.

Certa vez, uma multidão faminta aguardava Jesus terminar de pregar. Em dado momento, Ele percebeu que a multidão estava faminta. Imagine 5 mil pessoas com fome! Jesus se compadeceu da multidão e disse aos discípulos: "Deem alguma coisa para eles comerem". Um dos discípulos respondeu como teríamos dito se fosse hoje: "Senhor, como? Onde vamos achar comida para toda essa gente? Não tem delivery que dê conta!". Mas havia um menino olhando a cena, e ele tinha trazido um lanchinho: cinco pães e dois peixes. Foi o suficiente para Jesus fazer um milagre, alimentando toda a multidão, inclusive o discípulo que não via solução para o problema! O que você tem em suas mãos agora é suficiente para Deus fazer um milagre. Não deixe passar esse momento: oferte o que tem ao Senhor. A multiplicação é Ele quem vai fazer.

ORAÇÃO

Senhor, eu Te peço perdão se estou olhando para o que tenho em mãos sem fé. Eu entrego a Ti meus cinco pães e dois peixes, para que o Senhor multiplique e transforme em abundância. Teu poder é o poder e Tua é a glória. Em nome de Jesus, amém.

ANOTAÇÕES

@josuevalandrojr

O pouco com Deus é muito.

O PROCESSO E O PROPÓSITO

Mas o vaso de barro que ele estava formando estragou-se nas suas mãos; por isso, ele o refez, moldando outro vaso de acordo com a sua vontade.

(JEREMIAS 18.4)

06
JUNHO
157/365

Você já viu um oleiro trabalhando o barro? É uma cena incomum na nossa geração, mas o que Jeremias teve que fazer foi descer à casa do oleiro e ver como o barro era trabalhado ali. Deus tem uma maneira linda e simples de fazer o ser humano entender coisas grandiosas. Ele levou o profeta não a um culto sobrenatural, mas para ver um oleiro trabalhando. Aquele oleiro escolhe o tipo de barro. Depois, vai amassando, tirando pedregulhos que podem rachar o vaso depois de pronto.

Então vem aquele processo de ser amassado tanto por dentro como por fora: pressão dos dois lados, interna e externa. E, depois de moldado, o vaso precisa ir para o forno, para então servir ao propósito que foi pensado pelo oleiro desde o início. Em qual processo você está? O processo fere, mas o propósito cura você. Vai haver lutas, medos e inseguranças, mas também haverá a presença de Deus sustentando você todos os dias. Deus é o Oleiro, e nós, o barro.

ORAÇÃO

Senhor, eu Te agradeço pelo processo de ser moldado conforme a Tua vontade. Está sendo difícil, mas é um processo que vai me levar ao propósito que cura outras vidas. Em nome de Jesus, amém.

ANOTAÇÕES

O processo fere, mas o propósito cura você.

@josuevalandrojr

07

JUNHO

158/365

LIDERE COMO CRISTO

E quem quiser ser o primeiro deverá ser servo de todos. Pois nem mesmo o Filho do homem veio para ser servido, mas para servir e dar a sua vida em resgate por muitos.

(MARCOS 10.44-45)

Você gera Cristo nas pessoas ao seu redor? Tem discipulado alguém com seu testemunho e sua palavra, tem dedicado um tempo para orar, abençoar outros, estudar a Palavra? Hoje muito se fala em liderança, em inspirar, mas se posicionar dessa forma está sendo visto como ter um holofote, um microfone e um bom discurso. Isso não é liderar.

Liderar é lavar os pés dos seus discípulos, das pessoas que você tem inspirado, servindo a eles e vendo na vida de cada um o potencial de ir mais longe do que você. Liderar é desenvolver talentos e moldar o caráter das pessoas para estarem mais perto de Jesus. Quantos líderes hoje não corrigem, não falam o que tem que ser falado, simplesmente para não perder "seguidores". Mas liderar também é isso: saber se colocar no lugar do outro e gerar perspectiva para avanço no propósito de vida da pessoa. Um bom líder é o que faz primeiro o que deve ser feito.

Jesus é nosso maior exemplo de liderança, porque Ele Se doou, Se entregou, lavou os pés dos Seus discípulos e Se colocou como o Rei que serve. Jesus nos mostra que liderança é um exercício de humildade e abnegação. E então, o que estamos fazendo com a nossa liderança? Seja um líder como Cristo a partir de hoje, e impacte o mundo.

ORAÇÃO

Senhor, eu quero ser um líder como Jesus foi e me dedicar a ver o melhor nas pessoas, inspirando-as e servindo-as como Ele serviu. É no nome dEle que eu oro, amém.

ANOTAÇÕES

Liderar é ser exemplo de como fazer o que deve ser feito.

@josuevalandrojr

A TROCA

O homem lhe perguntou: "Qual é o seu nome?". "Jacó", respondeu ele. Então, o homem disse: "O seu nome não será mais Jacó, mas sim Israel, porque você lutou com Deus e com homens e venceu".

(GÊNESIS 32.27-28)

08
JUNHO
159/365

Você já foi chamado por algum apelido que o incomodava? Alguém já colocou em você um nome que traduz alguma reação sua, alguma característica com a qual, no fundo, você não se sente confortável? Na Bíblia, isso aconteceu com Jacó. O nome dele ficou associado ao fato de ele ter nascido segurando o calcanhar do irmão, Esaú.

O nome Jacó ficou associado a algo que doía nele: a incompreensão, a concorrência dentro de casa, os "jeitinhos" que ele deu para solucionar as coisas. Quando chegou o momento de Jacó ser abençoado em Jaboque, um anjo veio da parte de Deus para segurá-lo, e foi direto ao ponto: "Qual é mesmo o seu nome?". Ali Deus trocou o nome de Jacó para Israel. Ali sua vida mudou. É isso que Deus quer fazer com você hoje: trocar essa história de uma personalidade perdida em meio a uma história atrapalhada e abençoar você de um jeito extraordinário. Deixe de ser Jacó e se torne Israel hoje mesmo. Não viva dando "jeitinhos", não por sua força, mas pelo poder que transforma, o poder de Jesus Cristo agindo em você.

ORAÇÃO

Senhor, hoje eu quero ser chamado diante de Ti por um novo nome, que reflita meu amor por Ti e a nova vida em Cristo que tenho. Abro meu coração para ser transformado e curado. Em nome de Jesus, amém.

ANOTAÇÕES

Troque a velha identidade por uma vida íntegra diante de Deus.

@josuevalandrojr

09
JUNHO
160/365

NÃO SE FATIGUE EM BUSCA DE RIQUEZA

Não esgote as suas forças tentando ficar rico; pare de pensar nisso!

(PROVÉRBIOS 23.4)

Talvez você trabalhe muito, busque resultados, se esforce demais, tenha até mais de um emprego, ou cubra o horário de outra pessoa. Talvez você se entregue ao trabalho de uma maneira demasiada, fugindo de outras realidades na sua vida. O trabalho não deve nos levar à fadiga. Sim, todo trabalho leva ao cansaço, seja físico ou emocional. Porém, quando acabar o expediente, vamos viver a família, as coisas de Deus, uma obra social ou um esporte. Assim, o momento de fadiga no trabalho é seguido por um momento de tranquilidade e de ajuste.

O texto de hoje mostra que trabalhar demais pode ter uma motivação diferente de suprir as necessidades de casa. Ele diz: "Não esgote as suas forças tentando ficar rico". É aquela pessoa que trabalha sem intervalos, sem recompensa pessoal, e só quer enriquecer, sem pensar em mais nada.

Você tem sido atento a isso? Ou vive em um ativismo sem fim, não prestando atenção ao que é realmente valioso: sua família, sua vida com Deus, sua comunhão com os irmãos e amigos? Viver em função do dinheiro vai fazer com que ele se torne o seu deus. Você não pode servir a dois senhores. O seu descanso e lazer também são momentos de obediência ao Senhor. Reflita nisso. Que Deus abençoe sua vida.

ORAÇÃO

Senhor, eu me rendo a Ti hoje. Que o meu trabalho seja para me sustentar e Te servir, que minha motivação seja unicamente essa. Eu não sirvo às riquezas, mas ao Senhor, e quero Te agradar tanto no meu trabalho quanto no meu descanso e em outras atividades. Em nome de Jesus, amém.

ANOTAÇÕES

Descansar também é obedecer ao Senhor.

@josuevalandrojr

DECLARE VIDA!

O Filho é o resplendor da glória de Deus, a expressão exata do seu ser, e sustenta todas as coisas por sua palavra poderosa [...].

(HEBREUS 1.3)

10
JUNHO
161/365

Como o universo foi criado? Pela Palavra. Deus disse: "Haja luz", e a luz veio a existir. Que poderoso isso! Como Pedro andou sobre as águas? Pela Palavra. Jesus lhe disse: "Vem", e ele foi. Como Jesus veio a essa terra? Pela Palavra, porque Deus já havia dito através do profeta Isaías que Ele viria. Tudo é sustentado pela Palavra de Deus.

Da mesma forma, nossas palavras têm poder. Pode parecer estranho, mas há um experimento com plantas que mostra que, quando você planta uma semente e diz a ela coisas bonitas (como palavras de incentivo, carinho e amor), ela cresce mais, e se com outra semente você faz o contrário (diz palavras ruins e de desânimo), ela não cresce com tanta vida. Não é preciso ser cristão para entender isso, porque esse é um princípio criado por Deus. A palavra em nossa vida precisa ser uma declaração de fé. Muitos usam a boca para falar de problemas, para dizer que nada dá certo, que as coisas vão ficar como estão, e não lembram que há poder no que falam. Jesus é a Palavra de Deus encarnada. Mude sua declaração hoje com fé em Jesus, e peça para Ele ser exaltado através do que você fala. Creia na Palavra de Deus.

ORAÇÃO

Senhor, eu declaro vida, abundância, amor, sabedoria e paz sobre a minha casa e meu trabalho. Declaro que, da minha boca, só sairão bênçãos. Ajude-me a falar o que está no Teu coração, Senhor. Em nome de Jesus, amém.

ANOTAÇÕES

Nossas palavras têm poder.

@josuevalandrojr

11
JUNHO
162/365

NÃO ESCONDA SUAS CICATRIZES

Só ele cura os de coração quebrantado e enfaixa as suas feridas.

(SALMOS 147.3)

Você foi marcado por uma das batalhas que lutou? Tem cicatrizes que revelam a gravidade delas? Tem gente que quer esconder suas cicatrizes, talvez por ter vivido situações difíceis em termos de finanças, de saúde ou de uma vida que não tem status social. Assim, a vergonha as impede de abençoar outras vidas.

A sua vida deve refletir a glória de Deus. Pode ser que venham pessoas que façam você pensar que o que Deus já fez em sua vida não é suficiente, ou que você não faz diferença nenhuma na vida de ninguém, mas isso é mentira. A verdade do Senhor é que as suas cicatrizes servem para curar pessoas que não têm esperança. Você precisa usar suas cicatrizes para cumprir a vontade de Deus, porque Ele transforma o que foi dor para você em vida, esperança, renovo, graça e paz para os corações de outros. Muitos personagens na Palavra tiveram cicatrizes. A história deles revela que Deus está acima das feridas e faz das cicatrizes um testemunho. Tem gente que conhecerá Jesus ao ouvir sobre as batalhas que você venceu. Por isso, não esconda suas cicatrizes.

ORAÇÃO

Senhor, eu coloco a Teu serviço cada cicatriz em minha vida. Eu sei que o Senhor me guardou, curou e transformou, e peço que me use para curar outras pessoas. Em nome de Jesus, amém.

ANOTAÇÕES

@josuevalandrojr

Não esconda suas cicatrizes.

AME COM SABEDORIA

12
JUNHO
163/365

As muitas águas não podem apagar o amor, nem os rios podem levá-lo na correnteza. Se alguém oferecesse todas as riquezas de sua casa para adquirir o amor, seria totalmente desprezado.

(CANTARES 8.7)

Você acha que tem o amor que merece? E você acha que tem demonstrado o amor da maneira correta? Hoje é o Dia dos Namorados, e celebramos o amor por aquela pessoa que cativou o nosso coração. A mensagem de hoje nos lembra que, para duas pessoas estarem juntas na vida, primeiro elas precisam ser inteiras em Deus. Só Ele nos completa. Mesmo solteiros, quando estamos satisfeitos em Deus, estamos completos.

Deus não faz ninguém pela metade. Quantos casais vivem problemas no matrimônio porque querem que o outro os complete, como se faltasse algo e o outro tivesse a obrigação de cuidar disso. Lembro-me de que, no meu casamento, minha esposa fez uma coisa que mostrou seu elevado nível de amor: ela pediu a Deus que a ajudasse a me amar da maneira certa, como Deus sonhou. Que sabedoria! Para quem entendeu que amar não é sobre o "eu", mas sobre o outro, fica claro que o segredo de um relacionamento que dura é amor, oração e propósito. Ame com sabedoria!

ORAÇÃO

Senhor, ensina-me a amar com o Teu amor, e não do jeito que eu acho correto. A primeira pessoa que quero agradar é o Senhor, e não a mim mesmo ou aos outros. Em nome de Jesus, amém.

ANOTAÇÕES

O amor é um aprendizado diário.

@josuevalandrojr

13
JUNHO
164/365

FALE PARA DEUS

Lancem sobre ele toda a sua ansiedade, porque ele cuida de vocês.

(1PEDRO 5.7)

Você gosta de falar para as pessoas tudo o que está planejando para sua vida, quais serão seus próximos passos, só para ter assunto? Não consegue guardar os seus planos só para aquelas pessoas específicas que vão fazer a diferença na sua história? Deus tem pessoas certas para cada momento que vivemos. Se você tem um plano, antes de falar com alguém, precisa ter sabedoria para decidir bem com quem vai compartilhá-lo.

Que tal começar falando primeiro com Deus? Afinal, Ele conhece cada detalhe da sua vida, inclusive aquelas aspirações que você guarda no fundo do coração. Falar com Deus sobre nossos planos é um ato de confiança e entrega, reconhecendo que Ele é o melhor Conselheiro que há. Quando você escolhe compartilhar com Deus o que vai em seu coração, está colocando sua confiança no lugar certo. Ele não apenas ouve, como também orienta, corrige e fortalece sua jornada. Então lembre-se: conte seus planos primeiro para Deus.

ORAÇÃO

Senhor, quero aprender a confiar mais em Ti e compartilhar meus planos e sonhos Contigo. O melhor conselho é o Teu. Abençoa a minha vida. Em nome de Jesus, amém.

ANOTAÇÕES

O primeiro e melhor conselho sempre vem de Deus.

@josuevalandrojr

VOCÊ AMA A JESUS?

Pela terceira vez, ele lhe disse: "Simão, filho de João, você me ama?". Pedro ficou triste porque Jesus lhe perguntou pela terceira vez "Você me ama?" e lhe disse: "Senhor, tu sabes todas as coisas e sabes que te amo". Jesus lhe disse: "Cuide das minhas ovelhas".

(JOÃO 21.17)

14
JUNHO
165/365

Você já se viu questionando sua própria fé? Sente que há momentos em que falha em demonstrar seu amor por Jesus? Neste devocional, quero dizer a você que a simples pergunta do versículo de hoje pode transformar sua vida e restaurar seu compromisso com Cristo. Foi o que aconteceu com Pedro. Justo ele, que tinha negado Jesus três vezes, agora estava sendo questionado se o amor que sentia era real. E nós, como responderíamos a essa pergunta?

Às vezes, negamos Jesus em coisas do dia a dia, em atitudes, em palavras, na hora de fazer o que sabemos que Ele espera de nós, mas preferimos fazer do nosso jeito, resolver com a nossa força. Mas o amor que Jesus procura em nós não é apenas uma emoção, é um compromisso ativo que transforma falhas em posicionamentos sérios diante de Deus, para uma vida prática de fé e unidade. Talvez você esteja em um momento assim, sabendo que no fundo não foi leal, e até traiu Jesus com suas palavras e ações. Faça como Pedro: arrependa-se, arrume isso. Coloque as coisas em ordem e retome sua vida íntegra com Cristo, porque Ele ama você e nunca vai lhe dar as costas.

ORAÇÃO

Senhor, não quero viver de aparência, mas Te amar de verdade, na prática, vivendo o Teu amor. Perdoa as minhas falhas. Se tenho negado o Teu nome assim como Pedro, renova-me hoje. Em nome de Jesus, amém.

ANOTAÇÕES

Jesus ama você e nunca lhe dará as costas.

MANTENHA-SE SENSÍVEL

15
JUNHO
166/365

Não se esqueçam de fazer o bem e de compartilhar com os outros o que vocês têm, pois Deus se agrada de tais sacrifícios.

(HEBREUS 13.16)

Você já se perguntou qual é a raiz da insensibilidade que, às vezes, se espalha em nosso coração? Por que, em alguns momentos, nós nos fechamos para as necessidades alheias? Talvez você não possa ajudar alguém com dinheiro, mas ainda assim pode usar sua influência, uma oração, um abraço, uma palavra.

No texto de hoje, lemos: "não se esqueçam". Será que a sensibilidade é algo que você esquece? Precisamos ser sensíveis e generosos, pois essas são atitudes que nos fazem crescer como seres humanos. Fazer o bem não é apenas um ato exterior; é uma condição interior do coração que agrada a Deus. Fazer o bem é um exercício para impedir que as emoções atrofiem e você acabe vivendo no automático a sua vida cristã. A verdadeira empatia começa quando saímos da nossa zona de conforto e começamos a compartilhar não apenas recursos, mas também nosso tempo, nossa atenção e nosso coração. Para vencer a insensibilidade, é preciso praticar e praticar a bondade. É fácil cair no padrão materialista e egoísta do mundo, e fechar os olhos aos outros. Fuja disso, obedecendo ao Senhor. Ele lhe dirá como você deve fazer o bem em cada situação.

ORAÇÃO

Senhor, eu rejeito hoje toda forma de insensibilidade que tem se instalado em minha vida e me disponho a obedecer à Tua voz. Não me deixe ser escravo de conceitos que não condizem com o Teu amor. Em nome de Jesus, amém.

ANOTAÇÕES

Combata a insensibilidade praticando a bondade.

@josuevalandrojr

QUAL É O SEU ISAQUE?

Então, Deus disse: "Tome o seu filho, o seu único filho, Isaque, a quem você ama, e vá para a região de Moriá. Sacrifique-o ali como holocausto em um dos montes que eu lhe indicarei".

(GÊNESIS 22.2)

16
JUNHO
167/365

Você já se perguntou se os sonhos que realizou em sua vida foram verdadeiramente méritos seus ou se foram presentes que recebeu de Deus? E se o Senhor lhe pedisse para devolver esses sonhos para Ele, você faria isso? Abraão viveu essa experiência: esperou a vida toda para ter um filho e, de repente, quando Isaque já era um rapazinho (naquela fase em que você pesca com o filho e joga bola com ele), Deus pede que Abraão Lhe devolva Isaque. Lembra-se daquela canção "Tudo entregarei"? Abraão fez isso.

Isaque representava mais do que um filho na história de Abraão; ele simbolizava uma promessa de Deus, um sonho realizado. No entanto, mesmo depois de receber seu tão esperado filho, seu maior sonho, Abraão foi desafiado a abrir mão dele como prova de sua fé e obediência. Esse ato de entrega não é sobre perda, mas sobre confiança. Deus pode estar pedindo que você entregue seu Isaque para testar sua fé, para ensinar que nenhum sonho, por mais incrível que seja, deve ser maior do que o seu compromisso e confiança no Senhor. Abraão entregou Isaque, e Deus abençoou sua obediência: ele recebeu de volta infinitamente mais do que imaginava. E você, qual é o seu Isaque? Entregue-o hoje ao Senhor.

ORAÇÃO

Senhor, não há nada maior que o meu compromisso e amor por Ti. Eu Te entrego o meu Isaque, o meu sonho e a minha vida, pois confio e creio em Ti. Em nome de Jesus, amém.

ANOTAÇÕES

Hoje, entregue tudo nas mãos de Deus.

@josuevalandrojr

17
JUNHO
168/365

TENHA METAS!

Entregue ao Senhor tudo o que você faz, e os seus planos serão estabelecidos.

(PROVÉRBIOS 16.3)

Você tem se dedicado a rever as metas que estabeleceu no início do ano? Estamos em junho, e muitas vezes não vemos avanço em coisas que determinamos no início do ano. O texto de hoje nos lembra que devemos entregar ao Senhor tudo o que fazemos, e os nossos planos serão estabelecidos.

Lembra-se daquele propósito importante que você fez no início do ano? Talvez tenha mudado de ideia sobre alguns tópicos, ou pode ter mudado a maneira de ver a situação. Mas quando você deixa o que almeja nas mãos de Deus e faz tudo a partir da direção dEle, o resultado muda. Quer ter uma vida mais profunda com o Senhor, ler mais a Bíblia, aprender mais sobre Ele? Refaça suas metas e comece a cumpri-las. São pequenos hábitos e práticas diárias que trazem resultados novos e abençoados.

ORAÇÃO

Senhor, eu renovo em Ti as minhas metas para este ano. Mesmo não tendo alcançado muita coisa ainda, eu entrego a Ti tudo o que quero fazer. Em nome de Jesus, amém.

ANOTAÇÕES

Renove as suas metas hoje.

@josuevalandrojr

QUANDO NÃO ESTOU COM VONTADE

De modo que vocês não se tornem negligentes, mas imitem aqueles que, por meio da fé e da paciência, recebem a herança prometida.

(HEBREUS 6.12)

18
JUNHO
169/365

Você já se sentiu sem vontade de fazer nada? Aquele tipo de desânimo que toca você de repente, e tudo começa a parecer difícil e pesado? Como lidar com esses momentos em que até as tarefas mais simples parecem um fardo? Quando olhamos para situações difíceis, pode acontecer isso de sentirmos exaustão e desânimo.

Às vezes, olhamos para nossas responsabilidades e sentimos uma enorme falta de motivação. Todos nós enfrentamos dias em que a vontade de ficar na cama é maior do que a de levantar e enfrentar o mundo. É nesses dias que você tem que reagir, se levantar e enfrentar esse baque que vem de repente.

Na Bíblia, encontramos muitos exemplos de pessoas que, mesmo sem vontade, escolheram confiar em Deus e seguir adiante. A perseverança deles não estava baseada em sentimentos momentâneos, mas sim em uma fé sólida e paciente, que espera ativamente pelas promessas de Deus. Mesmo sem vontade, aja com fé e paciência para superar as adversidades do dia a dia. Que Deus abençoe você.

ORAÇÃO

Senhor, mesmo nos dias em que minha vontade falta, ajuda-me a me lembrar que Tua força é perfeita na minha fraqueza. Que eu possa confiar em Tuas promessas e seguir adiante, não por mim, mas pela Tua graça. Em nome de Jesus, amém.

ANOTAÇÕES

A verdadeira força surge quando seguimos adiante, mesmo sem vontade.

@josuevalandrojr

19
JUNHO
170/365

O QUE O SOFRIMENTO PRODUZIU EM VOCÊ?

[...] Neste mundo, vocês terão aflições; contudo, tenham coragem! Eu venci o mundo.

(JOÃO 16.33)

Você sabe por que está onde está hoje? Quantas coisas você viveu, não foi? Talvez você tenha passado por dores, abandono, rejeição. Contudo, quero dizer que esse sofrimento é como uma prensa que amassa a uva e a azeitona: há algo sendo produzido. Afinal, para produzir o suco da uva é necessário amassá-la, e, para produzir o azeite, é necessário prensar a azeitona.

Muitas vezes, o sofrimento é considerado algo ruim pelo qual jamais deveríamos passar. Algumas religiões dizem até que não devemos sentir nenhum sofrimento. No entanto, é através dele que podemos errar e aprender, crescer, ser firmes em nossas convicções e mostrar fidelidade ao Senhor, quando o mais fácil seria fugir e desistir.

Jesus aceitou o maior sofrimento que já existiu para que nós vivêssemos uma vida transformada nEle.

E o seu sofrimento, o que você está escolhendo fazer com ele hoje? A pessoa que você é hoje é resultado do que você tem vivido e escolhido. Você está escolhendo obedecer a Deus ou não, mesmo que não perceba. Está escolhendo agradecer ou não, fazer ou não, amar ou não, abraçar ou não. Transforme o seu sofrimento em escolhas para a glória de Deus.

ORAÇÃO

Senhor, eu sei que todo sofrimento que eu passei foi, ou por escolhas erradas que fiz, ou por motivos que não entendo. Mas eu coloco tudo isso em Tuas mãos e escolho hoje agradecer, porque o Senhor me fez crescer. Em nome de Jesus, amém.

ANOTAÇÕES

Deus nos capacita a enfrentarmos o sofrimento.

@josuevalandrojr

SOMOS CAPACITADOS PELO DEUS DA ESPERANÇA

Que o Deus da esperança os encha de toda alegria e paz por crerem nele, para que vocês transbordem na esperança e no poder do Espírito Santo. Meus irmãos, eu mesmo estou convencido de que vocês estão cheios de bondade, plenamente instruídos, e são capazes de aconselhar uns aos outros.

(ROMANOS 15.13-14)

Você já viveu dias vazios de esperança? São dias em que a alegria e a paz são as primeiras coisas que desaparecem do seu coração. Todos temos esses momentos. Onde está a sua esperança? Na fama, no trabalho, no sucesso, nos relacionamentos, nos projetos pessoais? E quando vem uma notícia que abala você, a esperança é a primeira que sai correndo? Sabe onde podemos encontrar a esperança que nos enche de alegria e paz? Só em Deus. A Bíblia ensina que Cristo em nós é a esperança do mundo.

O versículo de hoje mostra que a alegria e a paz são resultados da esperança. Então, quando você busca a Deus, que é a Esperança verdadeira, Ele o enche de paz. Paulo completa o texto dizendo que está convencido de que estamos cheios de bondade, e que fomos instruídos e capacitados a aconselhar uns aos outros. Você tem sido capaz de fazer isso? Para cumprir esse propósito na sua vida, encha-se da esperança que está em Deus. Ele é o Deus da esperança. É daí que vem sua alegria e sua paz. Que Ele abençoe você neste dia.

ORAÇÃO

Senhor, eu preciso de esperança na minha vida, e creio que a única esperança que é eterna e nunca acaba está em Ti. Enche-me de Ti hoje, Senhor. Em nome de Jesus, amém.

ANOTAÇÕES

É Deus que nos capacita a sermos alegres e cheios de paz.

@josuevalandrojr

VOCÊ É MAIS DO QUE CARNE E OSSO

21
JUNHO
172/365

[...] Assim declara o Senhor que estende o céu, assenta o alicerce da terra e forma o espírito do homem dentro dele.

(ZACARIAS 12.1)

O texto de hoje fala que Deus fez os seres humanos como seres espirituais. Ele não nos fez como uma carcaça de carne e osso que sai falando por aí. Muita gente pensa que as necessidades do ser humano são somente trabalhar, dormir, crescer, comer, se reproduzir e morrer, mas a vida vai muito além disso. Cada pessoa que Deus criou tem muito a fazer, tem um propósito a cumprir.

Não há nada mais precioso para Deus do que uma alma. Ele morreu para que as nossas almas fossem salvas, e fez isso por amor. Não há ninguém que mereça tamanho amor, mas Deus deu o Seu Filho para a salvação de muitos. O que o mundo quer colocar na nossa cabeça é que a nossa vida acaba nessa terra, que o ser humano é só corpo, e por isso somos incentivados a viver uma vida depravada, sem propósito, sem lei, sem amor e sem Deus. A pessoa que vive assim vive em um poço de infelicidade e perde a identidade vivendo ao seu bel-prazer, sem abençoar ninguém. É uma vida egoísta. Porém, a Bíblia ensina que Deus nos criou para abençoar nosso próximo, e que Ele tem propósito eterno para nossa história. Viva para Deus e cumpra seu propósito.

ORAÇÃO

Senhor, Tu és o Dono da Vida, e a minha vida está em Tuas mãos. Ensina-me a ter uma vida que tenha propósito eterno em Ti. Em nome de Jesus, amém.

ANOTAÇÕES

@josuevalandrojr

Sua vida é preciosa para Deus!

ESTRATÉGIA ENVOLVE PACIÊNCIA

Então, o Senhor disse a Josué: "Saiba que entreguei nas suas mãos Jericó, o seu rei e os seus homens de guerra. Marche uma vez ao redor da cidade, com todos os homens armados. Faça isso durante seis dias".

(JOSUÉ 6.2-3)

22
JUNHO
173/365

Você está esperando a bênção de Deus? Deus falou para você fazer algo em obediência a Ele? Josué estava diante do muro de Jericó. O povo que estava com ele tinha que ir para cima e atacar aquela enorme cidade, cujo muro era tão largo que passavam seis cavalos lado a lado em cima dele.

Deus deu uma ordem a Josué: "Vá com o povo, dê uma volta por dia ao redor do muro durante seis dias, e no sétimo você dará sete voltas, tocando a trombeta e colocando o povo para gritar". Talvez você pense: "Se Deus ia derrubar o muro, por que não derrubou logo no primeiro dia? Por que Deus não me dá a bênção no primeiro dia?". A resposta é que a estratégia do Senhor envolve paciência. Você tem que fazer certas coisas, mas tem que saber a hora certa para elas. Existem conversas difíceis que, se o caminho não for preparado para elas, tudo vai dar errado, vai ser ainda mais problemático. Pode ser uma conversa que você precisa ter com sua família, pode ser um pedido de aumento para o seu chefe. Tudo isso precisa de paciência, análise e estratégia. Deus não vai fazer no seu lugar o que Ele mandou você fazer. Você precisa obedecer a Ele com fé, sabendo que o Senhor vai derrubar o muro, mas que você vai dar as sete voltas que Ele pediu. Sua vitória depende da estratégia que Deus lhe deu.

ORAÇÃO

Senhor, eu entendo que preciso ter paciência para pôr em prática a Tua estratégia. Abro mão da minha pressa e recebo a Tua direção. Em nome de Jesus, amém.

ANOTAÇÕES

Faça a sua parte, Deus sempre fará a dEle!

@josuevalandrojr

23
JUNHO
174/365

O PÓDIO

Vocês não sabem que, de todos os que correm em uma competição, apenas um ganha o prêmio? Corram de tal modo que alcancem o prêmio.

(1CORÍNTIOS 9.24)

Você está correndo com propósito? Sua corrida reflete a disciplina de um verdadeiro atleta? Você está realmente focado no prêmio eterno? Tem muito cristão correndo a carreira cristã meio distraído, parando para ouvir conversas que não acrescentam nada e que ainda o tiram da rota. Atleta distraído não tem vez na vida cristã.

Na passagem de hoje, Paulo diz que a nossa vida é como uma corrida no estádio: cada passo é uma oportunidade para provar ao mundo nossa dedicação e compromisso com Deus. Ele usa essa metáfora para enfatizar que não estamos simplesmente em movimento. Estamos em uma competição por algo de valor eterno. Não estamos correndo em vão, em uma busca de fama, dinheiro, aplausos. Essas coisas são inúteis. Como bons atletas, somos chamados a viver nossa fé com disciplina e seriedade. Isso significa treinar nosso coração e mente, renunciando a tudo que nos impede de correr bem. Afinal, nossa corrida é espiritual, e o prêmio é incomparavelmente maior do que qualquer troféu terreno. O pódio espera por mim e por você!

ORAÇÃO

Senhor, abro mão de toda distração que tem tirado meu foco de vencer. Quero ser um atleta focado em subir no pódio daqueles que vivem por Ti. Abençoa-me! Em nome de Jesus, amém.

ANOTAÇÕES

A vitória de quem vive para Deus é certa.

O CORAÇÃO PODE ENGANAR

O coração é mais enganoso que qualquer outra coisa, e a sua doença é incurável. Quem é capaz de compreendê-lo?

(JEREMIAS 17.9)

Você conhece aquela frase: "Siga seu coração"? Pois é. Na vida, ela não funciona. Ou pior: ainda dá errado e causa problemas. A Palavra ensina que, se você está diante de uma escolha, o que precisa fazer é ouvir a voz de Deus, porque a voz do coração é enganosa. O coração um dia está bem, mas no outro pode mudar, pode ficar com dúvidas. Se a situação muda, o coração fica inseguro, com medo, não sabe o que fazer e se desespera. Mas Deus não muda, não Se desespera e muito menos é inseguro.

É muito bom sentir as coisas com o coração, mas colocar os nossos desejos acima da vontade de Deus é tolice. Se você, por exemplo, quer comer um doce de que gosta muito e então seguir seu coração, que está falando que aquilo é bom, depois você pode se arrepender e até passar mal. Hoje você precisa fazer uma revisão no seu coração. O que ele está controlando em sua vida que, na verdade, deveria estar no controle de Deus? Você pode gostar de uma coisa ou de uma pessoa, mas ela precisa passar no critério de Deus. Só então você vai colher bênção.

ORAÇÃO

Senhor, eu coloco o meu coração pronto a Te obedecer, e determino que quem está no comando da minha vida é o Senhor. Em nome de Jesus, amém.

ANOTAÇÕES

Alimente o seu espírito com a Palavra, não com o coração.

@josuevalandrojr

É HORA DE MULTIPLICAR!

25
JUNHO
176/365

Eu te conhecia de ouvir falar, mas agora os meus olhos te veem.

(JÓ 42.5)

Você já sentiu que estava perdendo tudo? Já viveu momentos em que parecia que o mundo estava contra você? E quando, mesmo em meio às adversidades, você escolheu confiar em Deus, o que aconteceu?

Jó, um homem de fé inabalável, enfrentou um dos maiores desafios que alguém poderia imaginar: perdeu todos os seus bens, família e saúde. Mas sua reação não foi de desespero ou revolta; ele escolheu confiar em Deus, dependendo completamente dEle, mesmo sem entender os porquês. Foi nesse ponto crucial que Deus iniciou um impressionante processo de restituição na vida dele. Deus não apenas restaurou o que Jó havia perdido, mas multiplicou tudo na vida dele. Jó recebeu o dobro de tudo que tinha antes: riquezas, filhos, e até mesmo seu relacionamento com a esposa foi restaurado e fortalecido. Mais importante: sua conexão espiritual com Deus foi profundamente melhorada. Ao final de sua provação, Jó entendeu que Deus tinha multiplicado também sua visão e conhecimento dEle: "Eu te conhecia de ouvir falar, mas agora os meus olhos te veem". Deus quer levar você a esse nível de relacionamento com Ele. Esse é o lugar da multiplicação, um resultado da fidelidade e temor ao Senhor.

ORAÇÃO

Senhor, ensina-me a confiar em Ti, mesmo nas adversidades. Eu sei que tudo está em Tuas mãos, e o Senhor multiplica bênçãos sobre mim. Em nome de Jesus, amém.

ANOTAÇÕES

Confie no processo de Deus. Ele restaura, multiplica e fortalece.

@josuevalandrojr

ESCREVA A VISÃO

Então, o Senhor me respondeu: "Escreva claramente a visão em tábuas, para que se leia facilmente".

(HABACUQUE 2.2)

26
JUNHO
177/365

Você já teve uma visão, um sonho ou um objetivo que sentiu que vinha diretamente de Deus? Como você respondeu a esse chamado? Habacuque nos ensina aqui um princípio fundamental: a importância de registrar por escrito a visão. Muita gente até tem a visão, mas não sabe passar adiante, não sabe explicá-la, e acaba vivendo desgastes desnecessários. Escrever a visão não é apenas uma forma de lembrar o que Deus falou; é também uma maneira de clarear os passos a serem seguidos. Quando a visão está claramente definida, aqueles que a leem podem agir rapidamente e com precisão. Isso é crucial, pois uma visão sem ação é apenas um sonho.

Registrar nossos sonhos e objetivos nos dá um roteiro a seguir e serve como um lembrete constante do propósito que buscamos. Isso também permite que outros se juntem a nós, compartilhando e apoiando a jornada, movidos pela mesma clareza e direção. Não guarde a visão só para você. Saiba transmiti-la e inspirar outros. Comunicar sua visão às pessoas faz com que elas entendam a direção que Deus está mostrando a você.

ORAÇÃO

Senhor, que eu saiba compartilhar adequadamente a visão que o Senhor tem me dado, transmitindo com responsabilidade e amor o que me foi confiado. Em nome de Jesus, amém.

ANOTAÇÕES

Uma visão clara facilita a ação rápida e eficaz.

@josuevalandrojr

27
JUNHO
178/365

QUEM ESTÁ AO SEU LADO?

Só Lucas está comigo [...].
(2TIMÓTEO 4.11)

Você já se sentiu só, mesmo cercado por muitas pessoas? Já teve aquele momento em que, nos desafios mais difíceis, todos se afastaram? Quando o apóstolo Paulo estava em sua melhor fase, muitas pessoas se associaram a ele. É o tipo de coisa que vemos sempre: as pessoas se aproximam de quem tem fama e é bem-sucedido. Mas o que acontece nos dias difíceis? Nesses dias, só os amigos leais ficam ao nosso lado.

Em sua última viagem, Paulo foi preso e entendeu que o Senhor o recolheria para Si. Naquela situação, os fãs e seguidores de Paulo se foram. Se fosse hoje, eu diria que muita gente o cancelou e parou de seguir no Instagram. Então, Paulo escreveu a Timóteo, seu discípulo querido, e lhe disse que só Lucas havia ficado com ele. Amigo de verdade é assim: ele permanece no meio das adversidades, perdas, tristezas e provações. Você pode dizer que tem sido essa pessoa para alguém, esse amigo com quem se pode contar? Reconheça aqueles que ficam ao seu lado nos dias mais difíceis. Descubra quem são os Lucas da sua vida. Valorize quem está ao seu lado nos bons e maus momentos. Isso é lealdade, e é isso que nos caracteriza como cristãos.

ORAÇÃO

Senhor, agradeço por aqueles que permaneceram ao meu lado nos momentos mais difíceis. Ajuda-me a valorizá-los e ser grato pela lealdade e apoio deles. Tu és o meu apoio. Em nome de Jesus, amém.

ANOTAÇÕES

Valorize quem permanece ao seu lado nas provações.

@josuevalandrojr

ABRA A PORTA PARA JESUS

Eis que estou à porta e bato. Se alguém ouvir a minha voz e abrir a porta, entrarei e cearei com ele, e ele, comigo.

(APOCALIPSE 3.20)

Você já foi à casa de alguém e abriu a porta sem pedir permissão? Quem faz isso é ladrão. Jesus está declarando que Ele só entra no coração de quem entende que Ele é o Senhor e o Salvador, e O recebe com honra. Jesus não entra no coração das pessoas sem que elas abram a porta para Ele.

Esse texto de Apocalipse revela muito do caráter de Jesus. Muitos hoje escutam tanto sobre Evangelho, ouvem pregação atrás de pregação, mas não estão dando o lugar de honra ao Senhor. Ele está do lado de fora do coração deles. Porém, quando você convida alguém para uma festa na sua casa, a sua preocupação é que a pessoa esteja à vontade, bem servida e tenha destaque, não é mesmo? Agora eu pergunto: e em nossas atitudes, onde temos colocado Jesus? Será que, na escolha de nosso comportamento e conversas com outras pessoas, temos envergonhado Jesus e O deixado de fora? Abra a porta do seu coração para Ele. Dê a honra devida a Jesus.

ORAÇÃO

Senhor, eu abro a porta do meu coração para Ti, porque Tu és Aquele que quero honrar em minha vida. Tens todo o meu coração e eu Te amo. Em Teu nome eu declaro, amém.

ANOTAÇÕES

Jesus tem a chave do meu coração.

@josuevalandrojr

29

JUNHO

180/365

ONDE FICA O SEU REFÚGIO?

Deus é o nosso refúgio e a nossa fortaleza; auxílio sempre presente nas adversidades.

(SALMO 46.1)

Você já se sentiu enfrentando tempestades de todos os lados? Onde você busca abrigo quando as ondas da vida ameaçam afogá-lo? Imagine uma daquelas tempestades terríveis, em que as pessoas saem correndo para achar um lugar seguro para se abrigar até o perigo passar. Na nossa vida, todo dia é assim. Onde fica o seu refúgio? Será que você tem corrido para se refugiar em bebidas e festas, no isolamento ou no ativismo? Muitas vezes, tentamos encontrar segurança em coisas tão instáveis quanto as próprias tempestades. Mas há um refúgio seguro e inabalável: Deus.

No versículo de hoje, o salmista está nos lembrando de que Deus é o nosso refúgio e fortaleza. Ele não é mera assistência ocasional, mas um socorro constante e presente, especialmente nos momentos de maior necessidade. Ele oferece um abrigo que resiste a todas as tempestades da vida, uma fortaleza que nunca é abalada, independentemente do caos ao redor. Corra para o lugar certo, para o refúgio seguro: a presença de Deus. Ali você não vai sucumbir no meio da tempestade, pois Ele está pronto a abrigá-lo hoje e sempre. Ele ama você. Deus abençoe sua vida.

ORAÇÃO

Senhor, eu quero neste momento o Teu refúgio. O Senhor é a minha fortaleza, onde me abrigo, onde estou protegido das ciladas do inimigo. Guarda-me em Ti, pois só o Senhor é o meu socorro presente na angústia. Em nome de Jesus, amém.

ANOTAÇÕES

Deus é o nosso refúgio secreto e inabalável.

@josuevalandrojr

O LUGAR CERTO

Simão Pedro lhe respondeu: "Senhor, para quem iremos? Tu tens as palavras de vida eterna".

(JOÃO 6.68)

30
JUNHO
181/365

Já se perdeu dirigindo e procurando algum endereço? Certa vez, quando muitas pessoas seguiam Jesus, Ele falou uma palavra desafiadora que fez várias delas O abandonarem e irem embora de vez. Então, Jesus perguntou aos discípulos: "Vocês querem ir embora também?". Foi quando Pedro respondeu o precioso texto que lemos hoje: "Ir para onde? Só o Senhor tem as palavras de vida eterna!".

Todos os dias, temos muitas opções para seguir na vida em vez de Jesus. O mundo oferece lugares para irmos bem na hora do culto, gente para passear conosco ou para nos visitar exatamente quando temos um compromisso que nos aproxima mais de Deus. É desafiador ter foco e determinação quando o assunto tem a ver com nosso propósito, nosso chamado e os vínculos que temos. Às vezes, vem uma sugestão para ir por outros caminhos, com a promessa de chegar mais fácil e mais rápido aonde queremos. Nessas horas, lembre-se do que Pedro respondeu: "Ir para onde? Só o Senhor tem as palavras de vida eterna!". O lugar certo para você crescer e viver em abundância é a presença de Deus. Podem lhe oferecer mil coisas, mas, longe de Jesus e Sua vontade, o fim é um só: frustração.

ORAÇÃO

Senhor, o lugar de paz é o centro da Tua vontade. Hoje abro mão do que tem me levado para longe de Ti. Eu Te entrego o que sou e me coloco em Tua presença, o único lugar seguro para mim. Em nome de Jesus, amém.

ANOTAÇÕES

Permaneça na presença de Deus diante de qualquer situação.

@josuevalandrojr

DEVOCIONAL

manhã com Deus

JULHO

01
JULHO
182/365

INQUIETUDE

Quando as minhas inquietações aumentavam no meu íntimo, o teu consolo trouxe alívio à minha alma.

(SALMOS 94.19)

Você pensa demais? Coloca muitas informações de uma vez na cabeça, e nem sabe por onde começar? É comum termos pensamentos de preocupação, seja sobre os filhos, a escola, a babá, o casamento, o evento no final de semana... isso sem falar nas contas para pagar, no presente da sogra... As coisas vão se acumulando e geralmente são informações que só ocupam espaço na nossa mente, mas não acrescentam nada. Há muita gente vivendo com insônia, ansiedade, tomando remédio para dormir, para acordar e até para ficar acordado. Tudo isso também é sinal dessa inquietude de pensamento.

No texto de hoje, vemos que o salmista entendeu que o alívio para sua alma viria de um lugar mais que especial: diretamente da presença de Deus. E você, o que está sobrecarregando seus pensamentos hoje? Você pode ter acesso a um consolo para sua alma agora, porque não há nenhuma inquietude que Jesus não possa acalmar. Deixe Deus trazer paz para sua alma.

ORAÇÃO

Senhor, eu recebo a Tua paz neste momento. Como o salmista, meu coração está agitado nesse tempo de ansiedade, mas em Ti eu encontro calma. Graças Te dou, em nome de Jesus, amém.

ANOTAÇÕES

Deus tem paz para oferecer ao seu coração.

@josuevalandrojr

SER CORRIGIDO É SER AMADO

Pois o Senhor disciplina a quem ama e castiga todo aquele a quem aceita como filho.

(HEBREUS 12.6)

Quantas vezes você já discordou do seu pai ou sua mãe sobre alguma coisa? Você já se colocou em uma zona de risco por isso? Antigamente, se o filho discordasse da mãe, primeiro ele ia ver um chinelo voando e depois ia saber quem manda na casa, porque rebeldia era identificada de longe. Hoje, muitos pais e mães têm se colocado no papel de amiguinhos do filho: o que a criança fala, eles aceitam, porque têm medo de perder a amizade. Isso vai se tornando um problema, porque o filho que não sabe ouvir um não e se submeter à autoridade do pai e da mãe vai crescer inseguro para o resto da vida, porque não saberá o que é limite e respeito.

Assim é comigo e com você diante de Deus, pois Ele corrige os filhos que ama. É comum discordarmos do Senhor, mas Ele nos ensina que é soberano e que não há como tapear Aquele que conhece as intenções do nosso coração. Muitas vezes questionamos, fazemos birra sutilmente, e isso só atrasa o nosso crescimento diante da vida. Deus vai nos corrigir sempre que necessário, porque Ele nos ama. Então, agradeça pela correção, e escolha obedecer a Ele.

ORAÇÃO

Senhor, eu Te agradeço por Tua correção em minha vida. Agradeço porque, ao ser corrigido por Ti, eu sei que me amas e me queres bem. Em nome de Jesus, amém.

ANOTAÇÕES

O verdadeiro amor corrige.

@josuevalandrojr

NÃO VIVA DE SENTIMENTOS

03
JULHO
184/365

Quem confia em si mesmo é tolo, mas quem anda segundo a sabedoria não corre perigo.

(PROVÉRBIOS 28.26)

Você confia nos seus sentimentos? Alegria, tristeza, medo, raiva: você já viveu tudo isso. Deus nos criou desta forma: seres emocionais, assim como Ele. Portanto, além de fazer parte da estrutura humana, sentir é algo bom. Nós agradamos e servimos ao Senhor com nossas emoções.

O texto de hoje mostra que o Senhor também nos criou para dominar essas emoções. Ele faz isso, e devemos imitá-Lo. Na vida, passaremos por situações que nos causarão diversos sentimentos, mas nossa postura não pode ser definida por eles. Não podemos colocar as nossas emoções como direção para nossas escolhas. Nosso coração deve estar submisso à vontade de Deus. Para dominarmos a nós mesmos, precisamos ler a Palavra, entender que nossos sentimentos são bons e que Deus Se agrada quando os colocamos no devido lugar. Hoje é dia de sentir, e é dia de entender que devemos ter as rédeas das nossas emoções controladas pelo Senhor.

ORAÇÃO

Senhor, eu deposito diante do Teu altar o meu coração e as minhas emoções, porque sei que elas podem mudar, mas o Senhor não muda. Eu me firmo em Ti, e não no que sinto. Em nome de Jesus, amém.

@josuevalandrojr

ANOTAÇÕES

Submeta seus sentimentos à vontade de Deus.

OLHOS TRANSFORMADOS

Então, Jesus lhe disse: "Porque me viu, você creu? Bem-aventurados os que não viram e creram".

(JOÃO 20.29)

Você é daqueles que precisam ver para crer? Sua visão é apenas física, ou é espiritual também? Quantas vezes Deus lhe disse algo, porém o que passou pela sua mente foi: "Sei que Deus pode fazer todas as coisas, mas não acho que Ele vá fazer isso", ou "Eu até acredito, mas quero ver"? Foi o que aconteceu com Tomé.

Quando Jesus ressuscitou e apareceu para os discípulos, Tomé não estava presente. Os demais lhe contaram o que tinha acontecido, mas ele simplesmente não acreditou; disse que só creria se visse o Senhor com os próprios olhos. Assim, quando apareceu pela segunda vez, Jesus lhe mostrou as marcas dos cravos em Suas mãos e pediu que tocasse Seu lado, onde a lança O havia rasgado. Nesse momento, Jesus falou que felizes são aqueles que, como você e eu, não O vimos com os olhos, mas cremos nEle mesmo assim. Da mesma forma, pela fé, podemos crer que Deus fará as coisas que nos prometeu em Sua Palavra. Somos bem-aventurados quando cremos no que Ele falou, apesar de ainda não vermos nada acontecer. É isso que Jesus espera de nós: olhos transformados para enxergar com fé. Então me diga: você precisa ver para crer? Veja com os olhos da fé. Creia em Deus e você verá o que Ele prometeu.

ORAÇÃO

Senhor, transforma os meus olhos em olhos da fé. Eu creio em Ti, pois as Tuas promessas são infalíveis. Em nome de Jesus, amém.

ANOTAÇÕES

Olhe com os olhos da fé, e você verá a glória de Deus.

@josuevalandrojr

05
JULHO
186/365

A BELEZA DA SIMPLICIDADE

Sei que não há nada melhor para o homem do que ser feliz e praticar o bem enquanto vive. Sei também que poder comer, beber e ser recompensado por todo o seu trabalho é um presente de Deus.

(ECLESIASTES 3.12-13)

Você já reparou que as coisas mais simples da vida são as mais difíceis de reproduzir? Por exemplo, um bom arroz e feijão de avó é uma coisa simples, mas não tem quem faça igual. Ou aquele abraço de quem amamos quando chegamos do trabalho: que coisa boa! É um simples abraço, mas carrega um aconchego, um carinho especial.

Quando entendemos que é possível ver beleza no simples, a vida muda. O dia a dia nos puxa para vermos só as obrigações, o trabalho, a luta, mas Deus reservou o desfrute dessas coisas para cada um de nós. Quem trabalha deve desfrutar da recompensa com sabedoria; o casado deve se alegrar no matrimônio, sendo agradecido e demonstrando satisfação; quem tem filhos deve amá-los e curtir a beleza do simples fato de tê-los. Não há nada melhor do que ser feliz e praticar o bem enquanto se vive, diz a Palavra, e isso é viver em simplicidade. Veja a beleza das coisas simples. Agradeça pelo copo de água que você tomou quando estava com sede. Seja grato quando olhar para seu cônjuge, pois Deus abençoou sua vida. Veja o quanto você é privilegiado por levar seu filho para a escola todo dia. Seja simples.

ORAÇÃO

Senhor, é tão maravilhoso viver Contigo! Nas coisas mais simples eu vejo beleza. O Senhor as separou para serem admiradas, e eu Te agradeço! Em nome de Jesus, amém.

@josuevalandrojr

ANOTAÇÕES

Deus Se deixa perceber nas coisas mais simples.

TALENTO É PARA SERVIR

Cada um exerça o dom que recebeu para servir aos outros, administrando fielmente a graça de Deus nas suas múltiplas formas.

(1PEDRO 4.10)

Você sabe do seu potencial? Sabe que possui talentos? E quais são eles? Mais do que saber quais talentos temos, é importante saber por que os temos. Todos os nossos talentos servem para a mesma coisa: servir aos outros.

Se você sabe que tem facilidade e gosta de cantar, escrever, criar, pintar, tocar um instrumento, cozinhar, administrar, pesquisar ou o que for, isso precisa ser aperfeiçoado com o objetivo de servir melhor ao próximo. Uma pessoa talentosa pode ser considerada alguém primordial, mas de nada serve seu talento se não for usado para fazer a diferença na vida dos outros. Muitas pessoas estão cheias de talentos, mas estão servindo à própria vontade, sem multiplicar o que receberam do Senhor. E irão prestar contas disso a Ele. Nós, porém, que somos Seus filhos, devemos fazer como diz o versículo de hoje: "administrar fielmente a graça de Deus nas suas múltiplas formas". Identifique seus talentos e abençoe a vida de alguém, pois isso agrada a Deus.

ORAÇÃO

Senhor, eu coloco todos os meus talentos à Tua disposição, para, com eles, servir o meu próximo e abençoar outras vidas. Ensina-me a lapidar o meu talento e a servir através dele. Em nome de Jesus, amém.

ANOTAÇÕES

Seus talentos são um presente de Deus!

@josuevalandrojr

07

JULHO

188/365

ORAÇÃO

Senhor, eu sei que Tu escutas o meu clamor, então apresento diante de Ti essa situação. Eu não quero viver sendo escravo de ninguém ou de situação alguma. Eu creio no Teu agir em meu favor. Em nome de Jesus, eu sou livre! Amém.

@josuevalandrojr

ATÉ QUANDO?

Então, clamamos ao Senhor, o Deus dos nossos antepassados, e o Senhor ouviu a nossa voz e viu o nosso sofrimento, a nossa fadiga e a nossa opressão.

(DEUTERONÔMIO 26.7)

Você já se fez a pergunta: "até quando"? Já esteve preso a uma situação difícil que não terminava nunca, sem saber quanto tempo iria durar? O povo de Israel estava na mesma condição. Eram escravos no Egito há 400 anos, e parecia que o sofrimento, a opressão e a falta de liberdade não acabariam nunca. Até que, finalmente, o tempo de Deus chegou, e Ele levantou Moisés para libertá-los. Observe: eles clamaram e esperaram por 400 anos! Gerações e gerações se passaram até que a oração finalmente fosse atendida — e ela foi.

Se você tem passado por situações em que parece estar preso, amarrado a uma situação de injustiça, ou sofrendo por um relacionamento que se rompeu, ou com o coração aflito por uma enfermidade ou por um familiar afastado do Senhor, talvez também esteja se perguntando "até quando". Hoje eu quero dizer que Deus está ouvindo você, mesmo que nada tenha acontecido até agora. E pode ser que ainda demore 400 anos. Mas Ele está ouvindo seu clamor. Ele quer mudar sua história, mas essa mudança só será perfeita no tempo dEle. Por isso, mesmo que seja a milésima vez, coloque sua questão diante de Deus em oração. Não desista de orar por esse assunto. Na hora certa, Ele mostrará a saída. No tempo do Senhor, o seu "até quando?" vai se transformar em "finalmente!".

ANOTAÇÕES

Deus age no tempo perfeito em nosso favor.

O REFRIGÉRIO

Restaura-me o vigor. Guia-me pelas veredas da justiça por amor do seu nome.

(SALMOS 23.3)

08
JULHO
189/365

Já pegou aquele dia de sol escaldante, em que tudo o que você quer é um cantinho fresco e uma água bem gelada? Sabe aquela sede que parece que nada resolve? E, na sua vida espiritual, já sentiu essa sede de paz, de algo mais? Esse trecho do salmo 23 me faz pensar nisso, no refrigério que a alma precisa. Será que hoje você está em um dia assim, precisando do refrigério que só Deus pode dar, daquela água fresquinha no momento certo?

Deus é o nosso Pastor cuidadoso. Ele não vai deixar você com sede — e não apenas quando está fisicamente cansado, mas quando está precisando desse refrigério espiritual. Repare que essa sede aumenta quando você está indo em uma direção errada, quando o caminho fica mais longo, o sol mais quente e o calor maior. Nessas horas, Deus vem e coloca você no caminho certo, por amor do nome dEle. Quando a vida pesa e nos sentimos drenados, é Deus quem pode trazer aquele alívio, aquela brisa que renova. Ele nos refrigera nos dias mais difíceis. Creia nisso, porque Ele ama e cuida de você.

ORAÇÃO

Senhor, minha alma está sedenta por Ti. Por amor do Teu nome, renova minhas forças e guia-me pelo caminho da justiça. Em nome de Jesus, amém.

ANOTAÇÕES

Jesus é a fonte que nos refrigera!

@josuevalandrojr

09
JULHO
190/365

HÁ ÁREAS DA SUA VIDA EM TREVAS?

Eu vim ao mundo como luz, para que todo aquele que crê em mim não permaneça nas trevas.

(JOÃO 12.46)

Às vezes, eu me assusto com o quanto as pessoas são ignorantes em relação às próprias vidas — pensam que estão fazendo sucesso, mas estão vivendo uma vida miserável. Eu conheço pessoas que ganham um bom dinheiro, têm uma casa bonita, estão sempre em viagens paradisíacas e vivem repletas de momentos agradáveis, mas seu casamento é uma tristeza, cheio de mentiras.

Porém, o que é realmente importante — o relacionamento com Deus, com a família, com os filhos — está sendo negligenciado, colocado em segundo plano. Diante disso, alguns buscam solução no cigarro, nas drogas, fora do casamento, em propostas ilícitas, em tudo — menos em Deus. Não conseguem dormir sem um copo de uísque ou qualquer coisa que supostamente preencha o vazio que têm. Então, sua vida não está nada bem! O que falta é paz. Como é possível que tudo esteja bem, se a pessoa está com a doença do pecado, tem medo da morte e não tem a salvação?

A verdade é que, sem a luz de Cristo, nada está realmente bem. Só Ele faz as coisas ficarem bem. Quando estamos com Ele, mesmo nas dificuldades, podemos dizer que Cristo é a nossa luz, e essa é a certeza de que tudo está bem e vai ficar bem.

ORAÇÃO

Senhor, entra com a Tua luz em minha vida hoje. Se há algo que Te desagrada, tira da minha vida, porque eu quero viver para a Tua glória em tudo. Em nome de Jesus, amém.

ANOTAÇÕES

Cristo é a luz que dissipa as trevas da minha vida.

@josuevalandrojr

DEUS QUER LEVAR VOCÊ ALÉM

10
JULHO
191/365

"Porque os meus pensamentos não são os pensamentos de vocês, nem os seus caminhos são os meus caminhos", declara o Senhor.

(ISAÍAS 55.8)

Como você se vê em cinco anos? E em dez? É muito tempo para planejar? E o que você está fazendo todos os dias para alcançar os seus planos? Tenho uma pergunta mais importante: será que há planos em sua vida que estão em desacordo com a vontade de Deus? Quando entregamos ao Senhor os nossos planos, estamos dizendo com essa atitude que Ele está acima de nós, que não há nada que possamos planejar sem Ele.

Se você tem um negócio para fechar, deve colocá-lo diante de Deus e pedir que Ele revele se isso Lhe agrada. Se você tem uma amizade, deve pedir que Deus alinhe esse vínculo à vontade dEle. Se você tem filhos, deve fazer o devocional diário com eles, orando e ensinando a eles o que é amar a Palavra e o Senhor.

Deus quer levar você além. Para isso, você precisa se entregar à vontade dEle. Vale a pena, pois os planos dEle para você são maiores e mais elevados do que os seus. Dê o primeiro passo para essa vida que Deus tem para você.

ORAÇÃO

Senhor, eu entrego a Ti cada plano que tenho porque sei que o Senhor tem pensamentos muito mais altos e Se agrada do meu passo de fé. Em nome de Jesus, amém.

ANOTAÇÕES

Minha atitude de fé me leva a atingir o que Deus tem para mim.

@josuevalandrojr

O DINHEIRO É SEU SENHOR?

11
JULHO
192/365

Ninguém pode servir a dois senhores, pois odiará um e amará o outro, ou se dedicará a um e desprezará o outro. Vocês não podem servir a Deus e ao dinheiro.

(MATEUS 6.24)

A quem você serve: ao dinheiro ou ao Senhor? Você acha que o dinheiro traz felicidade? Como você lida com ele: é ele quem serve você, ou você quem serve a ele? Essas perguntas mostram para onde está voltado o seu coração.

O dinheiro é uma ferramenta para cumprir o propósito que Deus colocou em sua vida. Ele não é um fim em si mesmo, mas deve ser um canal, um meio pelo qual você obtém seu sustento e abençoa as pessoas, aprendendo a multiplicar. Deus não é contra o dinheiro; o que Ele quer é o coração do ser humano.

Quem adora o dinheiro não consegue pensar além de si mesmo e seus interesses, fica sempre buscando mais e mais riquezas, não consegue se sentar e desfrutar a vida, não tem paz, não se compadece do próximo. Servir ao dinheiro não tem a ver com ser pobre ou rico, mas com a distância entre o seu coração e Deus. Que atos em sua vida demonstram que o dinheiro não tem seu coração, mas que você o usa para abençoar? Escolha servir ao Senhor e submeta o dinheiro à vontade dEle.

ORAÇÃO

Senhor, eu quero ser fiel a Ti, e não servir ao dinheiro. Tu és o meu Deus, e todos os meus recursos eu entrego a Ti. Peço sabedoria para administrar isso. Em nome de Jesus, amém.

ANOTAÇÕES

Escolha servir a Deus com tudo que Ele confiou a você.

@josuevalandrojr

TIRE A PEDRA

"Tirem a pedra", disse ele. Marta, irmã do falecido, disse: "Senhor, ele já cheira mal, pois está ali há quatro dias".

(JOÃO 11.39)

12
JULHO
193/365

Você já viveu uma situação que bloqueou a maneira como a bênção transbordava em sua vida? Já deixou de avançar e crescer por algo que aconteceu? Será que algo está parando sua caminhada — aquele projeto que não deu certo, aquela amizade que você resolveu colocar para trás, mas que antes tinha abençoado muito você? Será que um relacionamento está bloqueado por uma pedra que você colocou, pelo abraço que você preferiu não dar, pelo perdão que passou longe porque você preferiu ficar discutindo em vez de ceder?

A pedra que estava naquela tumba de Lázaro era o sinal de que tudo havia acabado. Mas uma coisa revolucionou a situação: a chegada de Jesus. A notícia do enterro tinha sido dada ao Senhor há quatro dias, mas parecia que Ele tinha Se atrasado para curar Lázaro, porque agora ele estava morto e até em decomposição. Mas Jesus nunca chega atrasado. Quando Ele chega, dá uma ordem: "Tirem a pedra". Tirar a pedra significa ter um ato de fé de tirar o que colocamos como ponto final naquela situação desesperançosa. Quando tomamos a decisão de tirá-la, Deus faz o impossível acontecer. Não sei qual pedra está bloqueando seu coração hoje, mas esta é a ordem de Jesus para você: perdoe, alinhe, ajuste a situação. Tire a pedra, e o que estava morto ressuscitará.

ORAÇÃO

Senhor, hoje eu tiro a pedra que está no caminho do milagre. Ressuscita em minha vida o que está morto. Em nome de Jesus, eu creio. Amém.

ANOTAÇÕES

Deus vai ressuscitar a paz no seu coração no dia de hoje.

@josuevalandrojr

13
JULHO
194/365

SUA CIDADE PRECISA DE VOCÊ

Porque será exercido juízo sem misericórdia sobre quem não foi misericordioso. A misericórdia triunfa sobre o juízo!

(TIAGO 2.13)

Você sabe qual é o problema da sua cidade? Talvez você tenha uma lista de coisas em mente, mas é possível resumi-la a uma coisa só: a falta de temor a Deus. O aumento da violência, do consumo de drogas tanto lícitas como ilícitas, da promiscuidade — tudo isso revela a sede de um propósito. As pessoas estão perdidas em si mesmas. Mas, afinal, o que temos para oferecer à nossa cidade? O que podemos fazer para promover mudança, para fazer a diferença?

Muitas vezes, queremos fazer justiça com as próprias mãos, mas Deus não nos chamou para apontar o dedo, e sim para oferecer misericórdia. A Igreja é o canal de bênção da sociedade! É através dela que apresentamos a nova vida com Cristo, a esperança, a bondade, o amor, a verdade. Se queremos ver transformação, precisamos começar com aquilo que Deus nos confiou: o amor que alcança, restaura e transforma. É assim que promovemos a verdadeira transformação em nossa sociedade. A misericórdia triunfa sobre o juízo.

ORAÇÃO

Senhor, eu quero ser canal da Tua misericórdia para esta geração e para minha sociedade, e, como cidadão, eu quero honrar o Teu nome. Em nome de Jesus, amém.

ANOTAÇÕES

Minha transformação é o ponto de partida para transformar a sociedade.

@josuevalandrojr

NÃO COBRE AMOR DOS OUTROS

Não devam nada a ninguém, a não ser o amor de uns pelos outros, pois aquele que ama ao seu próximo cumpriu a lei.

(ROMANOS 13.8)

Você já fez o bem e esperou algo em troca? Já fez um elogio e esperava receber outro de volta? No texto de hoje, o apóstolo Paulo mostra que não devemos cobrar amor dos outros. A marca do cristão é o amor que não espera ser recompensado. Se você presenteia alguém, a sua felicidade deve ser ver a outra pessoa feliz. Se abraça, a sua felicidade está em ver a outra pessoa se sentindo bem com esse abraço, sentindo-se acolhida, protegida e compreendida. Se a outra pessoa der algo em troca, deve ser de livre vontade, como resultado do amor.

Existem pessoas que conseguem amar os animais, as coisas, os bens, mas acham difícil amar o ser humano. No entanto, a Palavra diz que devemos amar até mesmo nossos inimigos — que certamente não nos darão nada em troca —, mostrando que o padrão de amor que Deus espera de nós é impossível de ser alcançado, a não ser que o façamos pelo Espírito Santo. E, mesmo sendo algo tão difícil, todos precisam muito de amor! O amor liberta. Olhe para dentro de você e pense: o que você precisa fazer para amar mais hoje?

ORAÇÃO

Senhor, ensina-me a amar mais. Que o meu coração esteja disposto e aberto para fazer o melhor para Ti, incluindo amar os meus inimigos. Em nome de Jesus eu oro, amém.

ANOTAÇÕES

Ame com o amor que Deus faz transbordar de seu coração.

@josuevalandrojr

PACIÊNCIA: O ESPÍRITO QUE JAMAIS DESISTE

15
JULHO
196/365

Com toda humildade e mansidão; com paciência, suportando uns aos outros com amor.

(EFÉSIOS 4.2)

Você tem sido uma pessoa paciente? Humildade e mansidão são características de pessoas cheias do Espírito Santo. Quanta gente se desgasta em relacionamentos porque não consegue ser paciente, não consegue viver em paz, mansidão e humildade, muito menos dar suporte e apoio aos outros em dias difíceis. Muitos estão cansados e adoecidos emocionalmente porque estão cativos de situações assim.

A impaciência tem lugar no seu coração? Tem gente que chega a pedir para morrer, porque alimenta sentimentos tóxicos, sem perceber que o fruto da impaciência gera conflitos e dissabores na vida. O texto de hoje é um alerta do apóstolo Paulo, lembrando que Deus quer que vivamos em paciência — o termo original em grego quer dizer: "o espírito que jamais desiste, e, porque aguarda até as últimas consequências, chega à recompensa". Há muita coisa na minha vida que estou esperando com paciência. E você? Seja na vida pessoal, no ministério, em todas as áreas, peça a Deus que lhe dê essa virtude. Ele é a fonte da paciência, humildade e mansidão.

ORAÇÃO

Senhor, enche o meu coração com a paciência e o amor que vêm de Ti. Quero ter sabedoria em saber o tempo de cada coisa, para dar apoio aos meus irmãos em Cristo. É em nome dEle que oro. Amém.

ANOTAÇÕES

A paciência é a marca da persistência.

@josuevalandrojr

O MÉDICO VEIO PARA OS DOENTES

Ouvindo isso, Jesus disse: "Não são os que têm saúde que precisam de médico, mas sim os doentes".

(MATEUS 9.12)

Você busca o médico quando sente algo estranho ou diferente na sua saúde? Você procura alguém especializado para lhe trazer o diagnóstico, a explicação do que está sentindo? O primeiro passo para tratar uma doença é reconhecer que você não está bem, e o próximo é ir para o médico. Tem muita gente que não liga se está com dor, não quer tratar, prefere ficar como está. E isso também acontece na vida espiritual.

Jesus é o Médico dos médicos. Ele está pronto para atender a quem clamar, a quem percebe o pecado em sua vida e sabe que precisa da cura que vem dEle. O Senhor veio para os que estão doentes espiritualmente. Os fariseus pensavam que sabiam tudo, se julgavam justos, e então Jesus disse essa frase: "Eu vim para os doentes". Para quem reconhece que está doente, Jesus está pronto a curar, a trazer o alívio para a alma, e a vivificar nosso espírito nEle. O nosso coração precisa da cura que só Jesus tem para dar. Precisamos reconhecer que só Ele é o Médico para qualquer situação, só Ele é o Senhor da Vida e que traz a cura para nossas almas.

ORAÇÃO

Senhor, eu reconheço quem Tu és: o Médico dos médicos, e eu preciso de Ti. Entra na minha vida, no meu coração, e cura-me, passa sobre mim o Teu remédio, que limpa e cura. Em Teu nome eu oro, amém.

ANOTAÇÕES

Reconheça que Jesus é o Médico dos médicos em sua vida.

@josuevalandrojr

17

JULHO

198/365

O RIO DA VIDA

Então, o anjo me mostrou o rio da água da vida que, claro como cristal, fluía do trono de Deus e do Cordeiro.

(APOCALIPSE 22.1)

Você já viu um rio com água cristalina? É uma coisa linda, que brilha quando o sol bate e traz refrigério para todos os que bebem dele. Quando você tem sede, entende a importância de beber dessa água limpinha e doce. Porém, em nossa cidade, vejo rios contaminados com esgoto e dejetos. Sua água não é mais potável, não podemos bebê-la, ela não serve para saciar a nossa sede. O mundo é como esses rios contaminados.

Muita coisa no mundo é oferecida a nós como uma água que mata a sede, mas está desprovida de temor a Deus, cheia de ambições egoístas, inversão de valores, vícios e promiscuidade; o que acontece quando bebemos desse rio é que, em vez de matar a sede, ele produz em nós uma alma doente e desidratada. Só Jesus é o rio da Vida. No texto de hoje, vemos o relato do Céu, quando o apóstolo João teve a visão do trono de Deus. Lá ele viu sair desse trono o rio da Água da Vida, claro como cristal e que vinha do Cordeiro de Deus. Jesus é a água que sacia nossa sede para sempre. Beba dessa água hoje.

ORAÇÃO

Senhor, eu tenho sede de Ti. O mundo não pode me oferecer água limpa e que me satisfaz. Eu creio que Tu, Jesus, és a fonte de água viva, e o Teu rio passa em minha vida hoje. Em Teu nome eu oro, amém.

ANOTAÇÕES

Beba do Rio da Vida. Tenha vida em Jesus!

@josuevalandrojr

ACHADO POR DEUS

Porque assim diz o Soberano Senhor: "Eu mesmo buscarei as minhas ovelhas e delas cuidarei".

(EZEQUIEL 34.11)

Onde você é achado? Você tem estado em lugares em que a presença de Deus é identificada como o centro, ou está sendo encontrado em lugares distantes dEle? Se você está longe do Senhor, quero dizer que Ele irá encontrá-lo, tanto para salvá-lo como para corrigi-lo. O texto de hoje fala que o Senhor busca suas ovelhas para cuidar delas, e cuidar envolve corrigir aquelas que fogem do rebanho. Temos de prestar contas a Deus sobre a forma como vivemos.

Sabe quando você mora com seus pais e eles podem chegar em casa a qualquer momento? Você precisa estar sempre pronto para encontrá-los. Deus quer encontrar a mim e a você preparados para Ele. Quer que nós estejamos sempre conectados ao que Ele falou, praticando Sua Palavra. Seu coração deve estar constantemente ligado aos Céus, sem ficar dando bola para o papo do Inimigo, com distrações ou conversas que desagradam ao Senhor. O que o Diabo mais quer é jogar distrações, para que nosso coração desfoque do essencial — é uma picuinha aqui, uma porfia ali, uma desunião que só é atraso de vida —, mas hoje é o dia de ser achado por Deus de modo pronto e conectado a Ele e Sua Palavra. Você está pronto para encontrá-Lo?

ORAÇÃO

Senhor, eu Te consagro o meu coração. Quero ser achado por Ti pronto e conectado à Tua Palavra, sem distrações. Eu aprendi essa palavra de hoje e quero colocá-la em prática. Em nome de Jesus, amém.

ANOTAÇÕES

Esteja pronto para ser achado por Deus.

@josuevalandrojr

19
JULHO
200/365

QUE SABOR TÊM AS SUAS PALAVRAS?

A resposta calma desvia a fúria, mas a palavra ríspida desperta a ira.

(PROVÉRBIOS 15.1)

Você é daquelas pessoas que "bateu, levou"? Você é alguém que vive com um comportamento reativo, que não sabe controlar suas emoções e que sempre rebate se alguém é arrogante com você? Se você é humilhado ou se sente agredido, nem quer saber: a pessoa fez assim e precisa receber na mesma moeda? A nossa boca fala do que o coração está cheio, e, se estamos cheios de amargura, cheios de azedume, então é isso que vai sair de nós.

Se a vida fosse feita desse tipo de justiça, então nós nem deveríamos estar aqui, pois temos errado muito, tanto contra os outros como contra Deus. E se achamos que não erramos com ninguém, só isso já mostra que somos mentirosos. Já passou da hora de entendermos que, para amadurecer, precisamos dominar nossas emoções através do Espírito Santo, porque por nós mesmos isso não é possível. Precisamos entender que somos os primeiros a precisar do perdão de Deus, para não sofrermos Sua ira. Precisamos ter um coração humilde e amar as pessoas. Responder com calma quando alguém nos maltrata é resultado de um coração em paz.

ORAÇÃO

Senhor, em Ti eu tenho paz e sei que as minhas respostas ao que acontece comigo começam dentro de mim. Se há algo que Te desagrada, se estou sendo uma pessoa reativa, peço que o Senhor me transforme. Em nome de Jesus, amém.

ANOTAÇÕES

O Espírito Santo me capacita a dominar minhas palavras e emoções.

@josuevalandrojr

JARDIM SECRETO

20

JULHO

201/365

Mas, quando você orar, vá para o seu quarto, feche a porta e ore ao seu Pai, que está em secreto. Então, o seu Pai, que vê em secreto, o recompensará.

(MATEUS 6.6)

Você já se sentiu rodeado de vozes, de sons vindos de todos os lugares em sua mente? Fiz uma pergunta estranha, não foi? O que quero dizer é que, em nossa mente, muitas vozes falam: a voz da preocupação, a voz do medo, da raiva, da ansiedade. E também a voz da alegria, das responsabilidades, dos deveres com a família. Às vezes, temos tantas vozes na cabeça que a última coisa que queremos no fim do dia é falar com alguém, e muitas vezes não queremos nem falar com Deus.

O nosso maior inimigo somos nós mesmos. Quando nossa cabeça está cheia, o coração fica inquieto e é difícil entender que falar com Deus deve ser a primeira coisa da nossa lista do dia. A prioridade tem que ser Deus, e o nosso jardim secreto, o jardim da oração, é o lugar em que nós regamos as sementes que ouvimos na Palavra com lágrimas diante de Deus. O que é secreto não é para ser falado para todo mundo. Jesus nos ensina que devemos escolher um ambiente, um tempo, e termos um momento com Deus. O Senhor quer recompensar você publicamente, mas você precisa entrar nesse lugar secreto e regar seu jardim.

ORAÇÃO

Senhor, meu jardim secreto é estar Contigo. Eu separo este tempo agora e apresento a Ti a minha vida, porque Tu és meu maior prazer. Eu oro em nome de Jesus. Amém.

ANOTAÇÕES

O melhor momento do dia é quando você fala com o Senhor.

@josuevalandrojr

21
JULHO
202/365

ABANDONANDO A FÉ

O Espírito diz claramente que, nos últimos tempos, alguns abandonarão a fé e seguirão espíritos enganadores e doutrinas de demônios.

(1TIMÓTEO 4.1)

Você sabe o que é apostasia? É o esfriamento da fé, que gera rebelião e abandono de Deus. É quando uma pessoa renuncia à sua fé ou se desvia dela, e passa a viver uma indiferença, uma frieza para com o Senhor. Essa frieza começa dentro do coração e logo se espalha para a mente, tornando a pessoa uma verdadeira pedra de gelo para tudo que se refere a Ele. A apostasia congela as emoções, congela a alma, o raciocínio, a vida, porque congela o que de mais especial alguém tem: a fé que agrada a Deus. Isso acontece quando a pressão aumenta, os desentendimentos acontecem, a incompreensão se estabelece, ou mesmo quando os motivos que fazem uma pessoa estar firme no Senhor se perdem, porque ela se deixa levar pelas banalidades da vida ou se afoga em emoções confusas, e fica ouvindo doutrinas estranhas, conversas que não levam a nada. É como um furo em um cano, por onde vai escoar toda a água.

Sua fé não pode estar firmada em pessoas, que decepcionam; nem em conversas, que machucam; nem em situações, que provocam tristeza. Sua fé precisa estar em Jesus, o Autor e Consumador da fé. A Bíblia é clara em dizer que muitos esfriarão no final dos tempos. Saia desse tipo de engano. Se alguém feriu você, libere perdão e retome sua posição firme em Cristo. A apostasia não vai achar lugar no coração de quem coloca sua fé na pessoa certa: Jesus.

ORAÇÃO

Senhor, fortalece minha fé e ajuda-me a discernir entre a verdade e o engano. Que eu permaneça firme em Ti, em nome de Jesus, amém.

ANOTAÇÕES

A fé em Cristo nos aquece e fortalece em dias de frieza.

@josuevalandrojr

JESUS CONHECE AS SUAS DORES

Certamente ele tomou sobre si as nossas enfermidades e sobre si levou as nossas doenças; contudo, nós o consideramos castigado por Deus, atingido por Deus e afligido.

(ISAÍAS 53.4)

Você já se sentiu sozinho em seu sofrimento, como se ninguém pudesse entendê-lo? Já questionou se Deus realmente Se importa com o que você está passando? É nessas horas que encontramos conforto no fato de que Jesus conhece e compartilha nossas dores. Jesus não apenas olha a sua dor e fica contemplando — Ele tomou sobre Si as nossas dores, como diz o texto de hoje.

O nível de compaixão que Deus tem por você vai além da empatia, do entendimento. Ele sofreu a sua e a minha dor. Deus não está longe e desinteressado, Ele está com você no exato momento em que lê estas palavras. Ele toma as suas lágrimas e toda a sua dor e sabe da sua luta e seu sofrimento. No dia da dor, o conselho amigo e a direção a seguir não vêm de pessoas, e sim do alto, do coração de Deus, porque Ele conhece cada situação que passamos. Qual é a sua dor? Deus a conhece e está pronto a ouvir e intervir, para louvor da glória dEle. Portanto, não se deixe abater, mas entregue a Ele todo sofrimento. Que Ele abençoe sua vida.

ORAÇÃO

Senhor, eu não estou sozinho em minhas dores. Tu conheces cada lágrima e cada momento de sofrimento. Ajuda-me a lembrar que estás comigo, levando minhas cargas e oferecendo Teu consolo. Em nome de Jesus, amém.

ANOTAÇÕES

Deus está presente para trazer consolo e paz.

@josuevalandrojr

23

JULHO

204/365

O CRENTE-GANGORRA

[...] aquele que duvida é semelhante à onda do mar, levada e agitada pelo vento. Portanto, não pense tal pessoa que receberá coisa alguma do Senhor, uma vez que tem mente dividida e é instável em tudo o que faz.

(TIAGO 1.6-8)

Já viu uma pessoa que, de manhã, acredita em tudo e, de noite, não acredita em nada? No domingo, está cheia do Espírito, mas, na segunda-feira, parece que nunca esteve com Jesus? Num dia promete; no dia seguinte, descumpre? Ela crê, só que não. É comprometida, mas não a chame para nada. Quer sua visita, mas não dá o endereço. Gosta da Bíblia, mas segue o horóscopo. Tem fé, mas, na provação, quer acender uma vela. Como assim?

O crente-gangorra não sustenta sua opinião porque seu centro não é a Palavra de Deus. Ele é volúvel. Se todos vão para um lado, por que ele não iria? Se todos fazem uma coisa, qual é o problema de ele fazer também? O texto de hoje alerta que oscilar na fé não é uma coisa que agrada a Deus. Quando duvidamos, nossas orações ficam pendentes de resposta e toda bênção fica retida. Por quê? Porque ser crente-gangorra é viver uma fé superficial, que não se aprofunda, nem se firma em verdades sólidas. Decida abrir mão desse padrão superficial hoje. Determine que sua posição é Jesus Cristo, sua fé é inegociável e seu destino é o Céu. Viva na certeza, e não na gangorra.

ORAÇÃO

Senhor, ajuda-me a ser firme e constante em minha fé. Que eu não seja como uma onda do mar, oscilando ao sabor dos ventos, mas que eu esteja ancorado em Ti, seguro em Tuas promessas. Em nome de Jesus, amém.

ANOTAÇÕES

Posicione-se em Jesus e abra mão dos padrões que não agradam a Deus.

A VERDADE FAZ TODA A DIFERENÇA

Então, conhecerão a verdade, e a verdade os libertará.

(JOÃO 8.32)

Você já viu alguém contar uma mentira, e depois precisar contar outra e mais outra para encobrir a primeira? Por outro lado, já experimentou a sensação de leveza de falar e ouvir a verdade plena? A verdade liberta, diz o texto de hoje. E o contrário disso é indiscutível: a mentira aprisiona. Quanta gente está presa nas teias da mentira, porque se enrolou tanto nela que agora não sabe mais como sair! Alguns acham que dar um jeitinho resolve e fazem disso sua regra de vida: estão magoados, mas dizem que está tudo bem; estão desocupados, mas dizem que não têm tempo de ler a Bíblia e orar; estão comprometidos com alguém, mas agem como se não estivessem; não têm alguma coisa, mas diz que têm. Isso não tem cabimento na vida do cristão sério. Tem gente que se acostuma a não falar a verdade, seja por medo, por comodidade ou apenas por hábito. Mas a verdade não é apenas um conceito ou uma ideia; é uma força libertadora que nos faz sair das correntes do engano e da ignorância. Deus ama a verdade.

Viver na verdade nos permite encarar o mundo e a nós mesmos sem ilusões. A verdade nos fortalece para enfrentar desafios e tomar decisões baseadas na realidade, não em fantasias, não em mentiras que contamos para nós mesmos e para os outros. A verdade de Cristo nos liberta do peso do pecado e da condenação, abrindo caminho para uma vida plena e autêntica. Conheça e viva essa verdade que liberta!

ORAÇÃO

Senhor, quero viver na Tua verdade todos os dias. Quero ser livre das amarras do engano, e que a verdade da Tua Palavra guie cada passo meu. Em nome de Jesus, amém.

ANOTAÇÕES

Livre-se da mentira e faça a diferença ao viver a verdade.

@josuevalandrojr

APRENDA COM QUEM APRENDE

25
JULHO
206/365

O Soberano Senhor deu-me uma língua instruída, para conhecer a palavra que sustém o cansado. Ele me acorda manhã após manhã, desperta o meu ouvido para escutar como alguém que está sendo ensinado.

(ISAÍAS 50.4)

Você já refletiu sobre o quanto podemos aprender com aqueles que estão aprendendo? Já percebeu como é enriquecedor estar sempre aberto a novas perspectivas, independentemente da sua experiência? E então, você está pronto para absorver e aprender com os outros, não importa a posição ou autoridade da pessoa? Tem gente que acha que já sabe de tudo, que não precisa aprender. É nesse ponto que a pessoa estaciona e não cresce mais.

Isaías nos mostra um belo exemplo de humildade e aprendizado contínuo: Deus o despertava toda manhã para ouvir e aprender, como fazem os estudantes. Isso nos faz pensar em como é bom aprender logo pela manhã. Será que você acorda de manhã e já corre para o celular, ou tem um momento com o seu Deus, para agradecer por mais um dia, para respirar fundo, para se encher do Espírito logo cedo? Escolha quem irá ensinar você. Escolha o Senhor como seu professor, além de pessoas comprometidas com o Reino, que estão prontas não somente a ensinar, mas também a aprender.

ORAÇÃO

Senhor, abre meus ouvidos e meu coração todos os dias para aprender com aqueles que Te amam e andam Contigo. Que a humildade e a sabedoria sejam presentes em minha vida. Em nome de Jesus, amém.

@josuevalandrojr

ANOTAÇÕES

Quem está pronto a aprender tem muito a ensinar.

PLANTADOS NA CASA DO SENHOR

Mesmo na velhice darão fruto, permanecerão viçosos e verdejantes.

(SALMOS 92.14)

Você já viu uma daquelas árvores centenárias que, apesar de serem tão antigas, ainda parecem viçosas e são, de fato, um marco na história de quem está à volta delas? A cada ano que passa, essas árvores crescem em diâmetro, e vão tendo mais e mais camadas de casca, que a protegem e fortalecem.

Hoje é o Dia dos Avós — essas pessoas que carregam uma parte da nossa história e que são a raiz da nossa existência. Por causa dos avós, existem os pais; por causa dos pais, existem os filhos; e, por causa deles, os netos. Como é importante saber dedicar tempo aos mais velhos, aos mais maduros, e ouvir seu ponto de vista! Muitas pessoas querem ouvir os idosos, mas logo ficam impacientes, porque eles parecem falar devagar demais e contar detalhes que poderiam ser dispensados. Porém, a verdade é que os mais velhos têm tanto para ensinar que muitas vezes falta tempo para isso. Aprenda a ouvir seus avós e os mais velhos, porque as histórias que eles contam não são apenas histórias, e sim referências para que você avance com cada vez mais sabedoria e possa ter uma jornada feliz. Um dia, quem vai contar suas histórias é você. Que Deus abençoe sua vida.

ORAÇÃO

Senhor, eu quero ser um bom ouvinte e valorizar cada palavra dos mais idosos. Quero atentar para a sabedoria deles e saber cuidar deles, honrá-los e amá-los, assim como, um dia, eu quero ser amado na minha velhice. Em nome de Jesus, amém.

ANOTAÇÕES

Honre seus avós e os mais velhos, pois eles ainda são árvores frutíferas para Deus.

@josuevalandrojr

27
JULHO
208/365

APARÊNCIAS ENGANAM

Filhinhos, não amemos de palavra nem da boca para fora, mas em ação e em verdade.

(1JOÃO 3.18)

Você já se pegou falando mais do que fazendo? Já notou como é fácil dizer que ama alguém, sem colocar esse amor em prática? Como podemos garantir que nosso amor não seja apenas uma questão de aparência? Muita gente fala que ama você, mas, no dia em que você mais precisa, a pessoa não estende a mão, não sofre a sua dor, não se coloca ao seu lado.

No texto de hoje, o apóstolo João nos adverte sobre a facilidade de nos escondermos atrás de palavras bonitas, sem que haja ações verdadeiras que as sustentem. Este versículo nos desafia a ir além das aparências e a demonstrar nosso amor com atitudes concretas e genuínas. Amar de verdade significa envolver-se, fazer sacrifícios e estar presente. Não se trata apenas de dizer o que sentimos, mas de mostrar, por meio de nossas ações, que o amor é real. Esse tipo de amor requer esforço e dedicação, e reflete a essência do amor que Deus tem por nós. Não se guie pela aparência, mas ame de verdade. Que o amor de Deus seja presente em sua vida e flua através de você de forma real.

ORAÇÃO

Senhor, ajuda-me a amar não apenas com palavras, mas com atos e verdade. Que o meu amor seja uma prova viva de Tua presença em mim, pois o amor verdadeiro não é só de aparência. Em nome de Jesus, amém.

ANOTAÇÕES

Ame com verdade e de verdade.

@josuevalandrojr

EXCLUSIVOS

Vocês, porém, são geração eleita, reino de sacerdotes, nação santa, povo que pertence a Deus, para anunciar as grandezas daquele que os chamou das trevas para a sua maravilhosa luz.

(1PEDRO 2.9)

Já viu uma pessoa que é representante exclusiva de uma marca? Ela só veste aquela marca, só usa aquele perfume que representa, aquela camisa, aquele boné. Não usa nada que seja de marca concorrente. Da mesma forma, quando a Bíblia diz que somos povo exclusivo de Deus, isso nos faz pensar se estamos mesmo representando o nosso Deus.

A marca que representamos não é uma marca humana qualquer, não é de uma empresa. É uma representação muito além disso. E essa exclusividade não quer dizer que devemos nos achar superiores aos demais, como se fôssemos uma elite. Tem a ver com a responsabilidade de viver refletindo o caráter e as grandezas de Deus ao mundo. Ser o povo exclusivo de Deus significa que fomos escolhidos para anunciar Sua verdade e amor, vivendo de maneira santa e diferenciada, não para nos glorificar, mas para glorificar Aquele que nos chamou. Suas práticas têm refletido a luz ou as trevas? Você está representando o Reino, está sendo reconhecido assim? Você pertence exclusivamente a Deus. Lembre-se disso na próxima atitude que tiver.

ORAÇÃO

Senhor, hoje entendo que sou exclusivo para Ti. Quero refletir Tua santidade, Teu amor e Tua grandeza ao meu redor. Que eu viva para Tua glória, em nome de Jesus, amém.

ANOTAÇÕES

Sua vida reflete Aquele a quem você representa.

@josuevalandrojr

29

JULHO

210/365

QUEM É DEUS?

Antes de nascerem os montes e de criares a terra e o mundo, de eternidade a eternidade tu és Deus.

(SALMOS 90.2)

Como você explicaria quem é Deus? Você diria que Ele é o Todo-Poderoso, o Deus que criou todas as coisas, que está acima de tudo e que não pode habitar em templos feitos por mãos humanas? Diria que Ele é a razão de você existir, Aquele em quem você confia e em quem sua alma se deleita?

Para muitos, Deus é uma ideia, algo solto, uma força — essas explicações não têm lógica. Quem Deus é para você reflete a maneira como você enxerga tudo. Afinal, ao reconhecer quem Ele é, você pode saber quem você mesmo é nEle. Deus nos chama de alvos de Seu amor. Somos feitura dEle, fomos feitos novas criaturas em Jesus Cristo, Seu Filho, Aquele que tem poder de ressuscitar os mortos. E a parte mais incrível é que você se torna semelhante a quem você adora. Deus é o grande Eu Sou, é Senhor e Rei, é Deus. Deus é Deus. Adore somente ao Senhor, pois Ele é o único Deus.

ORAÇÃO

Senhor, eu reconheço que Tu és Deus, e estás acima de tudo e de todos. Eu encontro minha identidade em Ti, porque o Senhor é meu Deus. Em nome de Jesus, amém.

ANOTAÇÕES

@josuevalandrojr

Saiba quem é Deus na sua vida.

VIVENDO A ACELERAÇÃO

A mão do Senhor veio sobre Elias, e ele, prendendo a capa com o cinto, correu à frente de Acabe por todo o caminho até Jezreel.

(1REIS 18.46)

30

JULHO

211/365

Você já tentou correr mais rápido do que um carro? Se você tentar e correr com força, até consegue ultrapassar um carro a 20 quilômetros por hora, mas não vai conseguir manter isso por muito tempo, pois o corpo tem variações de desempenho nesse trajeto. O profeta Elias viveu uma situação assim no texto de hoje. O rei Acabe desprezava a Deus e já fazia três anos e meio que não chovia em Israel, porque Deus tinha dito que esse seria o castigo do povo, que idolatrava Baal, o falso deus da chuva. Até que chegou o dia em que Deus, o verdadeiro Deus da chuva, disse que voltaria a chover.

Em seguida, quando Elias disse para Acabe: "Rei, prepare-se! Deus falou que vai chover", ele acrescentou: "É bom você ir para casa com seu carro, porque vai ser chuva mesmo!". Elias começou a correr, e veja o que aconteceu: ele correu mais rápido do que o carro do rei. Quando Deus abre uma situação na sua vida, mesmo que pareça que você vai ser deixado para trás, Ele vai acelerar seu passo para que você avance mais do que jamais imaginou. Se algo em sua vida está parado há anos, prepare-se para acelerar sua corrida, porque bênçãos irão chover sobre você a partir de hoje. Deus abençoe sua vida.

ORAÇÃO

Senhor, eu confio que há poder em Teu nome para me fazer correr além dos carros de quem não Te teme. A partir de hoje, eu viverei a aceleração através da fé. Em nome de Jesus, amém.

ANOTAÇÕES

Prepare-se! Deus vai acelerar sua vida para que você atinja o propósito dEle.

@josuevalandrojr

31
JULHO
212/365

DEFINA O ADVERSÁRIO

Pois a nossa luta não é contra sangue e carne, mas contra os poderes e as autoridades, contra os dominadores deste mundo de trevas e contra as forças espirituais do mal nas regiões celestiais.

(EFÉSIOS 6.12)

Já observou quanto tempo e emoções você gasta com coisas que não têm nada a ver com sua vida? Será que seu dia hoje é cheio de ações voltadas para o seu propósito, para o que Deus tem para você? Muita gente luta contra aquele parente que discorda de uma opinião, que não estabelece limites no tom de voz para responder aos questionamentos, e, por fim, encerra o relacionamento com esse parente, ou perde tempo com causas que só roubam tempo e motivação.

Hoje é dia de entender o que Paulo está dizendo aos efésios: a nossa luta não está baseada no que vemos. Temos armas de guerra que podem ser usadas espiritualmente na autoridade do nome de Jesus, porque Ele conquistou na Cruz isso para nós. Ele tem todo o poder dado entre os homens, no Céu, na terra e debaixo da terra. Como você vai ficar discutindo com quem não entende nada disso? Use com sabedoria suas armas. Seus adversários não são pessoas, mas o Inimigo e o pecado. Deus não nos criou para ficarmos enganados e reagindo com emoções a batalhas, mas para vencer nossas lutas com eficiência e foco. Defina e vença seu verdadeiro adversário!

ORAÇÃO

Senhor, eu decido hoje identificar meu inimigo não pelo que eu acho, mas pelo que a Tua Palavra me dá como discernimento. Ajuda-me a usar as armas corretas para as lutas corretas. Em nome de Jesus, amém.

ANOTAÇÕES

Vença em nome de Jesus, lute com fé e com sabedoria.

@josuevalandrojr

“

AMAR DE VERDADE
SIGNIFICA
ENVOLVER-SE,
FAZER SACRIFÍCIOS
E ESTAR PRESENTE.

”

DEVOCIONAL

manhã com Deus

AGOSTO

01

AGOSTO

213/365

DO IMPOSSÍVEL DA DOR AO POSSÍVEL DA MISSÃO

Dentro do peixe, Jonas orou ao Senhor, o seu Deus.

(JONAS 2.1)

Alguma vez você esteve em uma situação insuportável, uma situação em que ninguém conseguiu ajudar você? Jonas esteve. Ele ficou no fundo do mar, literalmente. Quem ouviria os gritos dele ali, quem o ajudaria? Nesse contexto, ele falou com a pessoa certa: Deus.

Há impossíveis na nossa vida que podem se tornar possíveis. Naquele momento, Jonas estava em uma situação impossível, sofrendo no ventre de um grande peixe, e ninguém poderia tirá-lo de lá. Mas Deus o salvou, e então Jonas foi cumprir a missão que o Senhor tinha definido para ele: pregar em Nínive. Ele saiu do fundo do mar, de uma dor impossível de resolver, para cumprir uma missão que parecia impossível de cumprir, mas que foi possível, porque Deus o capacitou. É isso que acontece na nossa vida. Deus tem uma missão para você e para mim, e ela pode parecer impossível. Mas o Deus do impossível está lhe dizendo hoje: "Saia do fundo do mar e cumpra o que eu tenho para você". E então, qual é a sua missão?

ORAÇÃO

Senhor, muitas situações impossíveis aos olhos humanos tentam me prender, mas hoje eu declaro que estou saindo do fundo do mar para cumprir o meu propósito. Eu creio no Teu livramento e direção. Em nome de Jesus, amém.

ANOTAÇÕES

Deus capacita você para cumprir a missão que Ele lhe deu.

@josuevalandrojr

A MAIOR DEMONSTRAÇÃO DE AMOR

02

AGOSTO

214/365

Mas nisto Deus demonstra o seu amor por nós: Cristo morreu em nosso lugar, apesar de sermos pecadores.

(ROMANOS 5.8)

Você já se perguntou qual é o verdadeiro significado do amor? O que realmente significa sacrificar-se por alguém? Afinal, como podemos viver esse tipo de amor no nosso dia a dia? O texto de hoje nos fala sobre a maior demonstração de amor da História: Jesus Cristo deu Sua própria vida por nós. Esse ato não foi apenas um gesto de amor; foi o padrão supremo, mostrando até onde o amor pode ir.

Cristo não morreu por pessoas perfeitas ou porque tivéssemos algo especial para oferecer em troca. Ele morreu por nós quando éramos ainda pecadores, demonstrando um amor totalmente sacrificial e incondicional. Deus é amor. Ele nos ama. Nada pode nos separar desse amor mais poderoso do que tudo, o amor que cumpre tudo o que diz em Sua Palavra. O ser humano tem o anseio de ser amado e tem sede de Deus, então precisamos anunciar essa mensagem de amor e vida para todas as pessoas.

ORAÇÃO

Senhor, eu quero viver profundamente o Teu amor, e amar as pessoas como o Senhor me amou. Quero cumprir os propósitos que o Senhor tem para mim. Em nome de Jesus, amém.

ANOTAÇÕES

Deus é amor, e Ele ama você.

@josueevalandrojr

03
AGOSTO
215/365

É DEUS QUEM DETERMINA A SAÍDA

Pela fé, Noé, divinamente instruído acerca de acontecimentos que ainda não se viam e sendo temente a Deus, aparelhou uma arca para a salvação de sua casa; pela qual condenou o mundo e se tornou herdeiro da justiça que vem da fé.

(HEBREUS 11.7, ARA)

Você já se sentiu cercado por circunstâncias sem saída? Já pensou em desistir quando tudo parecia incerto? Como você tem respondido quando Deus pede obediência sem explicações detalhadas? Como obedecer a Deus sem entender os motivos?

Quando estamos em um lugar e não sabemos onde fica a saída, começamos a procurá-la. O mesmo acontece em nossa vida, mas Deus já tem a saída: obedecê-Lo. Quando disse para Noé construir a arca, Ele já tinha o plano em mente. Noé só precisava obedecer. Todo mundo estava dizendo que Noé era doido por construir um barco, pois naquela terra nunca havia chovido, mas ele continuou, perseverou, apenas seguiu as instruções. Se Deus lhe deu uma direção, é isso que você tem que fazer, essa é a saída. Assim como Noé, devemos crer que Deus é quem define os tempos e as saídas. Ele vê o que não vemos e nos guia na direção certa. Nossa parte é obedecer, mesmo sem entender completamente, pois a verdadeira fé não exige explicações, apenas confiança.

ORAÇÃO

Senhor, eu confio no Teu tempo e na Tua direção. Quero Te obedecer, mesmo sem compreender o que está acontecendo, porque a saída está em Tuas mãos. Em nome de Jesus, amém!

ANOTAÇÕES

@josuevalandrojr

Deus já preparou a saída para você.

MIGALHAS OU ABUNDÂNCIA?

O ladrão vem apenas para roubar, matar e destruir; eu vim para que tenham vida e a tenham plenamente.

(JOÃO 10.10)

04
AGOSTO
216/365

Você já se contentou com pouco quando poderia ter muito mais? Já se pegou aceitando migalhas, sendo que Deus oferece abundância? Será que você tem perdido bênçãos e está sofrendo porque não entende o que está acontecendo? Há uma grande diferença entre o ladrão e o proprietário, entre as migalhas e a abundância.

O ladrão representa as forças do mal, as circunstâncias da vida que tentam nos diminuir, tentam tirar a nossa alegria, a nossa paz e até a nossa essência. Porém, o Dono da Vida é Jesus, e Ele prometeu algo totalmente oposto: vida abundante, plena de significado e propósito não uma existência limitada a sobras e migalhas. E então, você tem vivido migalhas ou abundância? Perda ou transbordamento? Deus não chamou você para ser um sobrevivente, mas um canal de bênçãos na sua família, na igreja, no trabalho, nos relacionamentos. Chega de migalhas, hoje Deus convida você a andar com o Dono e Autor da Vida abundante. Adeus, migalhas!

ORAÇÃO

Senhor Jesus, hoje eu Te convido a entrar em meu coração e fazer morada nele com abundância, porque Tu és o Autor da Vida. Quero cear Contigo em uma mesa farta de bênçãos. Não quero viver de migalhas. Em Teu nome eu oro, amém.

ANOTAÇÕES

Minha vida é abundante em Cristo.

@josuevalandrair

05

AGOSTO

217/365

EXPRESSE GENTILEZA

Sejam bondosos e compassivos uns para com os outros, perdoando se mutuamente, como Deus os perdoou em Cristo.

(EFÉSIOS 4.32)

Você já se viu em situações de grande pressão, nas quais manter a calma e ser gentil parecia quase fora de cogitação? Por outro lado, já notou que, mesmo sob estresse, a gentileza pode transformar completamente uma interação? Portanto, a pergunta é: como podemos cultivar essa gentileza que reflete o amor de Cristo em qualquer situação?

No texto de hoje, o apóstolo Paulo nos encoraja a deixar que nossa gentileza seja evidente para todos. Isso significa que, independentemente das circunstâncias ou de como os outros nos tratam, devemos escolher responder com gentileza. Este é um testemunho poderoso do caráter de Cristo em nós, especialmente em momentos de tensão ou conflito. "Ah, mas eu tenho que ser firme!", você pode argumentar. Ser firme não é ser grosseiro. Praticar a gentileza não é apenas uma questão de boas maneiras, é uma escolha que pode ter um impacto profundo tanto em sua vida quanto na das pessoas ao seu redor. A gentileza constrói pontes, promove a paz e reflete o amor de Deus em nós. E então, como anda sua gentileza?

ORAÇÃO

Senhor, diante de situações desafiadoras e desgastantes, quero ser gentil e demonstrar a Tua paz e o Teu amor, e assim Te honrar. Em nome de Jesus, amém.

ANOTAÇÕES

Gentileza é a prática de quem vive o amor de Deus.

@josuevalandrojr

ACIMA DE TODOS

Pois do Senhor é o reino; ele governa as nações.

(SALMOS 22.28)

06

AGOSTO

218/365

Você já se sentiu oprimido pelos desafios da vida, como se estivessem acima da sua capacidade de enfrentá-los? No entanto, já parou para pensar sobre quem realmente tem o controle sobre todas as coisas? No texto de hoje, Davi mostra sua confiança na soberania do Senhor. Saul estava sempre perseguindo-o, querendo encontrar uma falha sua, tirá-lo de cena. Mas Davi se mantinha posicionado em Deus, porque tinha entendido a verdade de que Ele é quem governa.

Deus é soberano sobre todas as nações, todos os poderes e todas as circunstâncias. Nada está acima dEle, nem mesmo os problemas que parecem insuperáveis. Quando você vive com essa certeza em mente, não há situação social, política, familiar, relacional, o que for, que tire você do centro da vontade de Deus. Tranquilize o seu coração hoje. Deus é capaz de transformar situações, mover corações e dirigir o curso da História segundo o Seu bom propósito. Ele cuida de você e lhe dá paz diante de circunstâncias que você não pode mudar, e, quando nada muda, Ele muda você — e para melhor.

ORAÇÃO

Senhor, eu reconheço que, acima das situações que não posso mudar, o Senhor tem a soberania. Eu Te entrego o controle da minha vida, em nome de Jesus. Amém.

ANOTAÇÕES

Nenhuma situação está acima do poder de Deus.

@josuevaliandrojr

07

AGOSTO

219/365

O PERDÃO É A CHAVE DA DEVOÇÃO

Pois os olhos do Senhor estão atentos sobre toda a terra para fortalecer aqueles que lhe dedicam totalmente o coração [...].

(2CRÔNICAS 16.9)

A devoção pode transformar a vida de alguém? Sim, a dedicação integral ao Senhor é o que realmente nos fortalece, diz o versículo de hoje. Não é a força do nosso braço que nos dá a vitória, nem mesmo os energéticos que muitos tomam para ficar "ligados" e fortes diante de problemas e enfrentamentos, mas o apego a Deus.

Então, se a devoção ao Senhor é o que nos dá força, precisamos saber o que ela é. E a principal característica dessa consagração a Deus é o perdão. Muitos estão presos em mágoas do passado, enfraquecidos pelo que já passou. A pessoa que pecou já morreu há anos, mas a outra não consegue perdoá-la! Tem gente que escolhe ficar calada, fazer tratamento de silêncio com o cônjuge, e está destruindo o casamento com essa brincadeira de distância. Deus quer alinhar isso na sua vida. Não tem como você ter devoção a Ele, orar, ter uma vida cheia de graça e piedade, mas viver de cara feia, brigado com alguém, guardando mágoas. Perdão e devoção andam de mãos dadas. Devoção é entrega a Deus. É reconhecer que Ele está sobre todas as coisas e O adorar com um coração quebrantado de verdade, um coração perdoador. O Senhor quer fortalecer a sua vida, e a devoção é a chave desse fortalecimento.

ORAÇÃO

Senhor, eu Te dedico inteiramente meu coração neste momento e abro mão de tudo que me prende para não viver o Teu plano. Em nome de Jesus, amém.

ANOTAÇÕES

Dedique-se a Deus de todo coração.

@josuevalandrojr

TEIMOSIA OU PERSEVERANÇA?

Dediquem-se à oração, vigiando por meio dela com ações de graças.

(COLOSSENSES 4.2)

08

AGOSTO

220/365

Você já se perguntou se está sendo teimoso ou perseverante diante de uma situação difícil? Como podemos discernir entre persistir com sabedoria ou insistir em um assunto com obstinação? O texto de hoje mostra o apóstolo Paulo orientando os colossenses a se dedicarem à oração, e isso com uma atitude de gratidão. Muitas vezes, a gente ora e pede uma coisa a Deus, mas depois desiste daquilo ou até esquece. E então, quando, de repente, recebemos a resposta, esquecemos de agradecer.

Há pessoas que confundem perseverar em oração com serem teimosos e ficarem pedindo a Deus algo que Ele já determinou que não é o melhor. Você fica ali, insistindo para o Senhor fazer acontecer alguma coisa, pedindo, pedindo e achando que está perseverando, mas, na verdade, está sendo teimoso. A única forma de saber o que é perseverança e o que é teimosia é orar, pedindo sabedoria a Deus. Só então você poderá pedir o que Deus quer que você receba, e Ele dará. Ao receber discernimento de Deus, persevere em oração, mas não seja teimoso em querer o que Ele não preparou para você. Deixe a teimosia de lado e ore segundo a vontade de Deus.

ORAÇÃO

Senhor, quero orar segundo a Tua vontade. Não quero receber na minha vida o que não veio das Tuas mãos. Que eu tenha sabedoria em pedir e gratidão ao receber. Em nome de Jesus, amém.

ANOTAÇÕES

Persevere em orar segundo a vontade de Deus.

@josuevalandrojr

09
AGOSTO
221/365

O EXEMPLO DE UM PAI

[...] Eu e a minha casa serviremos ao Senhor.

(JOSUÉ 24.15, ARA)

Hoje é Dia dos Pais. Você já parou para pensar no impacto que um homem tem na vida de seu filho ou filha? Já pensou que os ensinamentos e o exemplo dele podem preparar a criança para enfrentar o mundo? Por sua vez, o mundo tenta, a todo custo, enfraquecer esse vínculo essencial, não é mesmo? Pense na vida de Davi e seu relacionamento com Salomão, por exemplo. Entre os aprendizados que fizeram de Salomão o sábio que foi, tenho certeza de que estavam também as lições aprendidas com os erros de seu pai, Davi.

Todo pai quer acertar e fazer o melhor. E todos nós queremos isso: passar um legado para os nossos filhos. Essa transmissão de sabedoria e fé é um tesouro que o mundo tenta desvalorizar, descaracterizando a essência da família, tentando nos dizer que nada disso é necessário. Eu tive o privilégio de ter um pai que foi exemplo para mim, e quero ser exemplo para os meus filhos a cada dia — exemplo inclusive de saber pedir perdão quando erro, de voltar atrás, de não ter medo de ser vulnerável. Quero ser exemplo de caráter, de verdade, de relacionamento com Deus. É grande a responsabilidade de um pai. Que Deus lhe dê sabedoria para desempenhar bem esse privilégio, e para saber mostrar gratidão no dia de hoje pelo pai que você teve ou tem. Seja você o exemplo.

ORAÇÃO

Senhor, graças Te dou pela vida do meu pai. Ele foi escolhido por Ti para moldar meu interior e fazer de mim quem sou hoje, e por isso eu Te agradeço. Eu creio no Teu amor e cuidado para comigo. Que eu seja um exemplo. Em nome de Jesus, amém.

ANOTAÇÕES

Seja o exemplo que quer ver nas pessoas.

@josuevalandrojr

ESTAMOS EM OBRAS!

Cria em mim um coração puro, ó Deus, e renova dentro de mim um espírito estável.

(SALMOS 51.10)

Você já viu uma reforma? É poeira para todo lado, tapumes, coisas fora do lugar. E na sua vida, alguma vez você já se sentiu assim, como se tudo estivesse sendo reformado? Nas obras públicas ou comerciais, geralmente se coloca placas dizendo: “Desculpe o transtorno, estamos em obras!”. Sempre queremos que a reforma acabe logo, mas há um cronograma a ser seguido. Na nossa vida, é assim também. Deus está nos alinhando, ajustando, fazendo um trabalho de construção.

Davi pediu a Deus que criasse nele um coração puro e renovasse um espírito estável. Ele pediu para ser restaurado e renovado. Ele não quis só um ajuste, mas pediu para o Senhor criar nele um coração puro, renovar seu espírito. Você já pediu isso a Deus? Certamente seu coração precisa de uma reforma geral, para tirar as impurezas e deixar um interior alinhado à vontade de Deus. Deixe Deus fazer essa obra em sua vida. Ele quer tirar o que é velho, o que paralisa e prende você, e criar uma vida abundante, nova, cheia de paz. Deixe o Espírito Santo agir em sua história.

ORAÇÃO

Senhor, renova-me, pois eu não quero ser diferente do Teu querer. Quero refletir a Tua glória. Em nome de Jesus, amém.

ANOTAÇÕES

Deus está construindo uma vida plena em você.

@josuevalandrojr

11
AGOSTO
223/365

TEMOS UM ADVOGADO

Meus filhinhos, escrevo-lhes estas coisas para que vocês não pequem. Mas, se alguém pecar, temos Advogado junto ao Pai, Jesus Cristo, o Justo.

(1JOÃO 2.1, NAA)

Você já se sentiu acusado e precisando de um advogado? Já esteve em alguma situação em que era preciso alguém que entendesse da lei para fazer sua defesa diante de uma causa inesperada? Só quem já precisou de um advogado sabe o valor dele. Mais que ter um advogado, porém, é fundamental ter um advogado competente, que não apenas entende a lei, mas sabe expor os fatos e resolver a questão apropriadamente diante do juiz.

Quando o ser humano pecou, ele foi condenado. Não tinha saída de jeito nenhum. Então Jesus veio e morreu em nosso lugar, e por isso somos agora justificados nEle diante de Deus. E o que acontece quando pecamos novamente? A Bíblia diz que temos um Advogado para entrar em nossa defesa no mundo espiritual. O nosso Advogado é o Justo, é o Único, é Cristo. Não há outro para nos salvar, só Ele preenche todos os requisitos da justiça divina. Se você tem se sentido sozinho, acusado, desamparado, injustiçado, a boa notícia é essa: você tem um Advogado diante de Deus. Conte tudo a Ele, exponha sua causa. Ele já é vitorioso, nunca perdeu causa alguma, nem perderá, e nos representa diante de Deus. É essa segurança que temos de andar em fé e firmeza nEle.

ORAÇÃO

Senhor, graças eu Te dou por Jesus Cristo, meu Advogado fiel e justo, que não me deixará ser prisioneiro do pecado, pois o Seu favor e graça me alcançaram. Em nome dEle eu oro, amém.

ANOTAÇÕES

Jesus Cristo nos justifica, por isso somos livres nEle.

@josuevalandrojr

O RENOVO DE CADA MANHÃ

[...] pois as suas misericórdias são inesgotáveis. Renovam-se cada manhã; grande é a sua fidelidade!

(LAMENTAÇÕES 3.22-23)

12
AGOSTO
224/365

Você já comeu algum alimento amanhecido, isto é, que estava bom no dia anterior, mas, na manhã seguinte, já não está mais? As misericórdias que Deus tem para você são novas a cada manhã, diz o texto de hoje. Realmente Deus dá algo novo para você a cada dia: Ele não trata de questões de hoje considerando o que você fez ontem. Deus tem bênçãos novinhas para você a cada manhã.

Será que você está vivendo hoje o que aconteceu ontem, sem perceber que Ele já lhe enviou algo novo assim que o dia amanheceu? Não importa os desafios que aconteceram com você ontem, as misericórdias do Senhor o alcançam a cada dia. Elas o alcançam, não pelo que aconteceu ontem, mas pelo hoje que Ele preparou para você. Então, deixe para trás as falhas e os pesos do passado, e avance com esperança e confiança nEle! Cada amanhecer é um lembrete do cuidado constante de Deus e de Sua promessa de prover tudo de que você precisa para enfrentar o hoje.

ORAÇÃO

Senhor, hoje Tu me dás a oportunidade de experimentar a Tua misericórdia e graça. Sou grato por este dia e por tudo o que o Senhor tem me proporcionado. Em nome de Jesus, amém.

ANOTAÇÕES

Receba o renovo que Deus lhe oferece a cada manhã.

@josuevalandro jr

ORAÇÃO NÃO É SENTIMENTO

13
AGOSTO
225/365

Vigiem e orem para que não caiam em tentação. O espírito está pronto, mas a carne é fraca.

(MATEUS 26.41)

A oração é primordial em sua vida? Ou você ora apenas aqueles cinco minutos antes de dormir, já sonolento, e nem sabe se está pedindo ou agradecendo? Que importância a oração tem na sua vida? Você pode dizer: "Ah, pastor, mas eu não sinto vontade de orar!". Se você se mover por sentimentos e vontades para fazer as coisas, não irá se desenvolver, amadurecer e crescer diante das situações. Quem ora aumenta sua comunhão com Deus. Tem gente que começa a orar e dorme, mas podemos experimentar o fato de que, ao orar, estamos nos alinhando a Deus para trazer à Terra o que já é realidade nos Céus.

A oração é uma arma poderosa contra as astutas ciladas do Inimigo. Ela respalda você. É possível orar em todo lugar, a todo momento. Daniel estava continuamente em oração em uma terra de idolatria, a Babilônia, mas, mesmo assim, orava três vezes ao dia, e fez isso até morrer. Uma vida de oração é uma vida de intimidade com Deus. Faça da oração seu melhor momento do dia.

ORAÇÃO

Senhor, eu amo falar Contigo. A Tua Palavra é fiel, e o Senhor fala comigo e guia a minha vida enquanto oro. Orar não é um sentimento, é minha escolha. Em nome de Jesus, amém.

ANOTAÇÕES

A oração é a arma do cristão — use-a diariamente para vencer o mal!

@josuevalandrojr

QUANTO VALE A SUA VIDA?

Pois que adianta ao homem ganhar o mundo inteiro e perder a sua vida?

(MARCOS 8.36)

Você já se pegou correndo atrás do vento, investindo em coisas que, no final, se mostraram vazias? Quantas vezes já caiu em ilusões que prometem muito, mas entregam pouco? Como podemos identificar e nos desviar das armadilhas que o mundo prepara para nós?

O mundo está cheio de atrativos: sucesso, riqueza, reconhecimento. Tudo isso parece bom à primeira vista, mas muitas vezes nos desvia do que realmente importa. E então, quando paramos para pensar, percebemos que estamos apenas acumulando vazios. A busca incessante por essas coisas pode parecer gratificante, mas nos afasta de uma vida verdadeiramente rica e significativa. Não podemos cair no jogo de apenas acumular mais e mais, sem propósito, pois a plenitude não é encontrada nos prazeres passageiros, e sim naquilo que é eterno. O relacionamento profundo e genuíno com Deus é o nosso maior tesouro, é Jesus é o nosso bem mais precioso. Lembre-se: sua vida custou muito caro para Ele, e a vida eterna agora é sua por causa dEle.

ORAÇÃO

Senhor, minha vida é preciosa diante de Ti. Vale a pena viver por Ti e sei que a vida eterna me foi dada por Jesus Cristo. Eu Te agradeço por me salvar. Em nome dEle eu oro, amém.

ANOTAÇÕES

Jesus é o meu maior tesouro.

@josuevalandrojr

15
AGOSTO
227/365

HONRA A QUEM TEM HONRA

Deem a cada um o que lhe é devido: se imposto, imposto; se tributo, tributo; se temor, temor; se honra, honra.

(ROMANOS 13.7)

Como você honra as autoridades? Você sabe como tratar com respeito a seu pai, sua mãe, seu professor, seu chefe, seu irmão, sua família? Como está a prática da honra em sua vida? A Palavra de Deus é completa, e estabelece que precisamos entregar o que é devido a cada pessoa.

Muitas vezes, o que é valorizado neste mundo é a desonra, a rebeldia e o desrespeito ao que foi ensinado pelos mais velhos. Por causa disso, vemos crescer uma sociedade sem identidade e sem propósito. A mentira da desonra está sendo aclamada como algo bom, mas quem vive na verdade sabe que são os frutos da obediência que trazem vida. O ato de dar ao governo o que tem que ser dado, de dar temor a quem é devido e honra a quem tem honra revela que, primeiro, sabemos agradecer por tudo que aprendemos, e, segundo, cumprimos o que é justo. Honrar é obedecer ao Senhor. Então, hoje mesmo, faça a sua análise, honre a Deus e dê honra a quem é devido.

ORAÇÃO

Senhor, eu Te honro não só com os meus bens, mas com a minha vida. Ensina-me a praticar o que é justo e a honrar quem é digno de honra. Em nome de Jesus, amém.

ANOTAÇÕES

A honra é um traço de caráter. Quem sabe honrar é honrado.

@josuevalandrojr

SEJA APROVADO POR DEUS

Pelo contrário, falamos como homens a quem Deus aprovou e confiou o evangelho, não para agradar às pessoas, mas a Deus, que prova o nosso coração.

(1TESSALONICENSES 2.4)

16
AGOSTO
228/365

Você precisa que os outros o aprovem para, só então, obedecer a Deus? Se você estiver em uma rodinha de amigos e, de repente, o pessoal começar com conversa fiada, palavrão e ideias que vão contra os princípios de Deus, qual vai ser a sua atitude: ser aprovado por eles ou agir de modo a ser aprovado por Deus?

A verdade é que a pressão social costuma tirar o sentido da obediência a Deus. Isso acontece quando os costumes são mais importantes para você do que o Senhor. Estabelecer limites para a influência dos outros em sua vida determina se você serve a Ele de verdade ou não. Você está disposto a perder seu cargo ou sua reputação com seus amigos por amor ao Senhor? Muitas vezes, somos motivo de chacota e até mesmo considerados bobos, quadrados e antiquados por sermos cristãos. Talvez você esteja passando por isso agora mesmo. Porém, quando essas pessoas que riem de você precisarem de oração e apoio, sabe quem elas irão chamar? Você. Muitos que hoje o diminuem irão procurá-lo para obter ajuda. Portanto, desde já, lembre-se: quem tem que aprovar você é Deus. Que Ele abençoe sua vida.

ORAÇÃO

Senhor, eu escolho agradar a Ti. Usa-me para ser bênção na vida das pessoas. Tua aprovação é o que importa para mim. Em nome de Jesus, amém.

ANOTAÇÕES

Eu vivo para agradar a Deus.

17
AGOSTO
229/365

O FÔLEGO

Então, o Senhor Deus formou o homem do pó da terra e soprou lhe nas narinas o fôlego de vida, e o ser humano se tornou um ser vivente.

(GÊNESIS 2.7)

Você já se sentiu sufocado e sem ar, tamanha a angústia que sentia? Já viveu um momento em que lhe restava somente esperar o pior acontecer, porque todas as expectativas já tinham sido frustradas? Talvez tenha sido um diagnóstico terminal, um negócio em que você foi traído, uma amizade que acabou sem explicação. O que tem tirado o seu fôlego?

A Palavra diz que Deus soprou o fôlego de vida sobre o homem, e então ele se tornou alma vivente. Deus é a Fonte da Vida, é Aquele que não tapa os ouvidos quando precisamos gritar por socorro ou quando nem conseguimos mais encontrar forças para clamar. Deus é quem lhe dá o fôlego hoje. O fôlego de que você precisa não é o dinheiro, as amizades, a empresa, a família. Nos momentos de dificuldade, nos damos conta de que nada disso é realmente o que dá vida, mas somente Deus. Reconheça hoje que o seu fôlego vem dEle, coloque sua fé nEle, e o ar virá. Ele é fiel, e cumpre o que promete. Às vezes, o que você precisa é entregar o controle ao Senhor e respirar.

ORAÇÃO

Senhor, Tu és Aquele que sopra a vida dentro de mim. Eu recebo do Teu sopro, que me renova, e declaro que o controle da minha vida está em Tuas mãos. Em nome de Jesus, amém.

ANOTAÇÕES

Respire fundo e adore ao Deus que lhe deu vida!

@josuevalandrojr

O NAUFRÁGIO

Agora, porém, recomendo que tenham coragem, pois nenhum de vocês perderá a vida; somente o navio será destruído.

(ATOS 27.22)

18
AGOSTO
230/365

Já sofreu uma perda em sua vida que você sabia que ia acontecer, mas, por causa da teimosia dos outros, você e eles sofreram? Paulo viveu essa experiência. Na ocasião, ele estava como prisioneiro em um navio e disse para o centurião responsável por sua prisão que não seguisse viagem, pois estava vindo uma tempestade. Contudo, o centurião decidiu escutar o capitão do navio em vez dele.

A tempestade veio mesmo, e durou vários dias. Todos já estavam sem esperança, mas uma orientação de Paulo os surpreendeu: "Agora, porém, recomendo que tenham coragem, pois nenhum de vocês perderá a vida; somente o navio será destruído". Mais uma vez, Paulo declarou o que o Senhor tinha determinado, e foi o que aconteceu: mesmo em meio a uma tempestade e sabendo que um naufrágio aconteceria, Paulo teve fé e obedeceu. Há momentos em que o que temos é só uma orientação de Deus, pois ao nosso redor tudo está a ponto de naufragar. Lembre-se: a Palavra dEle é o suficiente, e Ele determina que ninguém morrerá, mas que a nossa fé e obediência serão como testemunho diante das pessoas, para que o nome dEle seja glorificado.

ORAÇÃO

Senhor, porque Tu estás comigo, eu sei que vou sobreviver a qualquer tempestade. O Teu propósito em mim se cumprirá, em nome de Jesus, amém.

ANOTAÇÕES

Deus me livra em meio às tempestades da vida.

@josuevalandrojr

19

AGOSTO

231/365

VERDADE OU MENTIRA?

A serpente disse à mulher: "Certamente não morrerão!".

(GÊNESIS 3.4)

O que é a verdade e o que é a mentira? Hoje, muitos falam que a verdade é relativa, que não existe certo e errado, que isso é coisa do passado. Mas quem fala algo assim não está nem pensando no que diz. Nada se sustenta sem que a verdade seja a base. No texto de hoje, vemos que a serpente disse claramente uma mentira. Ali, o Inimigo de Deus, através da serpente, estava dizendo a Adão e Eva que a verdade divina era relativa e que, se eles pecassem, nada aconteceria, eles não morreriam. Então, o casal permitiu que a dúvida entrasse em seu coração e escolheu comer do fruto. Assim, pecaram e morreram espiritualmente. Que tragédia!

É isso que acontece hoje. O mundo nos diz que podemos fazer o que bem entendermos, porque as consequências para o pecado não existem, nada vai acontecer e ninguém será prejudicado — afinal, é só uma olhadinha, só um pecadinho, só uma mentirinha. Assim, a dúvida encontra uma brecha. Será que você está dando ouvidos a distorções? É hora de aniquilar o papo furado com o Diabo e o pecado, e cortar o mal pela raiz. Escolha a verdade.

ORAÇÃO

Senhor, o que a Tua Palavra diz é a verdade na minha vida. Eu aniquilo toda mentira do Inimigo, e repreendo todo pensamento contrário à Tua voz. Em nome de Jesus, amém.

ANOTAÇÕES

A verdade é o que Deus diz.

@josuevalandrojr

PRATIQUE A BONDADE

20
AGOSTO
232/365

Jesus disse: "Pai, perdoa-lhes, pois não sabem o que fazem". Então, dividiram as roupas dele, lançando sortes.

(LUCAS 23.34)

Você ama a bondade? Gosta de fazer o bem para as pessoas? E para quem o ofende, ou diz que não gosta de você? Como você reage nesses casos: fazendo o bem ou devolvendo na mesma moeda?

O Evangelho não é sobre você fazer o que quer, e a bondade não se restringe a quem lhe faz o bem. Jesus, quando estava a ponto de morrer na Cruz, intercedeu pelos que não mereciam o Seu perdão: "Pai, perdoa-lhes, pois não sabem o que fazem". Será que nós conseguimos fazer o mesmo? Será que, se formos caluniados, zombados e humilhados pelos outros, e depois essas mesmas pessoas vierem pedir algo para nós, a capacidade de servir ainda fluiria de nosso coração? Será que, se fôssemos traídos, conseguiríamos pedir sinceramente que o Senhor perdoasse os que nos traíram, pois nós mesmos já os perdoamos? Praticar a bondade causa um impacto tão maravilhoso em sua vida que você colhe essa medida de misericórdia nas situações que vive depois. Você se coloca fora da responsabilidade da vingança e responde com amor ao mal que recebeu. Você está pronto para viver esse nível de bondade?

ORAÇÃO

Senhor, eu quero ser como Jesus. Quero ser bondoso até com quem não merece. Ensina-me como ter um coração como o Teu. Em nome de Jesus, amém.

ANOTAÇÕES

A bondade é a marca do cristão.

@josuevalandrojr

21
AGOSTO
233/365

ALIMENTE-SE!

Assim, quer vocês comam, quer bebam, quer façam qualquer outra coisa, façam tudo para a glória de Deus.

(1CORÍNTIOS 10.31)

Como tem sido a sua alimentação? Você é daqueles que separam a marmita, que gostam de já deixar tudo organizado no início da semana? Ou você prefere preparar tudo na hora e comer aquela comida cheirosa? A maneira como você prepara seu alimento para o corpo é muito importante, mas como você está preparando o alimento para a sua alma e espírito?

Muitas pessoas gostam de se organizar em relação ao corpo, mas esquecem de estudar algo produtivo, não querem se desenvolver em conhecimento, não querem estudar e usar esse conhecimento como ferramenta. Outros não cuidam do alimento espiritual, e até estudam e se alimentam bem fisicamente, mas não leem a Bíblia, não oram, e depois não entendem por que não se sentem felizes! A vida humana não é feita de uma só área. Somos um espírito que possui uma alma e mora em um corpo, e precisamos alimentar cada uma dessas áreas. Coma de maneira saudável, escolha conteúdos que acrescentam ao seu intelecto e emoções, e principalmente, priorize seu espírito e seu relacionamento com Deus. Isso é alimentação saudável!

ORAÇÃO

Senhor, quero me alimentar da Tua Palavra. Sei que é importante cuidar do físico e do emocional, mas sei que a fonte principal de sustento é o Teu Espírito. Abençoa-me, em nome de Jesus. Amém.

ANOTAÇÕES

Tudo que faço é para a glória de Deus.

@josuevalandrojr

FIQUE FIRME

Moisés respondeu ao povo: "Não tenham medo. Fiquem firmes e vejam o livramento que o Senhor trará hoje, porque nunca mais vocês verão os egípcios que hoje veem".

(ÊXODO 14.13)

22
AGOSTO
234/365

Você já percebeu que os momentos mais desafiadores são aqueles em que Deus Se manifesta com grande poder, e nós ficamos abismados com o que Ele faz? E você já se perguntou por que, às vezes, as circunstâncias parecem piorar justamente quando você está buscando um avanço? Como podemos nos preparar para o milagre que está por vir, mesmo quando enfrentamos oposição? Há situações que parecem surgir exatamente quando uma coisa incrível está para acontecer. É aquele momento em que você estava esperando o melhor, mas surge uma dificuldade.

Foi o que aconteceu ao povo de Israel: eles estavam diante do mar Vermelho, e os egípcios se aproximavam rapidamente. Parecia não haver saída, e então começaram a reclamar de desespero. Quantas vezes reclamamos quando as coisas parecem desmoronar, e não nos lembramos do milagre que foi a libertação daquilo que nos afligia tanto no passado! Nas horas difíceis, precisamos ficar firmes. Foi o que Moisés disse para o povo fazer, e é o que Deus diz a você hoje também. Fique firme e creia: Deus abriu o mar e vai abrir um caminho nessa situação!

ORAÇÃO

Senhor, Tu és a minha esperança, o meu livramento e a minha salvação. Eu confio em Ti e permaneço firme nas Tuas promessas. Em nome de Jesus, amém.

ANOTAÇÕES

Firme sua fé em Deus, Ele não falha!

@josuevalandrojr

POSIÇÃO DE FILHO AMADO

23
AGOSTO
235/365

Sentando-se, Jesus chamou os Doze e disse: "Se alguém quiser ser o primeiro, será o último e servo de todos".

(MARCOS 9.35)

Você já conviveu com gente que briga por posição? Às vezes, é no trabalho: a pessoa puxa o seu tapete, e aquela sensação de injustiça toma conta. Ou pode até ser na família, com uma discussão sobre quem fez mais para receber isso ou aquilo. A verdade é que, por nossos méritos, não vamos conseguir status no Reino de Deus, nem por títulos ou posições.

Os discípulos de Jesus estavam conversando sobre isso. Quem, afinal, seria o maior no Reino de Deus? Eles estavam tentando descobrir qual deles seria esse maior. Mas Jesus quebra os padrões deles e declara: "Se alguém quiser ser o primeiro, será o último e servo de todos". Muita gente quer posição de destaque, quer ser reconhecido, quer aparecer. Mas, no Reino de Deus, aparece aquele que sabe ser humilde para com o outro, aquele que sabe servir. E servir é abençoar, é ser como Jesus, é nos dispormos a fazer algo além de nós mesmos e, assim, alcançarmos propósito. Tudo o que você for fazer, faça para a glória de Deus. Quer ser o primeiro? Sirva a todos.

ORAÇÃO

Senhor, eu quero ser como Jesus, quero ter um coração que ama servir. Quero ser reconhecido como quem serve a todos, para Te glorificar em tudo. Em nome de Jesus, amém.

ANOTAÇÕES

Seu lugar é o centro da vontade de Deus.

@josuevalandrojr

PERMANECER NO ENSINO VERDADEIRO

24
AGOSTO
236/365

Todo aquele que não permanece no ensino de Cristo, mas vai além dele, não tem Deus; aquele que permanece no ensino tem o Pai e também o Filho.

(2JOÃO 1.9)

Na vida, enfrentamos situações que podem nos fazer bambolear de um lado para o outro, colocando-nos à prova, e precisamos sempre escolher em que vamos nos firmar, em que vamos permanecer. Quando você recebe uma notícia que abala as emoções — um diagnóstico, um filho que está ouvindo mais os amigos do que a você, ou uma crise financeira —, isso revela em quem você está firmado.

O que prova a nossa fé não é o fato de estarmos ou não passando por dificuldades — porque sempre passaremos por elas —, e sim o que fazemos diante delas. Ninguém gosta de passar por pressão e conflitos, mas Deus nos fortalece em meio a essas situações e nos sustenta. Tem gente que coloca a fé nos amigos, nas circunstâncias, no dinheiro, nas promessas dos outros, e sai do ensino de Cristo e da verdade, apoiando-se no misticismo, horóscopo, e por aí vai. Quem declara que sua verdade é Cristo não entra em outro caminho, por mais que tentem ludibriá-lo. Quem fala além do que Jesus falou não tem Deus, como diz o versículo de hoje. E você, em que tem permanecido?

ORAÇÃO

Senhor, eu permaneço em Ti, mesmo no meio das dificuldades e provas, porque eu sei que o Senhor é a Verdade, e além de Ti não há outro. Em nome de Jesus, amém.

ANOTAÇÕES

Permaneça em Cristo.

@josuevalandrojr

25
AGOSTO
237/365

VOCÊ ESTÁ SALGANDO?

O sal é bom, mas, se deixar de ser salgado, como restaurar o seu sabor? Tenham sal em vocês mesmos e vivam em paz uns com os outros.

(MARCOS 9.50)

Já conheceu uma pessoa que entra em qualquer conversa, mas não se posiciona, não tem opinião e não influencia ninguém a mudar de vida, a ser alguém melhor, a estar mais perto de Deus? Será que você é assim? O texto de hoje fala sobre o sal. É fácil perceber quando há sal em um alimento. Então a pergunta é direta: você está salgando as vidas ao seu redor? Será que está colocando sal demais? Ninguém aguenta comida muito salgada, e comida insossa também não tem como ser agradável.

Jesus fez a diferença onde passou, e isso é ser sal. Aquela pitada de sal que muda todo o contexto, que traz sabor, que muda tudo. Salgar na medida certa é dar testemunho sob medida, é influenciar sem ser influenciado, é ter um posicionamento, não para aparecer, mas para que Deus apareça, para que outros vejam o amor de Cristo em você. Sem essa decisão, você não faz diferença, não tem utilidade. Seja cheio do Espírito, salgue o mundo na dose certa. Deus abençoe você.

ORAÇÃO

Senhor, eu quero ser sal na dose certa, dando sabor, fazendo a diferença na vida das pessoas à minha volta e Te honrando. Em nome de Jesus, amém.

ANOTAÇÕES

Faça a diferença, seja o sal da Terra, na dose certa.

@josuevalandrojr

PROCLAME O RESPLENDOR

A minha boca transborda do teu louvor e todo o dia proclama o teu esplendor.

(SALMOS 71.8)

26
AGOSTO
238/365

Já percebeu que, muitas vezes, estamos ocupados demais em nossos afazeres? Há tanta coisa para cuidar: é encontro da família, aniversário, trabalho e cronogramas, cuidados com o corpo, e por aí vai. Tudo isso é muito bom, mas se não temos aquele momento de parar para contemplar quem Deus é, se não dedicamos um momento para louvar tudo o que Ele é, deixamos de proclamar Suas virtudes.

De que vale estar constantemente entregue a todas essas coisas se, no momento de falar com Deus e ver Sua grandeza, nós simplesmente perdemos a chance? Talvez você esteja vivendo um momento em que não consegue parar e ter um tempo diário para louvar a Deus, agradecer por tudo que Ele tem feito. Contudo, essa é uma prática a ser exercitada, seja o momento que for! E, quando você começa a fazer isso sempre, vai percebendo o quanto a alegria passa a transbordar de dentro de você. Proclamar o resplendor de Deus é agradecer, é ver como Ele é grande, como Ele é poderoso e o quanto tem cuidado da nossa vida em tudo. Em tempos de alegria, Ele é o nosso ânimo; em tempos de angústia, Ele é a nossa esperança. Deus é maravilhoso! Contemple hoje o esplendor dEle.

ORAÇÃO

Senhor, em meio a tudo que estou vivendo agora, eu separo este momento para dizer que o Senhor é maravilhoso e tem feito grandes coisas na minha vida. Teu esplendor enche o meu coração, e eu Te louvo em nome de Jesus. Amém.

ANOTAÇÕES

Louve a Deus por tudo que Ele tem feito na sua vida!

@josuevalandrojr

27
AGOSTO
239/365

O ECO

Grite alto, não se contenha! Levante a voz como trombeta. Anuncie ao meu povo a rebelião dele; aos descendentes de Jacó, os seus pecados.

(ISAÍAS 58.1)

Você já subiu em um monte e gritou, apenas para ouvir o eco da sua voz retornando de todas as direções? O eco reproduz a sua voz. Fazendo um paralelo com isso, como você acha que suas palavras ecoam no mundo ao seu redor? Você está usando sua voz para fazer a diferença?

Na Bíblia, Deus instruiu o profeta Isaías a levantar sua voz como uma trombeta, para que seu clamor ressoasse forte e claro, expondo a verdade e os pecados do povo. Este é um poderoso lembrete de que a nossa voz pode e deve ser usada para proclamar verdades importantes, para alertar, para encorajar, para liderar. Você é o eco de Deus no mundo, então deve ressoar princípios e valores que se alinham com a vontade dEle. É para isso que somos chamados na sociedade, em casa, no trabalho, na igreja, nos esportes, em todo lugar: para ecoar a mensagem de que Jesus Cristo salva. Que a sua voz seja o eco do amor de Deus para as pessoas.

ORAÇÃO

Senhor, que a minha voz seja um eco da Tua, anunciando a justiça, a salvação e a verdade. Em nome de Jesus, amém.

ANOTAÇÕES

Que a sua voz ecoe a mensagem da salvação!

@josuevalandrojr

O VALOR DO JOVEM DEDICADO A DEUS

Ninguém o despreze pelo fato de você ser jovem, mas seja um exemplo para os fiéis na palavra, no procedimento, no amor, na fé e na pureza.

(1TIMÓTEO 4.12)

Você já pensou no impacto que um jovem pode ter quando se dedica verdadeiramente a Deus? Como um coração jovem, cheio de fé e zelo, pode influenciar uma geração? Já refletiu sobre o motivo de tantos subestimarem o poder de um jovem comprometido com os princípios divinos?

A Bíblia está repleta de exemplos de jovens que, ao se entregarem aos caminhos do Senhor, marcaram a História. No texto de hoje, lemos sobre Timóteo, um jovem que foi mentoreado pelo apóstolo Paulo e que se tornou um líder influente na igreja primitiva. Sua juventude não foi um obstáculo para servir; ao contrário, foi um testemunho do que Deus pode fazer por meio de alguém que se compromete totalmente com Ele.

Tem gente que acha que é muito jovem para assumir certas responsabilidades na igreja, na vida e em casa, mas não se acha jovem na hora de desfrutar de privilégios. Não é fácil ser jovem na sociedade contemporânea, com todos os ataques que o mundo tem contra a juventude, mas tudo é oportunidade para testemunhar. Vire as costas para o lixo despejado sobre você e escolha andar em santidade com Deus. Seu valor é elevadíssimo: você custou a vida do Filho de Deus.

ORAÇÃO

Senhor, quero ser um exemplo para os meus irmãos e irmãs em Cristo. Abro mão de toda e qualquer proposta que me afaste de Ti. Em nome de Jesus, amém.

ANOTAÇÕES

Seu valor foi estabelecido na Cruz: você custou a vida do Filho de Deus.

@josuevalandrojr

A CONVERSA QUE VALE A PENA

29

AGOSTO

241/365

Não vale a pena conversar com o tolo, pois ele desprezará o discernimento das suas palavras.

(PROVÉRBIOS 23.9)

Você já se pegou gastando tempo e energia tentando convencer alguém que simplesmente não queria ouvir? Como podemos identificar quando é hora de parar de falar e simplesmente seguir em frente? E por que é importante escolher com sabedoria as pessoas com quem compartilhamos nossos pensamentos e conselhos? Se há algo que drena o nosso tempo é isso: ficar tentando conversar com quem não tem interesse nenhum em ouvir, e muito menos em aproveitar o que temos a dizer.

A Palavra diz que tolo é aquele que rejeita a correção e despreza a sabedoria, e conversar com ele é o mesmo que desperdiçar palavras preciosas. O tolo já decidiu fechar seu coração e sua mente para a verdade, optando por seguir seu próprio caminho, mesmo que conduza à destruição. Conversar é uma via de mão dupla, uma oportunidade de compartilhar, aprender e crescer. Se for uma via de mão única — em que só um fala, só um tem razão —, então isso não é conversa. Exercite o diálogo, e escolha fazer isso com pessoas sábias. O sábio quer ouvir, entender, aprender. E aí, você tem sido tolo ou sábio? Tem conversado à toa? Escolha com quem vale a pena dialogar, não apenas para preservar sua energia, mas para cultivar relacionamentos que o edifiquem e desafiem a crescer.

ORAÇÃO

Senhor, quero compartilhar conhecimento e aprender com os sábios. Hoje entrego em Tuas mãos o meu tempo e minhas escolhas. Em nome de Jesus, amém.

ANOTAÇÕES

Falar com sabedoria é precioso, mas ouvir com sabedoria é mais ainda.

@josuevalandrojr

SAIA DA JANELA

30
AGOSTO
242/365

Um jovem chamado Êutico, que estava sentado numa janela, adormeceu profundamente durante o longo discurso de Paulo. Vencido pelo sono, caiu do terceiro andar. Quando o levantaram, estava morto.

(ATOS 20.9)

Você já se viu apenas passando tempo, em vez de estar plenamente envolvido com algo importante? Há pessoas que estão num lugar só de corpo presente, mas a cabeça está longe. É como se elas estivessem cochilando, fora da realidade. Você tem vivido isso?

Certo jovem estava ouvindo o apóstolo Paulo pregar, mas sentou-se no parapeito da janela do terceiro andar de um prédio, e logo começou a cochilar ali mesmo. O cansaço venceu seu interesse em ouvir o que Deus estava falando através de Paulo. Quando você fica na janela, com um ouvido dentro da igreja e o outro lá fora, acontece esse cansaço, esse cochilo. E assim o rapaz caiu da janela e morreu (mas, felizmente, Deus o ressuscitou por meio de Paulo). Ficar na janela significa se comprometer parcialmente. Quem escolhe isso corre o risco de cair. Então, saia hoje da janela da vida com Deus. Posicione-se por inteiro, não corra o risco de cochilar. Não fique no intervalo da vida entre estar na igreja ou não, entre estar no Corpo ou não. Seu lugar é dentro da casa de Deus, e não na janela.

ORAÇÃO

Senhor, eu decido hoje sair desse lugar de incerteza e descompromisso. Não quero ficar na janela da vida cristã, mas envolvido no Teu Reino. Em nome de Jesus, amém.

ANOTAÇÕES

Venha para o altar — esse é o lugar da bênção.

@josuevalandrojr

O DIA EM QUE O INIMIGO FOGE

31
AGOSTO
243/365

Portanto, submetam-se a Deus.
Resistam ao Diabo, e ele fugirá de vocês.

(TIAGO 4.7)

Você já se perguntou como enfrentar e vencer os ataques do Inimigo em sua vida? Qual é a chave para garantir que ele não apenas pare de atacar, mas também recue? O texto de hoje nos traz o passo a passo para colocá-lo fora do nosso dia.

Resistir ao Diabo não é ficar falando palavras para assustá-lo. Ele é astuto, sagaz, e usa diferentes artimanhas para tirar você do rumo que Deus preparou. Ele leva você a sair da posição de submissão ao Senhor e, assim, a porta fica aberta para seu ataque. Você se submete a Deus e resiste ao Inimigo quando escolhe andar e agir segundo a vontade divina. Nunca é por suas próprias forças, sempre é por meio do Espírito Santo. Será que você tem perdido a paciência, tem agido fora de si até contra as pessoas que ama e que se preocupam com você, porque está vivendo essa confusão interna? Isso tem saída. Lembre-se: não é você quem foge do Inimigo, é ele quem foge de você. No dia em que ele ver que você está armado com as armas espirituais, é nesse dia que ele foge. Comece esse processo agora mesmo e viva em vitória, para a glória de Deus.

ORAÇÃO

Senhor, eu me submeto a Ti neste momento. Coloco minha vida em Teu altar e agora mesmo eu resisto ao Inimigo, e ele vai fugir, pois não pode resistir à Tua presença e autoridade. Em nome de Jesus, amém.

ANOTAÇÕES

Submeta-se a Deus, resista ao Diabo e ele fugirá de você.

@josuevalandrojr

“

HÁ IMPOSSÍVEIS NA NOSSA VIDA QUE PODEM SE TORNAR POSSÍVEIS.

”

DEVOCIONAL

manhã com Deus

SETEMBRO

01
SETEMBRO
244/365

QUAL É O SEU TOM DE VOZ?

Evite as controvérsias tolas e insolentes, pois você sabe que acabam em brigas.

(2TIMÓTEO 2.23)

Você gosta de gritar quando fala com as pessoas? Conhece alguém assim, que grita por tudo, e até faz a conversa acabar em briga? Quando o grito se junta àquele tom de insolência ou de contrariedade tola, adeus conversa: a discussão começa. No texto de hoje, Paulo está instruindo o jovem Timóteo sobre como se comportar nas conversas, porque o cristão deve ter domínio de seus lábios.

Se você está feliz e grita de alegria, isso é bom, mas o que Paulo diz aqui é para não entrarmos em conversas que só trazem controvérsias tolas e insolentes, conversas que desrespeitam as autoridades, que resultam em brigas, e das quais ninguém sai melhor do que entrou. A Palavra de Deus é completa e nos instrui sobre tudo. Sabe aquele tom de voz que você poderia ter evitado usar com sua esposa, filhos e colegas de trabalho? Esse tom diz muito sobre o seu domínio próprio e sobre a sua sabedoria. Aprenda a conversar, usar o tom certo, e evitar as conversas que não trazem edificação.

ORAÇÃO

Senhor, dá-me sabedoria para falar com moderação e amor, para responder de maneira a honrar o Teu nome e a promover a paz. Em nome de Jesus, amém.

ANOTAÇÕES

Que as minhas palavras sejam de edificação.

@josuevalandrojr

GANHE O DIA

Sabemos que todas as coisas contribuem juntamente para o bem de todos aqueles que amam a Deus, dos que foram chamados de acordo com o seu propósito.

(ROMANOS 8.28)

02
SETEMBRO
245/365

Sabe aquele dia em que tudo está dando certo, mas, de repente, as coisas começam a dar errado ou aparece uma pessoa para fazer confusão? Nessas horas, você pensa: "Ah, isso estragou o meu dia!". Hoje eu quero dar uma arma para você usar nessas situações.

Ninguém tem o poder de estragar seu dia. Quem dá aos outros esse poder é você. Quando faz isso, você, na verdade, está falando que o outro é mais poderoso do que Deus, e não confiando nEle para o que quer que aconteça. Situações adversas sempre vão acontecer, e você tem que aprender a lidar com elas. Não é a situação adversa que estraga o seu dia, mas sim a forma como você enxerga essa situação. É bem melhor dizer: "Ganhei o dia!", pensando em algo que tornou seu dia mais agradável, não é mesmo? Portanto, ganhe o dia mudando sua perspectiva: até mesmo em situações adversas, Deus faz tudo cooperar para o seu bem, para o bem daquele que O ama. Nada no seu dia é maior do que o favor de Deus para com você!

ORAÇÃO

Senhor, eu Te dou graças pelo dia de hoje e sei que o Senhor está acima de todas as situações. Eu escolho viver este dia para Tua glória. Em nome de Jesus, amém.

ANOTAÇÕES

Deus preparou este dia para abençoar você.

@josuevalandrojr

03

SETEMBRO

246/365

OUVI FALAR DE VOCÊ!

Pois temos ouvido falar da fé que vocês têm em Cristo Jesus e do amor que têm por todos os santos.

(COLOSSENSES 1.4)

Você já parou para pensar no impacto das suas ações e como elas refletem a sua fé? Será que as pessoas olham para a sua vida, atitudes, decisões e reações, e identificam que a sua fé está mesmo em Deus? Nossas atitudes falam mais alto do que nossas palavras. São elas que nos diferenciam como crentes, como seguidores de Jesus, como praticantes do verdadeiro Evangelho.

O texto de hoje mostra um trecho da carta que Paulo escreveu para os colossenses, destacando que as atitudes deles eram conhecidas das pessoas, e evidenciavam a fé que declaravam. O verdadeiro testemunho cristão se manifesta através de ações, não apenas de palavras! Vivemos um tempo em que as palavras são frequentemente desvalorizadas e soam vazias, mas palavras refletidas em nossas atitudes demonstram nossa fé. Pessoas ouvirão o seu testemunho, ouvirão de suas ações, e conhecerão sua fé não apenas por suas palavras, mas por suas atitudes. Então, cuide delas.

ORAÇÃO

Senhor, eu Te peço que a minha fé e o meu amor por Ti sejam refletidos em cada ação minha. Quero ser um exemplo vivo para que outros possam Te conhecer através de minhas palavras e ações. Em nome de Jesus, amém.

ANOTAÇÕES

Viva o que prega, e pregue o que vive.

@josuevalandrojr

VOCÊ NASCEU PARA ADORAR

Pois é Deus quem produz em vocês tanto o querer quanto o realizar, de acordo com a boa vontade dele.

(FILIPENSES 2.13)

04
SETEMBRO
247/365

Você já se sentiu dividido entre a adoração que expressa com os seus lábios e a vida que vive diariamente? Muita gente canta um louvor, lê a Palavra, ora com fervor, mas, na hora de praticar o que crê, escorrega nas próprias ações. Por que isso acontece? Porque o louvor está só nos lábios, e não está no coração. Louvor e adoração são pilares indispensáveis da vida cristã. Você adora a Deus quando O reconhece através da Palavra. Até o desejo de adorar vem de Deus, diz a Bíblia!

Louvar é elogiar, reconhecer os feitos, reconhecer o que há de melhor em alguém. Quando você louva a Deus, está Lhe dizendo que reconhece o que Ele tem feito. Muitas vezes, por não reconhecer e entender o que Deus está fazendo, você deixa de louvá-Lo. Quem perde é você, porque Deus não precisa do nosso elogio! Quando O adoramos, somos moldados por Ele, reconhecemos Seus atributos e Sua soberania com nossas palavras, pensamentos e ações. Palavras não impressionam a Deus, mas a verdadeira adoração nos aproxima dEle. Sua vida é uma adoração ao Senhor!

ORAÇÃO

Senhor, eu consagro minha adoração a Ti neste momento. Não quero mais desperdiçar minha adoração comigo mesmo, nem com qualquer outra coisa ou pessoa. Quero adorar somente a Ti. Em nome de Jesus, amém.

ANOTAÇÕES

Adore ao Senhor em qualquer circunstância.

@josuevalandrojr

05
SETEMBRO
248/365

ORAÇÃO

Senhor, eu escolho dedicar meu coração à disciplina e ao conhecimento que vêm de Ti. Dá-me um coração sábio e atento às Tuas palavras. Em nome de Jesus, amém.

@josuevalandrojr

VIVENDO DE FORMA SÁBIA

Dedique à disciplina o seu coração; os seus ouvidos, às palavras que dão conhecimento.

(PROVÉRBIOS 23.12)

Você tem dedicado seu tempo a atividades que o fazem crescer? Seu foco está em aprender e ser alguém melhor? A sabedoria não brota ao acaso. Ela nasce quando o coração se rende à disciplina e os ouvidos se abrem ao ensino. Não basta desejar mudança. É preciso caminhar com firmeza em direção ao que Deus quer revelar.

Muitas vezes, queremos respostas rápidas, mas o conhecimento profundo vem com a constância. É na prática diária da obediência, na escuta atenta da Palavra, que crescemos de verdade. A dedicação molda o caráter e aguça nossa sensibilidade espiritual. Se o seu desejo é conhecer mais o Senhor e viver de forma sábia, então comece hoje. Escolha o que vai ocupar sua mente. Concentre-se no que edifica e deixe de lado o que rouba o seu tempo. Dedique-se com propósito, e Deus derramará entendimento sobre você.

ANOTAÇÕES

O coração que se dedica à disciplina colhe o fruto do conhecimento.

SIMPLESMENTE SORRIA

Alegrem se sempre no Senhor. Direi novamente: Alegrem se.

(FILIPENSES 4.4)

Já sorriu hoje? Ou será que você acorda de mau humor, parecendo até que chupou um limão azedo? Você lembra que é um privilégio estar vivo e que Deus abençoou sua vida, e agradece a Ele por mais um dia maravilhoso e cheio da presença dEle?

A vida tem muitos desafios, mas todos os dias podemos encontrar um motivo para sorrir. Aliás, quando o apóstolo Paulo escreveu esse versículo, ele estava numa situação adversa e, mesmo assim, buscou expressar a Deus sua gratidão. Ele aprendeu a se alegrar no meio das dificuldades, e esse é um exercício de fé. Muitas vezes, diante de adversidades, as pessoas ficam até depressivas, chegando a questionar a Deus, nervosas pela injustiça que estão enfrentando. Mas é possível encontrar a alegria que vem do Senhor, porque quem dá essa alegria é o Espírito Santo, que vive em nós. Alegrar-se em Deus é superar um humor reativo aos momentos ruins e confiar nEle, mesmo contra as expectativas. Não sei como você está agora, mas alegre-se no Senhor. Ele é a sua força neste momento. Que o sorriso dEle brilhe em seu rosto hoje

ANOTAÇÕES

Alegre-se em Deus!

ORAÇÃO

Senhor, eu escolho dar um sorriso, mesmo sem motivos. Meu humor não é pautado por reações, mas pela confiança plena no Senhor. Eu me regozijo em Ti, Jesus, e oro em Teu nome. Amém.

@josuevalandrojr

07

SETEMBRO

250/365

SEJA LIVRE!

Portanto, se o Filho os libertar, vocês de fato serão livres.

(JOÃO 8.36)

Você acha que ser livre é fazer tudo o que quer? Você é o tipo de pessoa que, quando não faz o que quer, sente-se preso, seja num relacionamento, no trabalho, na igreja, com seu cônjuge ou seus pais? Liberdade não é fazer o que queremos. Ela tem a ver com estar bem, sim, mas também com a sensação de dever cumprido. Tem a ver com fazer aquilo que é nosso direito, sem ferir os nossos deveres.

Como cristãos, nós temos deveres para com Deus e para com as pessoas. Ser livre, nesse contexto, é manter os melhores padrões em todas essas áreas, ou seja, ser livre é experimentar o melhor da vontade de Deus em todas as coisas, em todas as nossas interações. A liberdade que Cristo nos oferece vem de sermos submissos a Ele, porque isso nos dará o melhor resultado. Fazer tudo o que queremos nos aprisiona, mas fazer o que Deus quer nos faz livres. Seja livre em nome de Jesus.

ORAÇÃO

Senhor, eu sou livre em Cristo. Sei que posso fazer todas as coisas, mas escolho fazer somente as que Te agradam, pois na obediência a Ti está a minha liberdade. Eu oro em nome de Jesus, amém.

ANOTAÇÕES

@josuevalandrojr

Jesus me libertou.

SÓ FALTA UMA COISA

Diante disso, ele ficou abatido e afastou-se triste, porque tinha muitas riquezas.

[MARCOS 10.22]

08

SETEMBRO

251/365

Você está fazendo o seu melhor no Reino de Deus? Está procurando fazer o bem a todos e é considerado alguém piedoso? O texto de hoje fala de um jovem que era assim, que fazia o melhor para andar certinho. Um dia, porém, quando ficou diante de Jesus, ele entendeu que Deus não queria o que ele fazia, e sim seu coração. Acontece que o coração daquele jovem estava no que ele tinha conquistado.

Quantas vezes colocamos nosso coração nas pessoas, nas coisas, nos lugares ou nos resultados que alcançamos, não é? Quando Jesus disse ao jovem que só lhe faltava uma coisa, ele descobriu que essa coisa era seu tudo. Aí ele se entristeceu, pois não queria colocar Deus acima das coisas que tinha. E você, qual é o seu tudo? Onde está o seu coração? Se você tem feito tudo certo, isso é bom. Agora falta abrir mão de sua maior conquista e deixar Deus ocupar o primeiro lugar no seu coração. Ele quer quem você é. Entregue hoje o seu coração ao Senhor.

ORAÇÃO

Senhor, o meu coração é Teu. Tudo o que sou e penso, o que sinto e o que tenho. Aquilo que faço é resultado de ter colocado a minha vida inteiramente em Tuas mãos. Eu oro em nome de Jesus, amém.

ANOTAÇÕES

Deus quer o seu coração por inteiro.

@jesuevalandrojr

09
SETEMBRO
252/365

ONDE ESTÁ A SUA FÉ?

Abraão, contra toda esperança, em esperança creu, tornando-se, assim, pai de muitas nações, como foi dito a seu respeito: "Assim será a sua descendência".

(ROMANOS 4.18)

Você já sentiu medo? Percebeu que algo estava fora do seu controle, não soube o que fazer, e o desespero bateu à porta? O medo é um sentimento que faz parte da estrutura humana caída, mas há um tipo de medo que está vinculado à falta de fé, à incredulidade. Tem gente que vive à mercê do medo, e acredita que a situação não tem jeito. Isso é colocar a fé no que a lógica diz.

O texto de hoje menciona Abraão como exemplo, dizendo que ele "creu contra toda esperança humana". A esperança humana diz respeito à realidade natural — Abraão já era idoso e Sara, sua esposa, também, mas Deus tinha prometido um filho a eles. Então Abraão creu contra a esperança natural. A nossa fé precisa estar além da esperança humana, além das possibilidades, além das circunstâncias. A nossa fé precisa estar em Deus e em Suas promessas. Portanto, já que, tanto para o medo como para a fé, a pessoa precisa acreditar no que não é físico, então vamos escolher a fé, porque ela agrada a Deus. Coloque em Deus a sua fé!

ORAÇÃO

Senhor, a esperança humana é limitada, mas a minha fé está em Ti. Eu não vivo pelo medo, mas pela fé. Em nome de Jesus, amém.

ANOTAÇÕES

@josuevalandrojr

Sem fé é impossível agradar a Deus.

O SIGNIFICADO DO LOUVOR

Todo ser que respira louve ao Senhor! Aleluia!

(SALMOS 150.6)

10
SETEMBRO
253/365

Qual é o impacto do louvor em sua vida? Você tem separado um tempo para refletir no que Deus tem feito, em quem Ele é? Tem pensado no quanto Ele tem livrado você em meio a situações adversas, sustentando tudo com Suas poderosas mãos? No salmo de hoje, vemos Davi expressando o que o louvor significava para ele: o ar que ele respirava. Quando louvamos a majestade de Deus, tudo que Ele tem feito e é, entendemos que o nosso papel é desfrutar dEle, porque Deus é bom.

Todos nós precisamos louvar ao Único que é digno de reconhecimento. Você está respirando? Isso já é motivo de louvar a Deus. Louvar é reconhecer, elogiar, colocar em exaltação, colocar em um elevado grau de importância. Deus é digno de todo louvor, e até o nosso fôlego vem dEle, para O louvarmos! "Todo ser que respira" significa que tudo o que tem vida, todo ser criado, todo aquele que desfruta do presente de viver, deve louvar Àquele que lhe concedeu a vida. Louve ao Senhor hoje!

ORAÇÃO

Senhor, eu louvo o Teu nome, louvo a Tua majestade e tudo que o Senhor tem feito. Como o Senhor é bom! O Teu nome é poderoso, e não há ninguém como o Senhor! Eu Te louvo em nome de Jesus. Amém.

ANOTAÇÕES

Louvar a Deus é viver em adoração!

@josuevalandrojr

11
SETEMBRO
254/365

RECOMEÇOS

Ao cheiro das águas brotará e dará ramos como a planta nova.

(JÓ 14.9, ARA)

Como você reage diante das perdas? O que faz quando tudo ao seu redor parece desmoronar? Você acredita que Deus pode restaurar o que foi destruído? Hoje se completam 25 anos do dia 11 de setembro de 2001, que ficou marcado na História como um tempo de dor e destruição, porque naquele dia desabaram as Torres Gêmeas, nos Estados Unidos. Um ataque cruel ceifou milhares de vidas, sonhos foram interrompidos e o medo tentou tomar conta daquela nação. Muitos recomeçaram a vida mesmo em meio às lágrimas, saudade e incompreensão.

A Palavra de Deus nos ensina, no texto de hoje, que a esperança renasce. Há recomeço para situações que parecem ser o fim. Do mesmo modo que uma árvore ressurge ao cheiro das águas, aqueles que confiam no Senhor podem florescer novamente, mesmo após as maiores destruições. Água não tem cheiro, é inodora; então, esse cheiro de que a Bíblia fala é a fé, a esperança, o amor. Deus restaura o que foi quebrado, traz vida ao que parecia morto e nos garante que, por mais forte que seja a queda, sempre há uma nova chance para recomeçar. Confie nEle e permita que Sua graça regue sua vida, trazendo novos frutos. Recomece hoje, em nome de Jesus.

ORAÇÃO

Senhor, renova minha esperança hoje. Eu quero recomeçar e ser cheio da Tua alegria e esperança, para honrar o Teu nome. Faz brotar em mim a vida que vem de Ti. Em nome de Jesus, amém!

ANOTAÇÕES

O que termina em você recomeça pelas mãos de Deus.

@josuevalandrojr

UMA HORA A MAIS

Quem de vocês, por mais que se preocupe, pode acrescentar uma hora que seja à sua vida?

(MATEUS 6.27)

12
SETEMBRO
255/365

Você costuma se preocupar com tudo? Você é aquele tipo de pessoa que tem muitas coisas na cabeça, muitas responsabilidades das quais tem que dar conta? O que tem sobrado de você é um cansaço e fadiga que nem férias, viagens ou tempo livre estão resolvendo, porque, mesmo quando você tira tempo para descansar, sua cabeça não para? As preocupações existem, mas elas precisam estar debaixo de uma coisa: a fé.

A fé na Palavra de Deus combate a ansiedade e a angústia que ela provoca, porque ela é a prova de que, mesmo sem ver com os olhos humanos, podemos enxergar com os olhos espirituais. Jesus, nosso padrão de fé, diz que a preocupação não acrescenta nada, nem mesmo uma hora a mais de vida. Deus é o Dono da vida, e Ele dá um limite a cada um. Ele tem cuidado, livrado, abençoado, feito o impossível por nós. Guarde isso no seu coração: Deus cuida de você. Coloque tudo nas mãos dEle, lance sobre Ele a sua preocupação. Ele vai agir em seu favor.

ORAÇÃO

Senhor, eu coloco as minhas preocupações e pensamentos diante de Ti neste momento. Dá-me paz e fortalece a minha fé no Teu agir perfeito. Em nome de Jesus, amém.

ANOTAÇÕES

Deus é Senhor de tudo na minha vida.

@josuevalandrojr

13
SETEMBRO
256/365

DEUS VAI ALÉM

Àquele que é capaz de fazer infinitamente mais do que tudo o que pedimos ou pensamos, segundo o seu poder que atua em nós.

(EFÉSIOS 3.20)

Pense no seu maior anseio de vida. Pensou? Agora pense que Deus é infinitamente mais elevado que isso, e é capaz de fazer por você muito mais do que você pensa. Quanta gente está frustrada porque Deus não lhe dá o que pediu, achando que perdeu algo, que Deus foi mesquinho e não deu valor ao seu sonho, mas a vontade do Senhor para aquela pessoa é muito mais refinada, muito melhor!

A capacidade de pensar é um presente de Deus para o homem. Tem gente que acredita que o homem veio do macaco, que evoluímos de uma ameba. Mas a Palavra de Deus nos afirma que fomos criados à Sua imagem e semelhança, e que temos capacidade de raciocínio, de criar, de desenvolver e multiplicar. Que extraordinário! Mesmo assim, o melhor que você pode pensar não se compara ao que Deus pensa sobre você. Hoje eu convido você a colocar seus pensamentos nas mãos dEle, para que tudo o que Ele pensa sobre você seja estabelecido em sua vida. Seja abençoado com a paz de saber que Deus pensa e faz muito além do que você imagina.

ORAÇÃO

Senhor, os Teus pensamentos são mais elevados do que os meus, e a Tua vontade para mim é perfeita. Entrego a Ti tudo o que penso e sou, para viver o Teu querer. Em nome de Jesus eu oro, amém.

ANOTAÇÕES

Deus fará muito mais do que você pediu ou pensou!

@josuevalandrojr

O QUE É O AMOR?

Tudo sofre, tudo crê, tudo espera, tudo suporta

(1CORÍNTIOS 13.7)

14
SETEMBRO
257/365

Você se sente amado? Como é bom ter uma pessoa que amamos e sabermos que essa pessoa nos ama também! Isso nos enche de paz e temos muita alegria quando estamos juntos. Esse amor é maravilhoso e é vivido por muitos, mas há um amor que supera todas as circunstâncias: é o amor de Deus, o amor ágape, um amor que recebemos mesmo sem merecermos.

Esse é o amor da entrega, pois Ele deu o Seu próprio Filho para resgatar a mim e a você. É o amor que Deus coloca nos nossos corações quando nos rendemos a Ele, quando pedimos para viver como Ele. Devemos buscar ao Senhor, pedir para vivermos esse amor, nos rendermos a Ele, porque o amor divino nos constrange, nos quebranta e nos faz reconhecer que Deus é bom e maravilhoso por nos amar assim. O amor de Deus torna o nosso coração doador, um coração que se importa com o outro, que estende a mão ao necessitado, que escolhe perdoar a quem não merece porque também fomos perdoados um dia. O amor de Deus tudo sofre, tudo crê, tudo espera e tudo suporta. Você ama com o amor de Deus, ou com um amor passageiro e terreno?

ORAÇÃO

Senhor, eu não mereço o Teu amor, mas o Senhor Se entregou em meu lugar. Faz da minha vida um reflexo do Teu amor a todos ao meu redor. Em nome de Jesus, amém.

ANOTAÇÕES

O amor de Deus por você é imutável e infinito.

@josuevalandrojr

15

SETEMBRO

258/365

A VITÓRIA VEM

Portanto, meus amados irmãos, mantenham-se firmes e inabaláveis. Sejam sempre dedicados à obra do Senhor, pois vocês sabem que, no Senhor, o trabalho de vocês não é inútil.

(1CORÍNTIOS 15.58)

Você já se sentiu cansado de lutar? Alguma vez questionou se os seus esforços na fé valeram a pena? Como tem lidado com os momentos de espera pela vitória? Muitos estão cansados da rotina, de esperar, de sonhar. Você está nesse time? Hoje é dia de sair dele e entrar no time dos vencedores.

A caminhada cristã exige perseverança. Muitas vezes, nos dedicamos, oramos, fazemos o bem e, ainda assim, parece que nada muda. Mas a Palavra de Deus nos assegura que nossa luta nunca será em vão. Mesmo quando não enxergamos resultados imediatos, Deus está agindo. Ele fortalece aqueles que permanecem fiéis, pois a vitória não depende da nossa força, e sim do poder dEle. Não desista no meio do caminho. Deus honra aqueles que não recuam, que continuam firmes mesmo diante das dificuldades. A vitória virá no tempo certo, e aqueles que confiam no Senhor colherão os frutos da fidelidade. Quero ver você jogando nesse time de vencedores. Vamos juntos!

ORAÇÃO

Senhor, hoje guardo em meu coração a certeza de que a minha luta não é em vão, e que Tu tens nas mãos a vitória para mim. Sustenta-me com Tua graça até a vitória se manifestar em minha vida. Em nome de Jesus, amém!

ANOTAÇÕES

Quem persevera no Senhor nunca luta em vão, pois a vitória está nEle.

@josuevalandrojr

A PEDRA E A LANÇA

A haste da sua lança era parecida com uma lançadeira de tecelão e tinha uma ponta de ferro que pesava seiscentos siclos. O escudeiro ia à frente dele.

(1SAMUEL 17.7)

16

SETEMBRO

259/365

Você já enfrentou inimigos que pareciam acima do seu nível? Na vida, temos inimigos que possuem armaduras fortes, são bem treinados e possuem armas pesadas. Davi estava diante de alguém assim: Golias, um gigante de 4 metros. Pense no tamanho dele! O homem era forte, mais parecia um urso! A ponta da lança de Golias pesava 7 quilos. Agora olhe para Davi: um rapazinho ruivinho e bonitinho, com um aspecto gentil, mas que encarou o gigante com uma pedrinha que não devia ter nem 200 gramas. Era uma cena improvável, não ia terminar bem aquilo! Mas havia um detalhe: Deus estava com Davi. Era uma lança contra uma pedra.

Se você está com Deus, pode ser que tenha só uma pedrinha na mão, mas isso é suficiente. Se Deus falou para você ir, se colocou em suas mãos um treinamento e você ficou especialista em lançar pedrinhas, você só tem que obedecer, porque Ele vai com você. Não importa se o gigante é um diagnóstico que desenganou você, um filho que parece que não tem jeito, uma dor que está em seu peito há anos. Com fé e obediência a Deus, você pode usar exatamente essa pedra, e a vontade do Senhor será cumprida. Use a sua pedrinha de 200 gramas, e Deus fará dela uma arma para enfrentar o gigante.

ORAÇÃO

Senhor, eu coloco diante de Ti as pedrinhas que eu tenho. Há gigantes que vão cair, porque a fé é a arma para isso. Eu creio, e lanço a minha pedrinha pela fé no nome de Jesus. Amém.

ANOTAÇÕES

Escolha a pedrinha da fé para derrubar os gigantes da sua vida.

@josuevalandrojr

17
SETEMBRO
260/365

O QUE VOCÊ TEM VISTO E OUVIDO?

Pois não podemos deixar de falar do que vimos e ouvimos.

(ATOS 4.20)

O que você faz quando fica sabendo de algo que pode mudar muitas vidas, abençoar pessoas, ajudar outros a melhorarem? Que ação você toma quando encontra um livro que é ótimo e fez muita diferença na maneira como você vê a vida? Você quer compartilhar, quer contar para outras pessoas, não é mesmo? O texto de hoje descreve o momento em que isso aconteceu com Pedro e João. Eles tinham visto muitas maravilhas, tinham andado com Jesus e acompanhado libertações e curas em primeira mão. Não era algo que tinham lido a respeito, mas algo exponencial que tinham presenciado! Quando começaram a ser perseguidos e constrangidos para que parassem de testemunhar a respeito de Cristo, eles responderam: "Não podemos deixar de falar do que vimos e ouvimos!".

Será que você tem vivido experiências com Deus e as tem guardado somente para si, por medo de testemunhar? Não faça isso! Fale do amor de Jesus, do que Deus fez na sua vida, do que Ele tem transformado em você e suas escolhas. Não pare de falar. Você tem visto e ouvido o agir de Deus em sua vida? Então, testemunhe.

ORAÇÃO

Senhor, como Pedro e João, eu quero falar do Teu poder, da Tua salvação sobre mim e minha casa. Em nome de Jesus, amém.

ANOTAÇÕES

Anuncie o que Deus tem feito em sua vida!

@josuevalandrojr

CONSEQUÊNCIAS

De dois em dois, vieram a Noé, macho e fêmea, e entraram na arca, como Deus tinha ordenado a Noé.

(GÊNESIS 7.9)

18

SETEMBRO

261/365

Você já observou que, na história de Noé, os animais obedeceram a Deus e entraram na arca, em contraste com os seres humanos, que se rebelaram e ficaram de fora? Por que será que os animais seguiram Noé para a arca sem hesitar, enquanto muitos humanos ignoraram Seus avisos? Esse contraste reflete o que vivemos hoje: o ser humano, que raciocina e tem capacidade de escolha, é o que mais despreza o Senhor.

Hoje há muitos a favor do que é contrário à Bíblia. Escolhem ignorar as advertências de Deus sobre a consequência do pecado. Isso reflete uma dura realidade: frequentemente escolhemos nos desviar do caminho que Deus traçou para nós. O texto de hoje nos ensina uma lição valiosa sobre humildade e obediência: devemos fazer como os animais, que se submeteram e obedeceram naturalmente a Deus, e não como os homens, que, influenciados pelo orgulho e pela incredulidade, O desobedeceram, sendo, assim, levados à sua destruição. A obediência traz proteção e preservação, enquanto a desobediência traz destruição e desgraça. Escolhas erradas têm consequências erradas. E você, quais têm sido suas escolhas?

ORAÇÃO

Senhor, minha obediência é a maneira como quero Te servir e adorar. Tua Palavra é meu guia, para que eu ande na direção que Tu queres me conduzir. Em nome de Jesus, amém.

ANOTAÇÕES

A obediência preserva a nossa vida de consequências desastrosas.

@josueleandrojr

19
SETEMBRO
262/365

VENHA!

"Senhor", disse Pedro, "se és tu, manda-me ir ao teu encontro sobre as águas". "Venha", ele respondeu. Então, Pedro saiu do barco, andou sobre as águas e foi em direção a Jesus.

(MATEUS 14.28-29)

Você já viveu situações em que preferiu não arriscar, simplesmente deixando as coisas como estavam? Parece mais fácil não ousar, não avançar, e apenas ficar na comodidade de fazer o mesmo de sempre, mas será que isso é o melhor? No texto de hoje, vemos que os discípulos estavam no meio do mar quando, de repente, uma tempestade começou e Jesus apareceu, andando sobre as ondas. Pedro logo pediu que, se fosse mesmo o Senhor, Ele o mandasse ao Seu encontro por sobre as águas.

Pedro sabia que em Jesus havia segurança, e queria a experiência de viver a fé extraordinária. E Jesus lhe disse: "Venha!". É isso que Ele está dizendo a você hoje. Talvez seu barco esteja em meio a tempestades assustadoras — uma doença, um desemprego, uma quebra de aliança —, mas o Senhor o convida a andar sobre as águas. Deixe Deus elevar o seu nível de fé em ação. Olhe a situação pelo ângulo dEle. Creia na voz dAquele que acalma a tempestade e anda sobre as ondas.

ORAÇÃO

Senhor, eu caminho sobre a Tua Palavra, porque assim andarei sobre a tempestade, e vencerei. Eu confio em Ti. Em nome de Jesus, amém.

ANOTAÇÕES

Enfrente as tempestades da vida com a coragem que vem de Cristo.

@josuevalandrojr

APRENDA A CLAMAR

Ao ouvir que era Jesus de Nazaré, começou a gritar: "Jesus, Filho de Davi, tem misericórdia de mim!".

(MARCOS 10.47)

Quando a vida o pressiona, você se volta para Deus ou tenta lidar com tudo sozinho? Você reconhece a presença de Deus em sua jornada diária? Está pronto para clamar por Sua intervenção e misericórdia? No texto de hoje, temos um homem cego de nascença, Bartimeu, marginalizado pela sociedade, solitário, mas ciente de que precisava de Jesus. Ao ouvir que o Senhor estava por perto, ele não se conteve: começou a clamar. Seu clamor não era só um grito de desespero e um pedido de ajuda física, era um apelo à compaixão do Filho de Davi, reconhecendo-O como o Messias prometido.

Quantas pessoas, diante de uma situação terrível, se isolam, se calam e sofrem em silêncio as tribulações e situações adversas! E você, como reage a situações que estão esmagando seu coração? Fica calado, somatizando a dor? Será que a multidão cala você? Aprenda a clamar. Deus ouve o clamor de um coração quebrantado e aflito. Ele é misericordioso. Bartimeu alcançou graça e obteve o milagre de que precisava. E Deus irá manifestar na sua vida a glória dEle também.

ORAÇÃO

Senhor, hoje eu clamo a Ti por um milagre para mudar a minha história, curar a minha vida e trazer uma nova dimensão ao meu coração. Eu creio e espero a manifestação da Tua glória em mim, em nome de Jesus, amém.

ANOTAÇÕES

Clame ao Senhor. Ele ouve e responde no tempo certo.

@josuevalandrojr

21

SETEMBRO

264/365

A REDE

Então, Jesus lhes disse: "Sigam-me, e eu os farei pescadores de homens".

(MARCOS 1.17)

Quando foi a última vez que Deus o chamou para uma mudança de direção em sua vida? Você já experimentou uma "troca de redes" que transformou sua existência? Como você reagiria se Deus lhe pedisse para deixar algo para trás e seguir um novo caminho? Isso aconteceu com Pedro, o apóstolo. Jesus o chamou para um desafio "fora da caixa": deixar a vida com a qual estava acostumado, deixar o mar onde crescera pescando, largar a rede que lhe era tão familiar.

Você pode ter se acostumado com a rede que usa todo dia para cumprir os compromissos de sua vida: você ganha seu salário, seu sustento, faz seus investimentos. Pode ser que o mar esteja bom para peixe na sua rotina, e vida que segue. Mas, no meio de tudo que você faz, precisa haver um propósito do Alto. Por mais simples que seja a sua atividade profissional ou os seus compromissos diários, precisa haver um momento em que a rede é trocada, em que a direção é outra. Não vivemos apenas para trabalhar e ganhar. Vivemos para experimentar algo muito mais significativo: ganhar almas. Este chamado não foi apenas uma mudança de carreira; foi uma transformação de identidade e propósito. Deus quer levar você a feitos exponenciais! Comece dizendo sim, e troque essa rede hoje mesmo.

ORAÇÃO

Senhor, estou pronto a entregar tudo que faço a Ti. Que a minha vida cumpra o Teu propósito e chamado. Em nome de Jesus, amém.

ANOTAÇÕES

Troque sua rede e prepare-se para uma vida transbordante com Deus.

@josuevalandrojr

22
SETEMBRO
265/365

A CERTEZA

Pois estou convencido de que nem a morte, nem a vida, nem os anjos, nem os demônios, nem o presente, nem o futuro, nem poderes, nem altura, nem profundidade, nem ninguém em toda a criação será capaz de nos separar do amor de Deus que está em Cristo Jesus, o nosso Senhor.

(ROMANOS 8.38-39)

Você já se perguntou se existe algo capaz de separar você do amor de Deus? Qual é a sua maior dúvida ou temor que parece desafiar essa certeza? Você pode honestamente dizer que se sente seguro no amor de Deus, não importam as circunstâncias? Vivemos num tempo de muitas incertezas. Chegamos a duvidar até de nós mesmos, da nossa capacidade, dos nossos talentos. Mas a incerteza que esmaga o coração é a maior de todas as dúvidas: "Será que Deus me ama mesmo?".

Há pessoas que dizem: "Mas, pastor, se Deus me ama, por que estou passando por essa situação?". Hoje é dia de você arrumar isso na sua vida. Comece a construir hoje mesmo a certeza de que o amor de Deus por você não muda jamais, independentemente das circunstâncias. Nada pode separar você desse amor! Não há luta, não há provação ou problema que possa diminuir esse amor, que já foi declarado na Cruz. Você pode até não ter certeza sobre coisas do dia a dia, mas hoje jogue fora a incerteza quanto ao amor de Deus. Ele é real, firme e imutável por você.

ORAÇÃO

Senhor, hoje eu jogo fora toda incerteza sobre o Teu amor incondicional e inabalável. Enche o meu coração com essa certeza e essa paz. Em nome de Jesus, amém.

ANOTAÇÕES

Nada pode separar você do amor de Deus. Viva com essa certeza.

@josuevalandrojr

23
SETEMBRO
266/365

ATITUDE DE FÉ

Porque pensava: "Se eu apenas tocar no seu manto, serei curada". Imediatamente, a hemorragia cessou, e ela percebeu no seu corpo que estava curada daquele mal.

(MARCOS 5.28-29)

Você já perdeu uma oportunidade na sua vida? Há momentos em que precisamos ter a sabedoria de discernir as oportunidades, porque algumas nós não podemos deixar passar. Um desses momentos aconteceu com uma mulher que tinha uma hemorragia. A Bíblia não fala o nome dela, mas sua história ficou marcada como um dos milagres mais impactantes de Jesus, por causa da ousadia dela.

Essa mulher já sofria há 12 anos de uma hemorragia, e havia gastado tudo o que tinha com os médicos, mas nada de solução. Até que ela ouviu falar que Jesus estava passando por ali. Era a oportunidade que esperava! Com fé, ela pensou: "Serei curada se eu apenas tocar em Seu manto". A declaração de fé dessa mulher foi o início de seu milagre. Ela tocou na orla do manto de Jesus e foi curada. Devemos ter essa mesma fé diante das situações que sabemos que precisam mudar. Mesmo que anos tenham se passado, a ousadia através da fé muda uma vida e traz cura, restauração, paz, traz o filho de volta para a igreja, traz o cônjuge para mais perto de Deus. E então, que atitude de fé você precisa ter hoje?

ORAÇÃO

Senhor, eu toco na orla das Tuas vestes hoje para receber essa transformação. Muda a minha história. Eu creio, em nome de Jesus. Amém.

ANOTAÇÕES

Tenha uma atitude de fé hoje.

@josuevalandrojr

QUAL TEM SIDO A SUA OFERTA?

Passado algum tempo, Caim entregou ao Senhor uma oferta dos frutos da terra. Abel também trouxe as primeiras crias do seu rebanho com as partes gordas. O Senhor olhou com agrado para Abel e a sua oferta, mas não para Caim e a oferta deste [...].

(GÊNESIS 4.3-5)

Você tem oferecido a Deus o melhor da sua vida, ou apenas os restos? O Senhor quer as primícias da sua vida: quer o melhor do seu tempo, do seu coração, da sua consagração. Você tem oferecido esse melhor? O texto de hoje descreve o momento em que Caim teve sua oferta recusada, e Abel teve a sua aprovada. Ambos ofereceram algo a Deus, mas um deles ofertou exatamente o que Ele queria, com sinceridade e temor.

Muita gente hoje está oferecendo a Deus tudo de qualquer jeito. Se é no culto, a pessoa diz: "tudo bem assim mesmo". Se é na adoração, "é o melhor que dá para fazer". Se é na pregação, "é só falar qualquer coisa". Tenha uma atitude diferente: oferte o seu melhor a Deus, em todas as áreas da sua vida. A qualidade da sua oferta reflete a profundidade do seu relacionamento com Deus. Ofereça as primícias, não o que sobra de seu tempo, de sua vida, de seus talentos. O Senhor é digno do nosso melhor.

ORAÇÃO

Senhor, hoje ofereço a Ti o meu melhor. Quero Te dar a melhor parte de tudo que sou e que tenho. Abençoa-me, faz com que eu honre o Teu nome. É em nome de Jesus que eu oro. Amém.

ANOTAÇÕES

Sua oferta reflete seu relacionamento com Deus.

@psuevaldojr

25
SETEMBRO
268/365

NÃO É DOS FORTES A VITÓRIA

Percebi ainda outra coisa debaixo do sol: não são os velozes que vencem a corrida, nem os fortes que sempre triunfam na guerra; tampouco são os sábios que têm o que comer, ou os prudentes que têm riquezas, ou os instruídos que têm prestígio, pois o tempo e o acaso afetam a todos.

(ECLESIASTES 9.11)

Você já se sentiu menos capaz e competente do que outros ao seu redor? Como você lida com a pressão de parecer não estar à altura dos desafios que enfrenta? Muitas vezes você não entra num grupo porque acha que os outros são melhores que você. Acha que, se participar, não vai agregar muito aos demais, acha que é melhor ficar na sua. Ou então gostaria de se preparar melhor, mas enfrenta barreiras: circunstâncias, finanças ou mesmo condições físicas.

A Bíblia diz que nem sempre quem ganha na vida são os mais fortes, os mais rápidos, os mais espertos. Há valores que falam mais alto, e esses são a verdadeira razão da vitória. Deus não depende da sua força ou das suas competências para levá-lo ao lugar que Ele tem para você. Ele só quer a sua confiança, a sua fé, o seu esforço. Ele é a fonte da verdadeira vitória. O texto de hoje diz que o tempo e o acaso acontecem a todos — então, adversidades existem mesmo. Contudo, vença os seus desafios na força que vem de Deus, pois é dEle que vem sua recompensa e suas conquistas.

ORAÇÃO

Senhor, eu coloco minha força, meus esforços e minha capacidade de vencer em Tuas mãos, porque só o Senhor me concede a vitória. Em nome de Jesus, amém.

ANOTAÇÕES

Sua força vem de Deus. Ele é quem dá a vitória a cada dia!

@josuevalandrojr

UM CONSELHO PARA VOCÊ

Ó meu filho, filho do meu ventre, filho dos meus votos, não gaste a sua força com mulheres nem o seu vigor com aquelas que destroem reis.

(PROVÉRBIOS 31.2-3)

26
SETEMBRO
269/365

Você já notou que suas escolhas na vida pessoal impactam sua capacidade de liderar e influenciar os outros? Um conselho correto faz toda a diferença na vida. É o que diz a reflexão de hoje, em que a mãe do rei Lemuel o ensina.

Muitos se envolvem com alguém de maneira indevida, e o conselho dessa pessoa os distancia de Deus. "Ah, mas a gente se ama, a gente quer o melhor um para o outro!". Sim, mas quando esse melhor envolve ficar longe de Deus, o perigo está na cara. O relacionamento pode ser um império fabuloso, mas, um dia, ele cai. Não há conselho contrário a Deus que leve a um bom resultado no final da história, mesmo que, no caminho, pareça que está tudo muito bem. A mãe de Lemuel o orienta a evitar a frivolidade, o superficial, pois isso poderia arruiná-lo. Esse conselho vale para hoje: nossas escolhas pessoais podem ter impactos significativos não apenas em nossa própria vida, mas também na daqueles que lideramos ou influenciamos. Que conselhos você tem recebido? Preste atenção no que eu digo: escolha bem os seus conselheiros. Acima de tudo, deixe Deus conduzi-lo no caminho da vida.

ORAÇÃO

Senhor, submeto minhas escolhas a Ti no dia de hoje. Livra-me de todo conselho que me afasta de Ti e que me aprisiona em vazios disfarçados de coisas boas. Em nome de Jesus, amém.

ANOTAÇÕES

O melhor conselho vem de Deus.

27
SETEMBRO
270/365

PALAVRA QUE PURIFICA

Para santificá-la, tendo a purificado pelo lavar da água por meio da palavra.

(EFÉSIOS 5.26)

Como somos santificados? No texto de hoje, o apóstolo Paulo descreve o que Jesus faz com a Igreja através da Sua Palavra: Ele a limpa e purifica. Mas, afinal, como isso acontece? Como é possível sermos limpos com letras e palavras, como diz o versículo? É como se a Palavra de Deus fosse o sabão e a água pura que nos limpam na mente, nas emoções e no comportamento.

A Bíblia tem o poder de transformar completamente uma pessoa, e isso começa quando nossa mente tem contato com ela. Quando obedecemos ao que Deus nos instrui, estamos sendo lavados através dela. Isso não quer dizer que você vai virar um santinho, mas sim que o Espírito vai moldar, confrontar e mostrar a você o que deve ser mudado. Se algo precisa ser lavado e purificado, isso quer dizer que está impuro e sujo. Se você acha que está limpo do jeito que está, eu o convido a experimentar esse banho perfeito, a ser purificado pela Palavra de Deus. Seja limpo por esse poder.

ORAÇÃO

Senhor, limpa o meu coração neste momento. Quero estar em Tua presença com santidade e com o coração purificado pelo Teu Espírito Santo. Em nome de Jesus, amém.

ANOTAÇÕES

Deixe a Palavra de Deus purificar o seu coração.

@josuevalandrojr

O QUE TEM ENCHIDO O SEU CORAÇÃO?

[...] Pois a boca fala do que está cheio o coração.

(MATEUS 12.34)

28

SETEMBRO

271/365

Você já percebeu que nossas conversas revelam nossos interesses? Se uma pessoa passa horas assistindo a jogos de futebol, acaba falando sobre isso o tempo todo. E quem passa o dia pensando em comida? Provavelmente só vai falar de receitas e restaurantes. Mas e você, o que tem enchido seu coração e sua mente? Você é moldado por aquilo a que dedica tempo e atenção. O que você escolhe ver, ouvir e pensar não apenas preenche seus momentos livres, mas também molda sua identidade e suas conversas.

Como seguidores de Cristo, somos chamados a encher nossos corações com a Sua Palavra e o Seu amor, para que sejamos reflexos de Sua verdade e graça no mundo, falando daquilo que está em nosso coração, e não apenas de uma informação que lemos. O que você tem consumido em livros, filmes, músicas, redes sociais e conversas? Isso tem aproximado ou distanciado você de Deus? Seu coração está cheio de quê? Esteja atento ao que enche sua mente, suas falas e atitudes. Que haja coerência em nós entre o que trazemos dentro do coração e o que refletimos às pessoas.

ORAÇÃO

Senhor, tudo que tenho colocado dentro do meu coração eu coloco agora em Tuas mãos. Quero me encher do Teu Espírito, da Tua verdade e do Teu amor, e refletir isso no que falo e faço. Em nome de Jesus, amém.

ANOTAÇÕES

Deixe o Espírito Santo encher sua vida até transbordar!

@josuevalandro_jr

29
SETEMBRO
272/365

O SENHOR OUVIU MEU CLAMOR

O Senhor ouviu a minha súplica; o Senhor aceitará a minha oração.

(SALMOS 6.9)

Você já teve a sensação de que suas orações ficam ecoando em um vazio? Como você mantém a fé quando parece que suas súplicas não estão sendo ouvidas? Você confia que Deus está atento ao seu clamor? Ou acha que Ele está ocupado demais com questões mundiais, por isso não responde? Deus sempre responde ao nosso clamor, jamais deixa alguém que clama sem resposta, mesmo que pareça que está demorando.

Davi era perseguido por Saul, o rei de Israel, mas não tinha feito nada de errado. Então, ele clamava continuamente a Deus por misericórdia. Essa deve ser a nossa atitude. Mesmo diante de muito desespero, clame. Quanta gente revida, busca justiça com as próprias mãos, quer resolver tudo no confronto, sem ir até Deus primeiro! Davi foi perseguido muitas vezes, e em todas Deus lhe respondeu com livramento e misericórdia. Ele fará isso na sua vida também. Por misericórdia, Deus vem em sua direção e age em seu favor. Creia!

ORAÇÃO

Senhor, eu clamo a Ti no dia de hoje porque eu sei que a Tua misericórdia me alcança e me livra. Em nome de Jesus, amém.

ANOTAÇÕES

Clame ao Senhor. Ele ouve e responde.

@josuevalandrojr

RESISTÊNCIA SOBRENATURAL

Mas eu digo: não resistam ao perverso. Se alguém o ferir na face direita, ofereça lhe também a outra.

(MATEUS 5.39)

30

SETEMBRO

273/365

Como é sua reação ao ser ofendido, ou quando alguém faz o mal a você? No mundo, estamos sujeitos a esse tipo de situação o tempo todo. Como você lida com isso determina o que vai colher. O melhor caminho para lidar com pessoas que estão claramente fazendo o mal sem razão é seguir o que Jesus diz: dar a outra face, mas isso não quer dizer que vamos aceitar injustiças, que concordaremos com o que é errado, e sim que, em tais situações, a nossa atitude é de humildade e resistência sobrenatural.

Há coisas que doem, que machucam mesmo. Mas elas não devem paralisar você. O normal quando isso acontece é querer revidar na mesma moeda, brigar, fazer justiça do nosso jeito, e isso nos faz perder a razão. A atitude humilde é a que deixa Deus cuidar da situação, e isso causa um impacto maior, pois é uma resistência sobrenatural, algo além do normal. Ofenderam você? Lembre-se de que Deus está ao seu lado e sempre toma a sua causa nas mãos.

ORAÇÃO

Senhor, eu me esvazio diante de Ti, e entrego toda dor e cicatriz neste momento, para receber a Tua paz e a Tua tranquilidade. Eu sei que o Senhor age com justiça e amor. Graças Te dou por isso, em nome de Jesus. Amém.

ANOTAÇÕES

Deus é seu justo juiz. Confie nEle.

@josuevalandrojr

DEVOCIONAL

manhã com Deus

OUTUBRO

01
OUTUBRO
274/365

MOTIVAÇÕES

Todos os caminhos do homem lhe parecem puros, mas o Senhor avalia as motivações.

(PROVÉRBIOS 16.2)

Você consegue enxergar o coração das pessoas? Embora possamos estudar comportamento e linguagem corporal, podendo até reconhecer, só de olhar, se uma pessoa está mentindo ou não, não conseguimos enxergar o que se passa no coração dela. Olhando as redes sociais, vemos alguém numa viagem dos sonhos ou em um restaurante maravilhoso, porém, por trás dessa aparência, esse alguém pode estar triste, ou longe de Deus, ou até pensando em fazer mal a si mesmo. A aparência não revela o coração.

Da mesma forma, nossas palavras e ações podem estar dizendo uma coisa e nosso coração, outra. Por exemplo, você pode dizer: "Ah, eu quero ajudar os pobres e fazer tudo que é bom, pois assim eu consigo obter algo de Deus". Apesar de ajudar os pobres ser algo louvável, essa motivação não agrada a Deus, pois é barganha. Não adianta você fazer a coisa certa com a motivação errada. Deus só tem prazer se fazemos algo com a única intenção de agradá-Lo e amar o próximo, e não de obter algo. O Senhor está interessado na sua motivação. Hoje é dia de refletir sobre o que está por trás das coisas que você tem feito. Será que suas motivações estão realmente agradando a Deus?

ORAÇÃO

Senhor, sonda o meu coração, vê com Teus olhos se estou agindo com a motivação certa. Se eu estiver errado, corrige-me e guia-me pelo caminho correto. O meu desejo é Te agradar. Em nome de Jesus, amém.

ANOTAÇÕES

Faça tudo com a motivação de agradar a Deus.

@josuevalandrojr

QUAL É A SUA VELOCIDADE?

Se você correu a pé com homens e eles o cansaram, como poderá competir com cavalos? Se você tropeça em terreno seguro, o que fará na densa floresta do Jordão?

(JEREMIAS 12.5)

02
OUTUBRO
275/365

Você se sente sobrecarregado diante dos desafios? Pensa em desistir quando as dificuldades aumentam? Como tem reagido quando a caminhada exige mais de você? O texto de hoje faz uma comparação interessante: se você se cansa caminhando, como vai correr com os cavalos?

A questão é que, se nos cansamos com pequenas batalhas, como enfrentaremos desafios maiores? Deus quer potencializar nossa vida cristã. Se você é do tipo acomodado, que diz "assim está bom, não preciso de muita coisa", saiba que somos chamados a viver em paz e com uma vida interior tranquila, sim, mas que também somos chamados a encarar a vida com dinamismo, com garra, avançando e vivendo o Evangelho. Tem gente que acha que a vida cristã é um tédio, que orar cansa, que ouvir pregação entedia. Saia desse equívoco. A vida cristã é empolgante, é desafio, é vitória todo dia. É experimentar o Reino de Deus. Então, vamos lá! Chega de marasmo! Quem depende apenas das próprias forças se esgota, mas aqueles que confiam no Senhor encontram forças para seguir adiante.

ORAÇÃO

Senhor, me fortalece para correr com perseverança a carreira cristã. Que minha fé não vacile diante dos desafios. Amém!

ANOTAÇÕES

Quem confia em Deus avança sem medo, pois Ele nos dá forças para ir além.

@josuevalandro

CIRCUNSTÂNCIAS NÃO DETERMINAM CARÁTER

03
OUTUBRO
276/365

[...] O que acontece com o homem bom acontece com o pecador; o que acontece com quem faz juramentos acontece com quem teme fazê-los.

(ECLESIASTES 9.2)

Você já achou a vida injusta? Ao olhar as pessoas ao nosso redor, vemos que há gente que, apesar de não pensar no próximo, não estender a mão ao necessitado e só querer saber de ganhar vantagem, parece ser abençoada e não ter problemas na vida. E há gente de Deus enfrentando uma doença terminal, passando por dívidas, ou vendo um filho fazer coisas que não têm a ver com a educação que recebeu.

Isso não quer dizer que Deus é injusto, e sim que Ele deseja que, independentemente de nossas circunstâncias, nos posicionemos conforme o caráter cristão que Ele colocou em nós. As nossas escolhas diante de situações difíceis é que revelam a quem servimos. O Senhor é soberano, sabe o que faz e não Se agrada de ver ninguém sofrer. Não devemos comparar nossa vida com a daquele que desagrada a Deus e é próspero, porque um dia essa pessoa irá perceber que tudo o que tem não consegue comprar a felicidade, não pode comprar a salvação. Só quem tem Cristo na vida é próspero de verdade. As circunstâncias não determinam o seu caráter diante do Senhor.

ORAÇÃO

Senhor, eu quero ser próspero em Ti em qualquer circunstância. Situações boas e ruins acontecem a todos, e eu quero reagir a elas em obediência a Ti. Em nome de Jesus, amém.

ANOTAÇÕES

Tudo o que sou e tudo o que tenho pertence a Deus.

@josuevalandrojr

O PODER DA INSTRUÇÃO

Ouça conselhos e aceite instruções
e, no fim, você será sábio.
(PROVÉRBIOS 19.20)

Como ser sábio? Você sabe o caminho para alcançar a sabedoria? No texto de hoje, Salomão nos ensina que o princípio da sabedoria é o temor a Deus, e que, para desenvolvê-la, precisamos ouvir conselhos e aceitar instruções. Portanto, vamos mudar a pergunta: você tem ouvido instruções? Sabe aceitar conselhos, sabe colocar o seu coração em prontidão para aprender? Ou só impõe a sua vontade sobre tudo e todos, e ninguém consegue lhe ensinar nada, porque você acha que já sabe tudo? Se seguir por esse caminho, seu fim é claro: tolice e ignorância.

O caminho da sabedoria é a total utilização dos seus ouvidos. Ouvir não é escutar e esquecer, é atentar e praticar. Ao se cercar da Palavra e de pessoas sábias, que o instruem segundo o coração de Deus, você encontra o caminho da sabedoria. Tenha um coração ensinável e colha o resultado de andar em sabedoria!

ORAÇÃO

Senhor, fala comigo a cada dia. Seguirei a Tua instrução e a Tua Palavra, pois este é o caminho que conduz à vida. Em nome de Jesus, amém.

ANOTAÇÕES

A instrução que vem de Deus produz vida abundante.

@josuevalandrojr

05
OUTUBRO
278/365

NA AREIA MOVEDIÇA

Ele me tirou de um poço de destruição, de um atoleiro de lama; pôs os meus pés sobre uma rocha e firmou-me em um local seguro.

(SALMOS 40.2)

Você já se viu afundando na vida? Alguma vez já entrou em uma situação e foi descendo, descendo e descendo, sem conseguir se livrar dela? Talvez você esteja agora mesmo em uma areia movediça de problemas. Às vezes, é um vício que não dá para vencer sozinho, uma doença, uma ansiedade que não passa, ou até mesmo uma depressão. Você pode estar sorrindo por fora, mas, por dentro, vive uma angústia que só você e Deus conhecem.

A primeira coisa a fazer é reconhecer que precisa de ajuda. Quando pensamos que sabemos de tudo, que conseguimos sair das dificuldades sozinhos e nos mexemos do jeito que pensamos ser o melhor, acabamos nos afundando mais. Só saímos da areia movediça dos problemas quando pedimos a ajuda de quem é maior, nosso Deus, e quando estamos em um ambiente de cura, a Igreja. Deus usa as pessoas como meio de nos tirar da areia movediça. Saia, hoje mesmo, da situação que prendeu você, em nome de Jesus.

ORAÇÃO

Senhor, eu não quero mais me debater na areia movediça de meus problemas, fazendo tudo conforme as minhas forças, mas quero confiar em Ti e estar em comunhão para viver a Tua vitória. Em nome de Jesus, amém.

ANOTAÇÕES

Firme sua vida na Rocha, que é Jesus!

@josuevalandrojr

RIQUEZAS PROFUNDAS

Ó profundidade da riqueza da sabedoria e do conhecimento de Deus! Quão insondáveis são os seus juízos e inescrutáveis os seus caminhos!

(ROMANOS 11.33)

06

OUTUBRO

279/365

Você já tentou imaginar como Deus é grande? Se não, experimente, no início ou no fim de um dia, parar por cinco minutos e se lembrar de que há um Deus poderoso cuidando da sua história, livrando-o e fazendo algo lindo em você. Nesses momentos, entendemos como somos pequenos em relação a Ele, como um grão de areia numa imensa praia. Não temos como sondar a profundidade que há em Deus. E, ainda assim, o mais extraordinário de tudo é que Ele, sendo tão grande e magnífico, cuida dos detalhes do mundo e da nossa vida, e são tantos que muitas vezes nem percebemos.

Deus nos ama tanto que Se entregou por nós. Além disso, sendo grande, o que Ele pensa sobre nós também é grande! Muitos tentam explicar quem Deus é, ou tentam descobrir o porquê de Ele fazer tudo da forma que faz, mas não há como calcular a Sua grandeza e soberania. Quando entendemos isso, nasce o desejo em nosso coração de aprendermos mais sobre Ele, orarmos mais a Ele, e fazermos mais Sua vontade. Você tem esse desejo?

ORAÇÃO

Senhor, quero conhecer-Te mais a cada dia. Eu me coloco em Tuas mãos para aprender mais de Ti. Em nome de Jesus, amém.

ANOTAÇÕES

Mergulhe na profundidade do conhecimento da Palavra de Deus.

@josuevalandrojr

07
OUTUBRO
280/365

O PRAZER DE VIVER

Tu me farás conhecer o caminho da vida, há alegria plena na tua presença, eternos prazeres à tua direita.

(SALMOS 16.11)

Você vive a vida com alegria? Tem o costume de rir, de ver algo engraçado, de buscar se divertir? A vida com Deus é maravilhosa. No mundo, muitas pessoas vivem amarguradas porque não entenderam que a vida com Deus é cheia de uma felicidade que não se encontra no mundo, e, por isso, tentam preencher o vazio interior com dinheiro, fama, status ou bens materiais, mas nada disso traz satisfação verdadeira. Só Cristo pode oferecer uma alegria genuína e eterna.

Por outro lado, mesmo na igreja, tem gente que parece que não se diverte com nada e até acha que é pecado rir e ser feliz. Mas Deus Se agrada quando nos alegramos de uma forma que glorifica o Seu nome. Não é certo vivermos tristes, cabisbaixos, sempre buscando uma razão para nos lamentar e esquecendo de nos alegrar. O livro de Salmos expressa essa alegria e nos ensina que devemos demonstrar o quanto somos felizes por termos a Jesus, porque Ele nos dá vida em abundância! Experimente o prazer de viver em Cristo!

ORAÇÃO

Senhor, a minha alegria está em Ti. Ensina-me a desfrutar da vida com gratidão e contentamento. Em nome de Jesus, amém!

ANOTAÇÕES

A verdadeira alegria não se encontra no mundo, mas na presença de Deus.

@josuevalandrojr

VELHICE FRUTÍFERA

O cabelo grisalho é uma coroa de esplendor que se obtém no caminho da justiça.

(PROVÉRBIOS 16.31)

Como você está envelhecendo? "Ah, pastor, que pergunta é essa? Está me lembrando que eu estou ficando velho?" Não, a pergunta é se você está olhando além dos próximos cinco anos. Muitas pessoas não planejam como querem passar sua velhice, e deixam de cuidar do corpo, da saúde, não estudam, não querem saber de Deus e de se desenvolver espiritualmente. Porém, ser amadurecido é deixar um exemplo, um legado de honra e sabedoria.

Quando você envelhece na presença de Deus, logo percebe que sua vida está deixando um legado de justiça. Todos os personagens bíblicos que envelheceram na presença de Deus deram frutos em sua velhice: Davi, Daniel, Abraão, Isaque, Eunice, Jacó, Moisés, Débora e tantos outros que são exemplos de como nos mantermos na vontade de Deus conforme o tempo passa. Então, vou repetir a pergunta: como você está envelhecendo? Você já decidiu qual legado irá deixar, se haverá frutos de justiça e uma coroa de esplendor? Se você se mantiver na presença de Deus, então a sua velhice também será abençoada.

ORAÇÃO

Senhor, eu apresento a Ti os meus dias. Quero envelhecer em Tua presença, deixar um legado neste mundo para marcar a minha geração e dar frutos até em minha velhice. Em nome de Jesus, amém.

ANOTAÇÕES

Mantenha seu coração jovem e amadureça com sabedoria!

@josuevalandrojr

NÃO PERCA SUA AUTORIDADE

09
OUTUBRO
282/365

Na primavera, época em que os reis saíam para a guerra, Davi enviou para a batalha Joabe com os seus oficiais e todo o exército de Israel; eles derrotaram os amonitas e cercaram Rabá. Davi, porém, permaneceu em Jerusalém.

(2SAMUEL 11.1)

Quantas oportunidades você já recusou porque sabia que elas iriam desagradar a Deus? Na vida, temos ofertas que parecem boas, mas que, no fim, trazem morte. O texto de hoje mostra o momento em que o rei Davi escolheu permanecer em Jerusalém em vez de ir à guerra, que era seu papel como rei. Só essa escolha errada custou sua posição de autoridade, e ele pecou contra Deus, porque ficou à janela, na varanda, pensando em nada.

Quantas vezes nos colocamos junto a janelas que estão claramente fora do propósito para o qual Deus nos chamou, e assim damos brecha para que nossas fraquezas se manifestem! As brechas que abrimos para o pecado tiram a nossa autoridade espiritual diante das verdadeiras guerras, e ainda temos de sofrer as consequências terríveis dessas más escolhas. Feche as brechas hoje. Não se distraia. Mesmo que pareça inofensiva, a proposta que não vem de Deus só serve para destruição.

ORAÇÃO

Senhor, eu me posiciono como um guerreiro agora, porque não quero ficar perdendo tempo com janelas na minha vida que só trazem destruição, janelas que são brechas para o pecado. Peço que o Senhor me dê discernimento, em nome de Jesus. Amém.

ANOTAÇÕES

Posicione-se no centro da vontade de Deus.

@josuevalandrojr

DEIXE OS OUTROS ELOGIAREM VOCÊ

Que outros façam elogios a você, não a sua própria boca; outras pessoas, não os seus próprios lábios.

(PROVÉRBIOS 27.2)

10

OUTUBRO

283/365

Você gosta de elogios? Você faz elogios a outros, ou só a si mesmo? Tem gente que, quando conversa, não para de falar de si próprio, das próprias conquistas, de tudo o que tem e fez. Isso torna a conversa um monólogo e o outro perde o interesse, porque ninguém aguenta uma pessoa que só fala de si mesma, como se só existisse ela no mundo.

O texto de hoje mostra que elogios devem vir de outros, de maneira natural, e não da própria pessoa, de maneira forçada. Quem vive se promovendo acaba perdendo a credibilidade e é visto como orgulhoso e arrogante. Um pavão. Nossa boca deve estar pronta para glorificar a Deus e para elogiar as outras pessoas, não a nós mesmos. A Palavra de Deus é tão perfeita que nos ensina esse princípio para não passarmos vergonha. Portanto, em suas conversas, busque ouvir mais e falar menos. Se for elogiar, elogie o outro. Deus é quem honrará você no momento certo.

ORAÇÃO

Senhor, ajuda-me a ter um coração humilde diante de Ti e dos outros, em nome de Jesus. Amém.

ANOTAÇÕES

Coloque os outros acima de si mesmo.

@josuevalandrojr

11
OUTUBRO
284/365

A ESCOLHA DE ABRAÃO

Pela fé, Abraão, quando chamado, obedeceu e dirigiu-se a um lugar que mais tarde receberia como herança, embora não soubesse para onde estava indo.

(HEBREUS 11.8)

Se Deus lhe pedisse para largar tudo e ir para um lugar desconhecido, você iria? E se essa jornada exigisse abrir mão de sua segurança e seu conforto, por uma promessa que parecesse impossível? Abraão fez essa escolha. Com 75 anos, já tinha sua vida estruturada, era próspero e morava em uma cidade grande, Ur. Mas, quando Deus o chamou, ele não hesitou. Não pediu garantias, não exigiu explicações. Apenas confiou. Ele deixou sua terra, sua família e partiu sem saber exatamente para onde ia, sustentado apenas por uma promessa divina. Sua fé não estava naquilo que via, mas no Deus que guia os que Lhe obedecem.

Hoje, Deus ainda nos chama para confiar nEle, mesmo quando o caminho é incerto. Será que estamos dispostos a deixar nossas zonas de conforto e seguir pela fé? Quem confia em Deus não precisa enxergar todo o trajeto, apenas seguir aquele que sabe o fim desde o começo.

ORAÇÃO

Senhor, dá-me a fé de Abraão para confiar em Ti, mesmo quando não vejo o caminho. Que a minha obediência seja maior que os medos que tentam me aprisionar. Em nome de Jesus, amém!

ANOTAÇÕES

Quem confia na promessa não precisa ver o caminho, apenas seguir a voz de Deus.

@josuevalandrojr

LEVE AS CRIANÇAS ATÉ JESUS!

Em seguida, tomou as crianças nos braços, impôs-lhes as mãos e as abençoou.

(MARCOS 10.16)

12

OUTUBRO

285/365

Você conhece alguém que é tão ocupado no trabalho, na igreja e nas atividades cotidianas, que não dedica tempo para ensinar os filhos ou as crianças com quem convive? Jesus teve um ministério de poucos anos na Terra, mas a Bíblia sempre O mostra como alguém próximo dos pequeninos, ao ponto de tomá-los nos braços, impor as mãos sobre eles e abençoá-los.

Hoje celebramos o Dia das Crianças, e é importante refletirmos se as temos aproximado de Jesus ou se estamos fazendo como os discípulos, tentando impedir sua aproximação dEle. Na era da tecnologia, em que muitos buscam cativar a atenção dos pequenos, temos que ser estratégicos, sabendo conduzi-los ao Senhor. Em vez de negligenciar as crianças e ou levá-las para longe de Cristo, devemos, como Igreja — isto é, como líderes, pais e professores —, nos posicionar com lucidez e responsabilidade. Levar uma criança aos braços de Jesus é ensiná-la desde cedo a andar em Seus caminhos. Nossa missão é levá-las a Cristo, confiando que Ele sempre as acolherá e abençoará.

ORAÇÃO

Senhor, dá-me sabedoria para lidar com as crianças, levando-as à Tua presença. Que eu seja um exemplo para elas. Em nome de Jesus, amém.

ANOTAÇÕES

Em Jesus, toda criança encontra amor, cuidado e bênção.

@josuevalandrojr

SEJA FIEL EM SEU AMOR AOS OUTROS

13
OUTUBRO
286/365

O que as pessoas desejam é o amor leal [...].

(PROVÉRBIOS 19.22)

O seu amor é fiel ou depende de circunstâncias? Será que você tem sido alguém que hoje ama, mas amanhã nem conhece mais? Tem sido alguém que cancela com a mesma facilidade com que se aproxima? Você tem demonstrado fidelidade nas suas relações? Será que a sua palavra reflete compromisso com o outro ou se trata apenas de uma atitude egoísta, que descarta quem não corresponde a suas expectativas? Essas reflexões servem para pensarmos a sério nessa questão de amar sem abandonar.

O mundo está cheio de relações superficiais, nas quais o amor é negociado e baseado em conveniência. Deus, porém, nos chama para um amor leal, sem egoísmo. Fidelidade faz parte do fruto do Espírito, e é um reflexo do caráter de Cristo em nós, pois Ele nos ensinou a amar até o fim. O egoísmo destrói os relacionamentos, mas a lealdade fortalece os laços. Quem ama não busca vantagens pessoais, mas age pensando no bem do próximo. O amor leal é um testemunho poderoso em nós da presença de Deus, Aquele que nunca abandona. É assim que você ama?

ORAÇÃO

Senhor, ensina-me a amar com fidelidade, sem deixar o outro quando ele não satisfaz meus interesses. Que minha vida reflita o Teu amor leal. Em nome de Jesus, amém!

ANOTAÇÕES

O amor verdadeiro se firma na lealdade, não nas circunstâncias.

@josuevalandrojr

VOLTE PARA AGRADECER

Um deles, quando viu que estava curado, voltou, dando glória a Deus em alta voz.

(LUCAS 17.15)

14
OUTUBRO
287/365

Você tem sido grato a Deus por tudo o que Ele tem feito em sua vida? Ou será que, depois de receber Suas bênçãos, você apenas segue em frente? O texto de hoje conta que, certa vez, dez leprosos foram curados por Jesus. Posso imaginar todos pulando de felicidade, comemorando porque agora poderiam ser parte da sociedade, ir a lugares públicos e receber abraços de seus entes queridos. A vida seria outra. Mas, desses dez leprosos, só um pensou: "Opa! Peraí, pessoal! Esqueci de agradecer a Jesus!".

Às vezes, você ora por uma bênção, persevera e fica ali direto, pedindo algo a Deus. Contudo, quando recebe o que quer, você some. Desaparece. É aquela matéria difícil da faculdade, aquele problema da empresa, aquela cura de uma doença. Você fica tão envolvido na alegria de receber a bênção, que se esquece de parar e agradecer a Deus. E às pessoas também. Afinal, quanta gente fez coisas incríveis para ajudar você a estar onde está hoje! Será que essas pessoas receberam mostras de sua gratidão? Ou será que você só disse um "Valeu!", e saiu correndo para seus compromissos? Aprenda a ser grato. Gratidão envolve palavras e gestos que saem do seu interior, envolve uma maneira agradecida de conviver diariamente com as pessoas e com Deus. Viva agradecendo. A gratidão torna sua comemoração ainda maior, pois felicidade dividida é felicidade compartilhada. Não perca essa oportunidade e alegria. E hoje, a quem você precisa agradecer?

ANOTAÇÕES

Agradecer mostra um caráter alinhado com o coração de Deus.

ORAÇÃO

Senhor, ensina-me a sempre voltar para Te agradecer pelas bênçãos, e também a mostrar gratidão àqueles que me abençoam. Eu reconheço a Tua bondade e a deles em cada detalhe. Oro em nome de Jesus. Amém.

@josuevalandrojr

ENSINA-ME OS TEUS CAMINHOS

15
OUTUBRO
288/365

Mostra-me, Senhor, os teus caminhos,
ensina-me as tuas veredas.

(SALMOS 25.4)

Hoje é uma data especial, em que celebramos o Dia do Professor, essa pessoa que, assim como o Senhor, se dedica a nos ensinar e nos dar acesso a tantas oportunidades na vida. Pensando em tudo o que os professores fazem, eu pergunto: de que maneira Deus exerce esse papel para conosco? Aliás, o que a Palavra diz sobre ensinar e aprender?

No hebraico, o termo usado para "ensinar" traz o sentido de instruir, corrigir e até disciplinar. Já "aprender" significa não apenas ouvir, mas absorver e praticar, buscando por vontade própria o conhecimento, e se dispondo a ser moldado e transformado por aquele que ensina. No caso de Deus, ser ensinado por Ele não é apenas receber Sua direção, mas se submeter e se deixar conduzir. Aprender com o Senhor exige entrega, humildade e disposição para obedecer. Quem deseja aprender com Ele precisa estar pronto para receber sua correção e disciplina. O verdadeiro aprendizado não acontece na teoria, mas na prática da fé diária. E você, busca conhecer os caminhos do Senhor ou apenas ouve sobre eles? Está disposto a ser moldado por Ele? Que Deus abençoe seu dia!

ORAÇÃO

Senhor, ensina-me os Teus caminhos e molda o meu coração para seguir a Tua vontade. Quero aprender de verdade, não apenas ouvir e esquecer. Em nome de Jesus, amém!

ANOTAÇÕES

Aprender de Deus é ser transformado por Ele.

@josuevalandrojr

COMO TER SUCESSO?

Pois, ainda que o justo caia sete vezes, tornará a se levantar, mas os ímpios tropeçarão no mal.

(PROVÉRBIOS 24.16)

Você já se sentiu um fracassado? Já cometeu erros e sentiu que não tinha mais jeito nem solução? Como você lida com o fracasso? Na vida, é certo que vamos falhar, porque somos humanos e pecadores, mas a maneira como lidamos com essa falha é o que determina se teremos sucesso ou não. O texto de hoje mostra que o verdadeiro sucesso vem de saber o que agrada a Deus e nunca desistir de fazê-lo, apesar das quedas.

Há pessoas que não suportam o fracasso. Quanta gente falhou na dieta, por exemplo, e então parou de se cuidar, parou de fazer exercícios físicos, e pensou: "Ah, eu não consigo mesmo, não tem como eu fazer isso". Porém, quero dizer que não tem como você passar de ano sem estudar. Não tem como emagrecer de maneira saudável sem determinar uma dieta e rotina de exercícios. Não tem como querer um cabelo e aparência alinhados sem ter uma rotina de cuidados. É claro que ninguém faz nada com a intenção de errar, mas o fracasso não deve deter você, que está no processo de obter sucesso. Você só vai conseguir crescer e vencer se for persistente no processo. Só vive o propósito quem suporta o processo. Por isso, persevere, e, mesmo que caia, Deus o levantará e o fará vencer.

ORAÇÃO

Senhor, quero aprender com os fracassos. O Senhor me sustentou diante de cada um deles até aqui e estou pronto a passar pelo processo de aprender. Em nome de Jesus, amém.

ANOTAÇÕES

O verdadeiro sucesso vem de nunca desistir.

@josuevalandrojr

17
OUTUBRO
290/365

INABALÁVEIS

Os que confiam no Senhor são como o monte Sião, que não se pode ser abalado, mas permanece para sempre.

(SALMOS 125.1)

O que tem abalado a sua fé? Como você reage diante das incertezas? Sua confiança em Deus é firme ou oscila conforme as circunstâncias? A vida nos apresenta desafios que podem nos desestabilizar, mas a Bíblia nos ensina que aqueles que confiam no Senhor permanecem firmes. Assim como o monte Sião, que não se abala com os ventos e tempestades, nossa fé precisa estar alicerçada em Deus. Isso não significa que não enfrentaremos dificuldades, mas que nada poderá nos derrubar se estivermos firmados nEle. Se você se abala com um carro atravessando o seu no trânsito, com uma palavra desagradável que lhe disseram ou com uma notícia que sequer foi confirmada, sua palavra de hoje é: confie no Senhor, com todas as suas forças.

Enquanto muitos desmoronam diante das provações, os que confiam no Senhor permanecem de pé. Ele é nossa Rocha, nosso refúgio seguro. Quem deposita sua esperança nEle não será envergonhado, pois Deus sustenta e fortalece aquele que se agarra às Suas promessas. Então, se algo abalou você hoje, exerça sua fé e volte à sua firmeza, para glória de Deus.

ORAÇÃO

Senhor, mesmo que eu esteja me sentindo abalado, coloco minha confiança em Ti neste momento, para ser renovado em minha fé e me tornar inabalável, como promete a Tua Palavra. Eu creio em Ti. Em nome de Jesus, amém.

ANOTAÇÕES

Quem confia no Senhor permanece firme, pois Ele nunca falha.

@josuevalandrojr

OS HERDEIROS

Os filhos são herança do Senhor, e os frutos do ventre, uma recompensa.

(SALMOS 127.3)

Você já recebeu uma herança? Conhece alguém que herdou uma casa, uma empresa ou uma soma de dinheiro? Herdeiros precisam de sabedoria para lidar com aquilo a que têm direito. Não é só pegar aquele valor e sair gastando; é preciso cuidar bem dele.

O texto de hoje aponta para o fato de que uma herança que recebemos do Senhor neste mundo são nossos filhos. Observe a dimensão disso, imagine o quanto Deus os ama e preza por eles — e, mesmo assim, os confiou a você! Essa é uma base fortíssima para nos lembrarmos de que é preciso investir em nossas crianças e adolescentes, pois eles são nossa herança do Senhor. Tem gente tratando filho com ausência, com indiferença, de qualquer jeito. Tem gente deixando filha ser educada pela inteligência artificial, desconectada de bons exemplos e relacionamentos, sem construção de valores. Não basta presentear e prover, é fundamental gerar referência para eles. Nossos jovens são nossa recompensa. Você tem investido nos seus filhos, em sua vida espiritual e no bom relacionamento deles com você? Ou sua proximidade tem sido só por celular e redes sociais? Ajuste isso para garantir que sua herança será preservada e sua recompensa será valiosa.

ORAÇÃO

Senhor, quero ter sabedoria a cada dia para lidar com a herança que o Senhor me deixou na Terra, sendo um exemplo de vida para meus filhos e para toda criança com quem convivo. Em nome de Jesus, amém.

ANOTAÇÕES

Herdeiros bem-preparados são flechas certeiras na mão de Deus.

@josuevalandrojr

19
OUTUBRO
292/365

SEJA FORTE E CORAJOSO!

Não fui eu que ordenei a você? Seja forte e corajoso! Não se apavore nem desanime, pois o Senhor, o seu Deus, estará com você por onde você andar.

(JOSUÉ 1.9)

Você já se sentiu incapaz diante de um grande desafio? Como reagiu quando Deus lhe pediu para avançar, mesmo sem experiência? O medo tem paralisado você ou o tem levado a confiar mais no Senhor? Todos nós sentimos insegurança diante do novo. Faz parte da vida. Quando Moisés morreu e chegou a vez de Josué conduzir o povo de Israel a Canaã, ele sentiu insegurança e medo. Sem experiência como líder — ainda mais como líder de milhares de pessoas —, Josué estremeceu ao se deparar com tamanho desafio.

Então Deus entrou em cena e se colocou ao lado dele. Da mesma forma, o Senhor quer entrar em cena na sua vida hoje. Ele quer Se colocar diante dos desafios que você está enfrentando e que o estão assustando, os quais lhe dão a impressão de que não vai conseguir vencer. Deus lhe ordena: "Seja forte e corajoso!", pois Ele não depende da nossa capacidade para que Sua vontade se cumpra. Ele só quer a nossa entrega total. Talvez seus desafios pareçam maiores do que você, mas Deus já deu a ordem: avance! O segredo da força de Josué não estava nele mesmo, mas na certeza de que o Senhor estaria com ele em cada passo. Agora é com você: seja forte e corajoso!

ORAÇÃO

Senhor, eu não temerei porque Tu estás comigo diante de cada desafio. Serei forte e corajoso, e verei as Tuas maravilhas acontecerem na minha vida. Em nome de Jesus, amém.

ANOTAÇÕES

A força não vem da experiência, mas da obediência a Deus.

@josuevalandrojr

ANTES DA GUERRA

Uma guerra se faz com sábias orientações, e a vitória é alcançada com muitos conselheiros.

(PROVÉRBIOS 24.6)

20
OUTUBRO
293/365

Você já assistiu a um filme de guerra? Daqueles com um exército de cada lado e com ordens a serem seguidas? Esses filmes nos ensinam que é preciso haver muita organização numa guerra, e que essa organização não é feita só na hora de lutar. Os soldados se preparam com bastante antecedência, dedicando tempo a aprender a usar suas armas e a treinar com elas em equipe — e isso é só o começo! Acima deles, os capitães e generais também precisam se reunir, estudar o inimigo e planejar uma estratégia.

Antes de ir à guerra, é preciso estudo e preparo, e o versículo de hoje ensina que isso também se aplica à nossa vida. Nós enfrentamos uma guerra invisível, e a preparação para ela é espiritual, não física. É verdade, há uma guerra acontecendo ao seu redor e dentro de você. Precisamos todos os dias nos preparar, estudar a Palavra, dedicar tempo à oração, aprender com nossos irmãos e conhecer mais ao Senhor, pois só assim estaremos com o nosso espírito treinado para a guerra. Não viva à mercê das circunstâncias, mas prepare-se para a guerra com conselhos e estratégias. Antes da guerra vem o preparo.

ORAÇÃO

Senhor, Tu és o meu Conselheiro e em Ti está a sabedoria. Eu necessito da Tua estratégia para vencer as guerras da minha vida todos os dias. Em nome de Jesus, amém.

ANOTAÇÕES

Deus luta as nossas guerras.

@josuevalandrojr

PRUDÊNCIA E INOCÊNCIA

21
OUTUBRO
294/365

Prestem atenção! Eu os envio como ovelhas no meio de lobos. Portanto, sejam prudentes como as serpentes e inocentes como as pombas.

(MATEUS 10.16)

Como você se comporta diante das pessoas ao seu redor? No versículo de hoje, Jesus deixa claro que, neste mundo, muito do que vamos encontrar são lobos que querem nos devorar; portanto, precisamos ser prudentes e inocentes, ao mesmo tempo. Como assim?

Ser prudente como uma serpente é pedir que Deus nos use para revelar às pessoas sua sabedoria e seu poder. Isso acontece quando Ele abençoa nosso raciocínio e nos dá discernimento, mostrando a hora certa e a maneira certa de falar e agir, e nos ajudando a colocar nossa confiança nEle para nos defender da maldade do mundo. Ao mesmo tempo, nosso Senhor diz que devemos ser inocentes como as pombas, algo que parece uma fraqueza, mas que, na verdade, é muito poderoso. Trata-se de revelarmos uma atitude mansa, convidativa e cativante, que faz as pessoas quererem se aproximar de nós e estar perto de Cristo. Ser inocente também é ser humilde, sem nos deixarmos ensoberbecer com o que Deus faz através de nós. Prudência e inocência: é no coração que tem estas duas qualidades que o Espírito Santo repousa. Portanto, seja prudente, preserve a inocência e desfrute da bênção de estar vivendo a vontade de Deus para você!

ORAÇÃO

Senhor, ensina-me a ser prudente sem perder a ternura, a ser sábio sem ser agressivo ou arrogante. Que eu reflita Tua verdade com equilíbrio. Em nome de Jesus, amém!

ANOTAÇÕES

Preserve a ternura do seu coração e seja prudente em suas decisões.

@josuevalandrojr

O AMANTE DE SI MESMO

22
OUTUBRO
295/365

Isso porque os homens serão amantes de si mesmos, apegados ao dinheiro, arrogantes, orgulhosos, blasfemos, desobedientes aos pais, ingratos, ímpios.

(2TIMÓTEO 3.2)

Você já percebeu que o amor-próprio tem sido exaltado acima de tudo hoje em dia? Já notou que muitos vivem apenas para si mesmos? O que acontece quando a busca pelo eu se torna mais importante do que a busca por Deus? Não estou dizendo que você não deve se cuidar, dedicando tempo para estar com a saúde em dia — é nosso dever e prazer, como cristãos, zelar por nossa mente, emoções, físico, relacionamentos e vida espiritual. Mas até isso devemos fazer por amor a Deus em primeiro lugar. Nossa prioridade deve sempre ser o Senhor.

A Bíblia diz que chegará um tempo (e já chegou) em que as pessoas serão amantes de si mesmas, um tempo em que o individualismo e o egoísmo assumirão o lugar do temor ao Senhor. É a satisfação do ego acima de tudo — e isso é idolatria. Afinal, a pessoa está rejeitando a verdade da Palavra e trocando seu compromisso com Ele por deleites deste mundo. Aí o amor por Deus esfria e surge a apostasia, isto é, o amor a Jesus desaparece e o culto a si mesmo prevalece. Porém, o verdadeiro cristão não vive para si, mas para Cristo. Quem se torna escravo do próprio ego caminha para longe da verdade. É tempo de vigilância! Não podemos nos conformar com essa mentalidade. Precisamos permanecer firmes na fé, rejeitando o espírito desta era e vivendo para a glória de Deus. Pare de cultuar a si mesmo e cultue ao Senhor.

ANOTAÇÕES

Ame a Deus, ame a si mesmo e ame ao seu próximo.

ORAÇÃO

Senhor, livra-me do engano do amor-próprio exagerado. Que meu coração esteja firmado em Ti e na Tua verdade. Que eu ame a Ti e ao meu próximo, como diz a Tua Palavra. Em nome de Jesus, amém!

@josuevalandrojr

23
OUTUBRO
296/365

OS CACOS

Ai daquele que contende com quem o formou, daquele que não passa de um caco entre os cacos no chão! Acaso o barro pode dizer ao oleiro: "O que você está fazendo?" [...].

(ISAÍAS 45.9)

Você já se sentiu quebrado e sem valor? Tem questionado os caminhos de Deus? Como tem reagido diante dos momentos em que não entende o que Ele está fazendo? Se você conhece esta canção: "quebra a minha vida e faze-a de novo, eu quero ser um vaso novo", certamente se lembra que o vaso a ser quebrado somos nós mesmos. Quando Deus nos quebra para fazer um vaso novo, muitas vezes ficamos tristes, sem entender o que está acontecendo.

Somos como cacos nas mãos do Oleiro: pequenos, frágeis e incapazes de enxergar o quadro completo. Muitas vezes, queremos discutir com Deus, exigir explicações ou moldar nossa própria história, esquecendo que Ele é o Criador, e nós, apenas barro. Às vezes, sem perceber, estamos tentando tomar o lugar do Oleiro e mostrar a Ele como deve agir. Contudo, quero dizer a você: pare agora mesmo. Deixe o Senhor moldar sua vida. Ele transforma os cacos em vasos novos, restaurando aquilo que parecia perdido. Em vez de contender com Ele, confie em Seu plano perfeito, pois tudo o que Ele faz tem um propósito eterno.

ORAÇÃO

Senhor, eu quero ser um vaso novo. Molda tudo que está em cacos na minha vida para construir aquilo que é o Teu propósito eterno. Em nome de Jesus, amém.

ANOTAÇÕES

O caco que se rebela contra o Oleiro nunca será um vaso novo.

@josuevalandrojr

VENCENDO COM CRISTO

Mas graças a Deus que nos dá a vitória por meio do nosso Senhor Jesus Cristo.

(1CORÍNTIOS 15.57)

24
OUTUBRO
297/365

Você já experimentou uma vitória que sabia que não teria como alcançar sozinho? Já refletiu sobre o verdadeiro significado de vencer, não por suas próprias forças, mas pela intervenção divina? O texto de hoje nos lembra de que nossa maior conquista já foi alcançada: Jesus ressuscitou!

Através da ressurreição dEle, Deus nos fez vencer definitivamente o pecado e a morte — e essa é a vitória que realmente importa. Todas as demais — isto é, cada pequena conquista em nossa vida diária — são reflexos do que Cristo obteve na Cruz. Quando enfrentamos desafios pessoais, profissionais ou espirituais, temos um motivo para manter a cabeça erguida e o coração esperançoso: não estamos lutando pela vitória, estamos lutando a partir da vitória! Essa perspectiva muda tudo: a questão não é se vamos vencer, mas como vamos viver a partir daquilo que já nos foi garantido por Cristo! Que Deus abençoe sua vida.

ORAÇÃO

Senhor, eu te agradeço pela vitória que me deste em Jesus Cristo. Sou mais que vencedor por causa do Teu amor. Em nome de Jesus, amém.

ANOTAÇÕES

Sua vitória foi conquistada por Cristo!

@josuevalandrojr

25
OUTUBRO
298/365

O AMIGO VERDADEIRO

Como dente estragado ou pé deslocado, assim é a confiança no desleal na hora da dificuldade.

(PROVÉRBIOS 25.19)

Quem são seus verdadeiros amigos? Você pode contar com eles nos momentos difíceis? Sua amizade é baseada na lealdade ou no interesse? Muitos se dizem amigos, mas a verdadeira amizade é provada na alegria e na dor. O amigo fiel sabe celebrar suas conquistas sem inveja e permanecer ao seu lado quando tudo desmorona. Já a falsa amizade se desfaz na primeira dificuldade, mostrando-se frágil e interesseira.

Tem gente que diz que é seu amigo até debaixo d'água, mas a primeira garoa ou a primeira poça de problemas da vida já afunda essa "amizade de barquinho de papel". São os amigos desleais. Como pode existir isso, um amigo desleal? Ele é fiel a si mesmo, não a você. Confiar em alguém assim é como ter dor de dente: só quem já tentou comer com o dente doendo sabe o que é isso! Ou então caminhar com o pé em luxação — que dor terrível! Mais dia, menos dia, duas coisas acontecem com quem mantém amizades assim: dor e frustração. Valorize os seus amigos verdadeiros. Reconheça, apoie, elogie. Seja genuíno com eles. Cultive relacionamentos assim, em lugar de ficar com as poças d'água, que só vão lhe causar esgotamento emocional. Comece hoje a realinhar isso na sua vida.

ORAÇÃO

Senhor, ensina-me a ser um amigo verdadeiro e a discernir quem realmente caminha ao meu lado. Que minha amizade reflita Teu amor e Tua lealdade. Em nome de Jesus, amém.

ANOTAÇÕES

A amizade verdadeira resiste ao tempo, à dor e às provações.

@josuevalandrojr

DE ONDE VEM A SUA FORÇA?

[...] a alegria do Senhor é a sua força.

(NEEMIAS 8.10)

O que tem sustentado você nos dias difíceis? Sua força depende das circunstâncias ou vem de algo maior? Você tem encontrado verdadeira alegria no Senhor? Há situações que esgotam a nossa força, e não queremos sair da cama, não queremos estar na igreja, não queremos ver ninguém. Pode ser uma decepção, o fim de um relacionamento, um desemprego, uma notícia que nos deixa abalados por dentro. É aí que entra a força do Senhor, a única que nos levanta em momentos assim. Muitas vezes, buscamos força em coisas passageiras — sucesso, reconhecimento, estabilidade financeira —, mas, quando essas bases falham, o mundo desaba de vez.

O texto de hoje nos faz lembrar de onde vem a nossa força: do Senhor. A alegria dEle nos enche e fortalece. E como isso acontece? Essa alegria não é um sentimento, é um levantar que Deus faz. Sabe quando você devia desabar com um diagnóstico ou uma notícia, mas o Senhor vem e diz: "Olha, Eu estou aqui, e Eu sou o Senhor! Confia em mim"? É aí que nasce essa alegria e esse vigor. Quem deposita suas forças no Senhor experimenta a alegria inexplicável que só Ele dá. Seja abençoado hoje com essa capacitação que vem do Pai!

ORAÇÃO

Senhor, a minha força não depende de circunstâncias, mas da alegria que encontro em Ti. Eu confio no Teu sustento e no Teu renovo. Em nome de Jesus, amém!

ANOTAÇÕES

A força verdadeira vem da alegria de pertencer ao Senhor.

@josuevalandrojr

VOCÊ TEM UM PLANO?

27
OUTUBRO
300/365

Muitos são os planos no coração do homem, mas o que prevalece é o propósito do Senhor.

(PROVÉRBIOS 19.21)

Você já fez planos que não se concretizaram? Como você reage quando Deus muda sua rota? Fazemos planos, traçamos metas e idealizamos o futuro, mas a Palavra nos ensina que, no fim, o que realmente prevalece é o propósito de Deus. Podemos até lutar para manter o controle, mas o Senhor tem um caminho maior e melhor. Muitas vezes, Ele fecha portas que achávamos certas e nos leva a direções inesperadas — não para frustrar nossos sonhos, mas para nos alinhar com Sua vontade perfeita.

A verdadeira segurança não está em ter um plano bem estruturado, mas em confiar que Deus sabe o que é melhor. Quando entregamos nossos planos a Ele, aprendemos que perder o controle não é um fracasso, mas um ato de fé. O que vem de nosso Pai nunca falha, e o propósito dEle sempre se cumprirá. Se você tem um plano, submeta-o a Deus, e deixe que Ele o valide, que dê o "aprovado". Confie no Senhor, porque Seu plano é o melhor.

ORAÇÃO

Senhor, ensina-me a confiar nos Teus planos acima dos meus. Que eu saiba abrir mão do que quero para viver o que Tu preparaste para mim. Em nome de Jesus, amém!

ANOTAÇÕES

Nossos planos podem falhar, mas o propósito de Deus sempre se cumpre.

@josuevalandrojr

A COLHER NÃO EXISTE

Pois vivemos por fé, não pelo que vemos.

(2CORÍNTIOS 5.7)

Você confia mais no que vê ou no que crê? Suas decisões são baseadas na fé ou na aparência das circunstâncias? O que você faz quando a realidade parece contradizer as promessas de Deus? No filme Matrix, que ficou conhecido por descrever realidades que não são visíveis, o personagem olhava para a colher, mas o que havia ali era um objeto feito de partículas invisíveis. E assim ficou famosa a frase: "A colher não existe", pois a realidade não era o que ele estava vendo.

A realidade pode ser muito diferente do que percebemos. Como cristãos, nós não somos guiados pelo que vemos, e sim pela fé. As circunstâncias podem parecer impossíveis, os problemas podem parecer intransponíveis, mas a Palavra nos ensina que há uma realidade maior: a realidade que Ele estabelece. O médico diz uma coisa, Deus diz outra. A situação aponta para uma coisa, mas a palavra final vem do Senhor. Você não está nesta Terra para se guiar pelo que vê, mas pela fé, porque Cristo domina sobre tudo. O poder de Deus vai muito além da aparência. Não importa a situação em que você está hoje, saiba que Ele está agindo muito acima dos seus problemas e provações. Não coloque seus olhos no aparente, coloque sua fé em Deus.

ORAÇÃO

Senhor, ensina-me a viver pela fé e não pelo que vejo. Que eu confie na Tua Palavra acima das circunstâncias. Em nome de Jesus, amém!

ANOTAÇÕES

A realidade de Deus é maior do que aquilo que os olhos podem ver.

@josuevalandrojr

29
OUTUBRO
302/365

O CINTO

Este veio ao nosso encontro, tomou o cinto de Paulo e, amarrando as suas próprias mãos e os pés, disse: "Assim diz o Espírito Santo: 'Desta maneira os judeus amarrarão o dono deste cinto em Jerusalém e o entregarão aos gentios'".

(ATOS 21.11)

Como seria se você soubesse quais provações estão por vir em sua história? Se Deus revelasse os desafios à sua frente, você seguiria adiante ou tentaria evitar o caminho difícil? Como reagiria se soubesse que sua fidelidade a Cristo custaria caro? Muitas vezes, oramos a Deus pedindo para que nos revele o que está por vir, mas a resposta não é agradável.

O apóstolo Paulo viveu isso. Ele estava a caminho de Roma quando um profeta do Senhor pediu seu cinto e anunciou o que lhe aconteceria em breve: Paulo seria amarrado e, quando chegasse a Roma, seria morto. Mesmo assim, o apóstolo permaneceu firme e fiel a Deus. Seu objetivo não era evitar a dor, mas honrar a Deus em qualquer situação. Será que é assim que temos recebido notícias que mudam nosso dia? A vida cristã não é isenta de dificuldades, mas Deus pode nos preparar para elas antes que aconteçam, basta descansarmos nEle. E então, você vai fugir diante das provações ou enfrentá-las com a ajuda do Senhor?

ORAÇÃO

Senhor, dá-me coragem para enfrentar qualquer prova que vier, sabendo que o Senhor já preparou o caminho. Que minha fé seja maior do que meu medo. Em nome de Jesus, amém!

ANOTAÇÕES

As provações podem ser anunciadas, mas quem confia em Deus não recua.

@josuevalandrojr

QUAL É A DIFERENÇA?

30
OUTUBRO
303/365

Então, vocês verão novamente a diferença entre o justo e o ímpio, entre os que servem a Deus e os que não lhe servem.

(MALAQUIAS 3.18)

Quando uma pessoa anda ao seu lado e conversa com você, ela percebe no seu jeito de agir e falar que você anda com Deus? Quando as provações chegam, sua fé se mantém firme ou se mistura com os padrões do mundo? Tem gente que acha que falar de Jesus envolve apenas dizer as palavras certas, mas o que somos e fazemos fala mais alto do que o que verbalizamos.

Já aconteceu de você entrar num ambiente e alguém lhe dizer: "Você é diferente. Tem alguma coisa em você que me traz um bem-estar muito grande"? A diferença é a presença do Espírito Santo. É Ele quem deve fluir de você em todo lugar: na academia, na praia, no shopping, em casa, na igreja, na faculdade, no trabalho, no mercado. A diferença é Cristo na vida! A diferença é a sua resposta às situações, é quando aquele carro atrapalha sua direção, é quando alguém está irritado e desconta em você. Sua fidelidade ao Senhor é provada nos momentos difíceis, e sua vida deve carregar marcas da obediência a Ele. Você é luz no meio das trevas, você não é mais um na multidão. Se parece que ninguém está observando você, saiba que sim, muitos estão olhando para sua vida. Seja a diferença onde estiver. Que Ele abençoe você.

ORAÇÃO

Senhor, em tudo que sou, faço e falo quero refletir a Tua presença em mim. Dá-me sabedoria para viver de modo a inspirar outros a Te buscarem. Em nome de Jesus, amém.

ANOTAÇÕES

Reflita Cristo em tudo.

@josuevalandrojr

31
OUTUBRO
304/365

DECLARE SUA FÉ

Antes, santifiquem Cristo como Senhor no coração de vocês. Estejam sempre preparados para responder a qualquer pessoa que pedir a razão da esperança que há em vocês.

(1PEDRO 3.15)

Você está pronto para falar sobre sua fé? Tem coragem de se posicionar como cristão? Se chegasse o momento de defender o Evangelho, o que você faria? Hoje é um dia muito especial para nós que declaramos nossa fé em Cristo Jesus, que nascemos de novo e temos um compromisso com Deus: celebramos o dia da Reforma Protestante. Essa data foi um marco de coragem e ousadia.

Ao longo dos séculos, muitos homens e mulheres se levantaram para proclamar a mensagem da Cruz mesmo diante de perseguições e ameaças. Hoje, somos chamados a ter essa mesma firmeza. Em um mundo que questiona e desafia os princípios bíblicos, num tempo de equívocos e valores distorcidos, Deus nos convida a declarar nossa fé sem medo, sustentando a verdade com amor e convicção. Não podemos nos calar diante da oportunidade de anunciar Jesus. Nossa fé não é privada, mas um testemunho vivo que aponta para Cristo. Que sejamos luz, que tenhamos ousadia e que nossa vida declare, em palavras e atitudes, a razão da nossa esperança.

ORAÇÃO

Senhor, eu quero viver uma vida que motive as pessoas a aprofundarem sua confiança em Ti. Quero proclamar que só Jesus Cristo salva. Quero testemunhar a razão da minha fé. Em nome de Jesus, amém.

ANOTAÇÕES

A fé verdadeira não se esconde, mas brilha com ousadia no mundo.

@josuevalandrojr

“A VIDA CRISTÃ É EMPOLGANTE, É DESAFIO E VITÓRIA TODO DIA.”

DEVOCIONAL

manhã com Deus

NOVEMBRO

O TOLO NÃO CONSEGUE ENTENDER

01
NOVEMBRO
305/365

A sabedoria é elevada demais para o insensato; ele não sabe o que dizer na assembleia pública.

(PROVÉRBIOS 24.7)

Você já viu alguém que acha que sabe de tudo, mas que, quando fala a uma plateia, não acrescenta nada, não tem conteúdo? Hoje em dia, há muita informação, mas pouco conhecimento, porque grande parte das pessoas não quer se submeter ao longo processo da aprendizagem. É como o tolo de que fala o versículo de hoje: quer ensinar algo que nunca aprendeu. Leu um livrinho aqui, outro ali, e já pensa que está graduado; assiste a um vídeo, pensa que já é especialista no assunto e sai dando sua opinião. A pessoa que não quer escutar nem aprender nunca irá ensinar algo transformador.

Por outro lado, quem se coloca primeiro na posição de aprendiz está sendo sábio, porque todo sábio um dia se sentou para aprender. É essa a atitude que a Palavra nos orienta a ter. E você, está disposto a aprender ou quer ensinar sem antes ouvir? Quando estiver diante da plateia, a resposta irá aparecer.

ORAÇÃO

Senhor, eu sei que preciso me sentar para aprender. Aplico hoje o meu coração para aprender de Ti. Ensina-me os Teus caminhos. Em nome de Jesus, amém.

ANOTAÇÕES

O sábio aprende; o tolo pensa que já sabe tudo.

@josuevalandrojr

EM BREVE, JESUS VOLTARÁ

Jesus lhe disse: "Eu sou a ressurreição e a vida. Aquele que crê em mim, ainda que morra, viverá".

(JOÃO 11.25)

Você já enfrentou a dor da perda? Como lida com a lembrança daqueles que partiram? Você crê que, em Cristo, a morte não é o fim? Hoje é Dia de Finados, um dia em que muitos revivem a saudade dos que já se foram. Desde que o pecado entrou na História pela Queda do homem, a morte se tornou uma realidade que nos fere e nos faz chorar. Mas há uma promessa de Deus para os cristãos: um dia, toda lágrima será enxugada, porque Ele é a ressurreição e a vida.

A morte não tem a palavra final sobre a vida do crente. Assim como Jesus venceu a morte e ressuscitou, aqueles que creem nEle também ressuscitarão. O túmulo não é definitivo; um dia, estaremos face a face com o Autor da Vida. Nossa esperança não está no presente passageiro, mas na eternidade garantida por Deus. Ele promete um futuro eterno sem dor, sem despedidas, sem sofrimento. Até lá, vivamos com fé, sabendo que aquele que tem Jesus como Senhor e Salvador viverá com Ele para sempre. Cristo voltará, esta é a nossa esperança.

ORAÇÃO

Senhor, eu sei que a vida eterna foi garantida em Jesus Cristo, e um dia estarei na eternidade com Ele. Graças Te dou porque a morte não detém o Teu amor e ele não termina jamais. Em nome de Jesus, amém.

ANOTAÇÕES

Em Cristo, a morte não é o fim. É o início da eternidade.

@josuevalandrojr

03
NOVEMBRO
307/365

INEGOCIÁVEL

Quando Daniel soube que o decreto tinha sido publicado, foi para casa, para o seu quarto, no andar de cima, cujas janelas davam para Jerusalém, e ali fez o que costumava fazer: três vezes por dia, ele se ajoelhava e orava, agradecendo ao seu Deus.

(DANIEL 6.10)

Você considera sua fé inegociável? Até onde você iria para permanecer fiel a Deus? Está disposto a recusar o que o mundo oferece para preservar sua santidade? Daniel foi levado para uma terra estrangeira, longe de sua cultura, de sua família e de tudo que conhecia, mas decidiu que sua fidelidade a Deus não iria mudar. Ele não cedeu à pressão, não abriu concessões e escolheu servir ao Senhor fazendo o que sempre fazia: orando três vezes ao dia, e com a janela aberta, para todos verem.

A nossa fidelidade a Deus é um compromisso que não pode ser mudado, ainda que os homens façam decretos contra nós, ainda que manipulem a verdade para agradar seu ego, como fez o rei Dario, que assinou um decreto mortal para quem orasse a outro deus além dele mesmo. Daniel, quando ouviu essa lei vinda da autoridade máxima de sua época, não se deixou abalar: continuou servindo ao Senhor. Assim como ele, precisamos decidir no coração que nossa aliança com Deus não pode ser negociada, independentemente das circunstâncias. Qual vai ser a sua escolha?

ORAÇÃO

Senhor, declaro minha fidelidade a Ti, e decido que não vou negociar a minha fé. Estou pronto a viver em obediência e fé, confiando na Tua vontade. Em nome de Jesus, amém.

ANOTAÇÕES

@josuevalandrojr

Sua fé é inegociável.

QUAL É O SEU GRANDE PEIXE?

O Senhor fez que um grande peixe engolisse Jonas, e ele ficou no ventre do peixe três dias e três noites.

(JONAS 1.17)

04

NOVEMBRO

30[illegible]/365

Você já teve um grande peixe em sua vida? Já viveu algum desafio inesperado, enviado por Deus para fazer você repensar sua vida espiritual, principalmente quando estava fugindo da direção que Ele colocou em seu coração? Na época de Jonas, o povo de Nínive era conhecido por ser extremamente violento — possivelmente até contra pessoas próximas do profeta. Assim, a última coisa que ele queria era ver aquela gente salva.

Há situações na nossa vida em que temos de fazer algo que contraria o que queremos. Você quer responder a alguém que o ofendeu, mas tem que se calar. Precisa agir, mas prefere se omitir. Tem que se envolver com a igreja, mas permanece preso a alguma mágoa passada. Era assim que Jonas estava: querendo fugir para o lado oposto da vontade de Deus. Seu ressentimento acerca dos ninivitas estava impedindo que ele chegasse perto do querer de Deus, que é bom, perfeito e agradável. Mas o Senhor usou um grande peixe para levá-lo a fazer Sua vontade. Da mesma forma, não adianta você querer fugir do desejo do Senhor. Se for preciso, Ele irá usar um grande peixe para conduzir você ao cumprimento do propósito dEle na sua vida.

ORAÇÃO

Senhor, acho que estou vivendo uma situação extrema, enviada por Ti para me levar a perceber Tua vontade. Que eu aprenda hoje que o Teu querer é o lugar perfeito de bem-estar para mim. Em nome de Jesus, amém.

ANOTAÇÕES

Desafios inesperados são oportunidades de viver sua fé na prática.

@josuevalandrojr

05
NOVEMBRO
309/365

É HORA DE AVANÇAR!

Prossigo para o alvo, a fim de ganhar o prêmio do chamado celestial de Deus em Cristo Jesus.

(FILIPENSES 3.14)

Você já percebeu que muitas pessoas estão na igreja, mas a vida delas é sempre uma lamentação, uma tristeza? É esse o seu caso? Talvez você olhe para trás e sinta que perdeu a oportunidade de realizar um sonho. Talvez aquilo que fazia os seus olhos brilharem agora pareça uma memória distante, e já não haja esperança de a situação mudar. Ainda assim, quero lhe dizer algo: Deus tem um plano para a sua história.

Isso não quer dizer que você não vai sentir medo, angústia e fraqueza, mas sim que, diante de qualquer situação, Ele escuta a sua oração, vê quando você se rende diante dEle, e quer abençoá-lo. Entregue seus sentimentos e circunstâncias a seu Pai, confiando que Ele tem poder sobre todas as coisas. Em seguida, prossiga para o alvo, avance para a direção que Ele lhe apontar, sem olhar para trás.

ORAÇÃO

Senhor, eu quero avançar no Reino, para que o Teu nome seja glorificado. Na minha casa, na minha profissão, onde eu estiver, quero avançar. Em nome de Jesus, amém.

ANOTAÇÕES

@josuevalandrojr

O alvo é Cristo!

O VALOR DO DISCIPULADO

Portanto, vão e façam discípulos de todas as nações, batizando-os em nome do Pai, do Filho e do Espírito Santo.

(MATEUS 28.19)

06

NOVEMBRO

310/365

Como você influencia as pessoas? De quem você é discípulo? Quando Jesus estava prestes a subir aos Céus, Ele deu uma instrução aos Seus seguidores: "Vão e façam discípulos". Essa frase é tão profunda que traz significado à nossa vida. "Vão" envolve estar em movimento. É algo dinâmico. É você estar no mercado, na escola, na faculdade, na fila do banco, em uma viagem, onde for, e se posicionar como alguém que não é deste mundo, como alguém que sabe que nada é por acaso e que, por isso, precisa brilhar a luz de Cristo para os outros. "Vão" é tratar as pessoas com amor e respeito, semear a Palavra e deixar que o Espírito Santo as convença.

Então vem a segunda parte: "façam discípulos". Para cumpri-la, precisamos dar exemplo com nossa própria vida. Um discípulo não é alguém que simplesmente fala como crente e posta conteúdo cristão nas redes sociais. Discípulo é alguém que tem a mesma visão de Cristo, que imita tudo o que Ele faz, pratica as mesmas coisas, fala da mesma forma, e anda em comunhão com Ele. Você tem feito esse tipo de discípulos? Esse é o chamado de Deus para sua vida hoje.

ORAÇÃO

Senhor, eu me posiciono para fazer discípulos. Quero ser exemplo de fé e humildade, na minha casa e aonde quer que eu vá. Quero ser como Jesus. Eu oro em nome dEle, amém.

ANOTAÇÕES

Discipular é dar a própria vida como exemplo.

@josuevalandrojr

PALAVRA É ASSINATURA

07
NOVEMBRO
311/365

Quando disserem "sim", que seja realmente sim; quando disserem "não", que seja não. O que passar disso vem do Maligno.

(MATEUS 5.37)

Como está o seu grau de confiabilidade? Você costuma aceitar compromissos e depois cancelar de última hora, porque não teve coragem de ser verdadeiro? Quando vai dar uma resposta, é realmente isso que quer dizer? Ou você não consegue dizer não, com medo de desagradar às pessoas?

Essa atitude é algo que a Palavra desaprova. Quando não nos posicionamos com certeza, damos brecha para a mentira, e as pessoas acabam perdendo a credibilidade em nós, duvidando dos compromissos que assumimos. Na passagem de hoje, Jesus nos instrui a nos posicionarmos na verdade. Se não queremos ou não podemos fazer algo, devemos nos posicionar desta forma. É melhor dizer um não sincero do que um talvez que, no fundo, é uma farsa. A outra pessoa não vai ler o seu pensamento agora, mas, mais tarde, pode deixar de confiar em sua palavra. E a sua palavra é como a sua assinatura. Se você falou, vai prestar contas. Portanto, se você tem falhado nessa área, peça perdão a Deus e sabedoria. Assim Ele irá guiar você.

ORAÇÃO

Senhor, eu me arrependo se tenho falhado em me posicionar para agradar às outras pessoas. Quero falar conforme a Tua Palavra ensina — sim ou não —, e agradar a Ti com minha postura. Em nome de Jesus, amém.

ANOTAÇÕES

Suas palavras indicam seu caráter.

@josuevalandrojr

A COISA MAIS SÁBIA A FAZER

De tudo o que se ouviu, aqui está a conclusão: Tema a Deus e obedeça aos seus mandamentos, porque isso é o essencial para o homem.

(ECLESIASTES 12.13)

08
NOVEMBRO
312/365

No que você pensa quando ouve a expressão "temor a Deus"? É algo assombroso, que causa medo e tormento? Muitas vezes, a imagem que as pessoas têm do Senhor é a de um deus irado e cruel. Pensam que, se não fizerem o que Ele quer, Ele irá puni-las; seu temor se parece com medo. Mas o temor de quem serve ao Pai não é isso. "Temor a Deus" é respeito e reverência, por parte de alguém que se entrega a Ele. Temer é adorar, agradecer, entregar a Ele o seu melhor e agradar Seu coração. O cristão que teme ao Senhor sabe que nEle há segurança, paz e alegria; por isso, sente prazer em fazer a Sua vontade, porque vive no amor divino.

Temer a Deus é a coisa mais sábia que se pode fazer. Com isso, a autossuficiência e o orgulho não enchem o seu coração, porque você sabe o seu lugar e descansa nEle. Quando a nossa vida está debaixo do temor de Deus, nossas escolhas passam a ser feitas para Ele e esse modo de viver nos enche de alegria. Decida viver uma vida de temor a Deus.

ORAÇÃO

Senhor, eu quero viver debaixo do Teu temor, e ter minha mente e coração voltados para Ti. Em nome de Jesus, amém.

ANOTAÇÕES

Temer a Deus é a decisão mais sábia que você pode tomar.

@josuevalandrojr

09
NOVEMBRO
313/365

FAÇA O BEM

Quem trata bem os pobres empresta ao Senhor, e ele o recompensará.

(PROVÉRBIOS 19.17)

Você tem praticado o bem de forma intencional? Sua vida reflete generosidade e compaixão? Você tem repartido o que Deus lhe deu com aqueles que precisam? A fé verdadeira não se limita a palavras, mas se manifesta em atitudes.

Deus Se agrada quando fazemos o bem, quando compartilhamos o que temos com os outros. Generosidade e serviço ao próximo são marcas de um coração transformado. Não se trata apenas de dar bens materiais, mas de oferecer tempo, atenção e amor. Pequenos gestos podem ser grandes testemunhos da graça de Deus. Será que você está cansado de ser bom, de fazer o bem às pessoas? Muitas vezes, estamos tão focados em nossas próprias necessidades que esquecemos de olhar ao redor. No entanto, a vida cristã nos chama a sair do egoísmo e agir com bondade, pois nossa fé se torna visível quando demonstramos o amor de Cristo ao mundo.

ORAÇÃO

Senhor, ensina-me a praticar o bem e a repartir o que tenho. Que minha vida seja um reflexo da Tua generosidade. Amém!

ANOTAÇÕES

A fé verdadeira se revela na generosidade e no serviço ao próximo.

@josuevalandrojr

EU VIVO PARA ANUNCIAR JESUS

10
NOVEMBRO
314/365

O fruto da retidão é árvore de vida, e sábio é aquele que salva pessoas.

(PROVÉRBIOS 11.30)

Como você definiria alguém que é sábio? Será que é alguém que fez muitos cursos e especializações, MBAs, ou fala muitos idiomas? Alguém que tem muitos diplomas na parede? No contexto humano, ser sábio geralmente significa aplicar muito bem todo o conhecimento acumulado. E de fato, uma pessoa que estuda e obtém méritos diante de todos é uma pessoa sábia, que faz o melhor uso de seus recursos e oportunidades.

No Reino de Deus, a pessoa sábia é aquela que anuncia Jesus e ganha vidas para Ele. Ela flui o tempo todo a salvação que experimentou, porque é o que transborda dela. A Bíblia diz que aquele que ganha almas é sábio. Então eu pergunto a você: e aí, você tem sido sábio ou tem deixado passar oportunidades de demonstrar o amor de Cristo às pessoas à sua volta? Deus quer derramar sobre nós a sabedoria que ultrapassa todo entendimento. Então, seja sábio, anuncie Jesus. Essa é a maior prova de sabedoria que um ser humano pode ter.

ORAÇÃO

Senhor, eu me posiciono como um anunciador de Jesus. Eu reconheço que quem ganha almas é sábio; por isso, peço que a Tua sabedoria encha minha vida, e eu possa ser um ganhador de almas. Em nome de Jesus, amém.

ANOTAÇÕES

Anuncie Jesus todos os dias!

@josuevalandrojr

PEQUENAS MUDANÇAS, GRANDES RESULTADOS

11
NOVEMBRO
315/365

O seu começo parecerá modesto, mas o seu futuro será de grande prosperidade.

(JÓ 8.7)

Como você acha que as pessoas obtêm grandes resultados: com grandes ações uma única vez, ou com pequenas ações todos os dias? Se exercitar fisicamente durante 20 minutos a cada dia é melhor do que não se exercitar. Ler algumas páginas de um livro com constância também é melhor do que não ler nenhuma. São os passos simples que você dá hoje que o farão chegar longe.

Há uma cultura imediatista sendo propagada na sociedade: é dinheiro fácil, emagrecimento rápido, e crescimento espiritual apenas com o culto de domingo. Por mais que o mundo promova o caminho mais fácil, a vida do cristão envolve trabalho duro, constância e persistência, sem ficar acomodado, deixando a vida o levar a qualquer lugar. Pequenas mudanças geram grandes conquistas. Seja constante, e o resultado virá. Apresente seus planos a Deus e decida-se, hoje, a viver o extraordinário.

ORAÇÃO

Senhor, eu quero ser persistente e constante naquilo com que me comprometo, em todas as áreas de minha vida. Quero crescer e abençoar muitas pessoas com pequenos hábitos que trazem grandes vitórias. Em nome de Jesus, amém.

@josuevalandrojr

ANOTAÇÕES

Cada passo na direção do alvo de Deus o deixa mais perto da vitória.

UM CORAÇÃO FORA DO COMUM

O centurião respondeu: "Senhor, não mereço receber-te debaixo do meu teto. Basta que digas uma palavra, e o meu servo será curado".

(MATEUS 8.8)

Quanto vale uma palavra sua? Antigamente se dizia que não era preciso assinar um documento de acordo, bastava a palavra da pessoa, e isso já valia tudo. Será que essa regra também se aplica à palavra que vem da boca de Deus? O texto de hoje retrata o momento em que um centurião romano veio até Jesus. Sua fé era tanta que ele disse não ser digno de receber o Senhor em sua casa, bastando uma palavra de Cristo para realizar o que ele pedia. E o que ele queria? Carro, casa, mansão? Não. Aquele centurião queria a cura de um de seus servos. Que coração e fé além do comum!

Muitas vezes, vamos até Deus e pedimos coisas banais. O centurião que procurou Jesus tinha autoridade sobre cem soldados, e, mesmo assim, reconheceu Jesus como superior e entendeu que a palavra dEle seria decisiva para a cura de seu servo. Aliás, ele valorizou a vida deste servo, uma pessoa que era inferior a ele em hierarquia. Ele demonstrou que pensava além de si mesmo. Sabia que Jesus tinha todo o poder e buscou essa intervenção de forma altruísta. Que mensagem linda! Você tem pedido somente por si mesmo ou seu coração e visão vão além, abençoando outras pessoas?

ORAÇÃO

Senhor, quero ser como esse centurião: orar não só por mim mesmo e por quem amo, mas por tantas pessoas que, em toda parte, precisam da Tua cura. Coloca amor no meu coração. Em nome de Jesus, amém.

ANOTAÇÕES

Abençoe e seja abençoado por Deus!

@josuevalandrojr

13

NOVEMBRO

317/365

O SOL DO MEIO-DIA

A vereda do justo é como a luz da aurora, que brilha cada vez mais até ser dia perfeito.

(PROVÉRBIOS 4.18)

Sua vida cristã tem brilhado cada vez mais? Você tem crescido no conhecimento e na prática da Palavra? Ou sua fé permanece estagnada, sempre no mesmo lugar? O texto de hoje faz uma comparação entre o início da caminhada cristã e seu grande objetivo: a vida com Deus começa como o sol da manhã, e deve crescer até se tornar como o sol do meio-dia.

O Senhor quer ver você crescendo continuamente no conhecimento dEle. Cristo nos chamou para sermos Sua luz neste mundo. Ele quer que brilhemos cada vez mais Suas virtudes, Sua bondade, Sua justiça, Sua sabedoria, até que sejamos como a luz do sol do meio-dia: brilhando o próprio Jesus e desfazendo as trevas. Você tem sido esse sol crescente, aquecendo as vidas ao seu redor? Brilhe Jesus. Somos chamados a ser como Ele, a verdadeira luz que veio dissipar as trevas.

ORAÇÃO

Senhor, eu não quero ser estagnado, quero brilhar a Tua glória. Tu és a luz que me tirou das trevas. Brilha em mim para sempre. Em nome de Jesus, amém.

ANOTAÇÕES

Reflita o brilho de Jesus em tudo que você faz.

@josuevalandrojr

ESCOLHA ADORAR

Então, Maria disse: "A minha alma engrandece ao Senhor, e o meu espírito se alegra em Deus, o meu Salvador".

(LUCAS 1:46-47)

14
NOVEMBRO
318/365

Como você reage quando os planos de Deus vão além da sua compreensão? Você já O adorou sem entender o que Ele estava fazendo em sua vida? Já louvou no meio da incerteza? Maria, mãe de Jesus, sim. Ela tinha sido escolhida por Deus para ser a mãe do Salvador, porém nada naquela gravidez fazia sentido: ela era virgem, mas teria um filho. Ela estava para se casar com José, mas, se fosse descoberta grávida antes do casamento, poderia até ser morta. Contudo, a resposta de Maria diante daquela circunstância inexplicável foi um cântico de louvor!

Ela não exigiu explicações, não questionou os detalhes; apenas se rendeu em adoração. Isso nos ensina que a verdadeira fé louva antes mesmo de entender, pois confia no caráter de Deus e na certeza de que Seus planos são perfeitos. Quantas vezes você quis entender o motivo de tantas lutas e, revoltado contra Deus, não quis participar do momento de louvor na igreja nem buscá-Lo em oração? Hoje é dia de você adorar em meio às provações. Responda à incerteza com adoração, pois Deus honrará sua escolha.

ORAÇÃO

Senhor, ensina-me a Te adorar, mesmo quando não compreendo as situações adversas. Coloco minha confiança em Ti, e não na explicação para as circunstâncias. Em nome de Jesus, amém!

ANOTAÇÕES

A adoração é a resposta que Deus espera de você hoje.

@josuevalandrojr

15

NOVEMBRO

319/365

GRAÇA, E NADA MAIS

Assim, aproximemo-nos do trono da graça com toda a confiança, a fim de recebermos misericórdia e encontrarmos graça que nos ajude no momento da necessidade.

(HEBREUS 4.16)

O que sustenta sua vida? Você confia em seus próprios méritos ou reconhece que tudo vem de Deus? A Bíblia mostra que a razão de ainda estarmos vivos não está em nossos esforços, conquistas ou boas ações. Estamos aqui por graça, e nada mais.

Deus nos amou mesmo sem merecermos, nos resgatou sem que pudéssemos pagar por isso, e nos sustenta não por nosso desempenho, mas porque Seu amor é incondicional e imutável. Tudo o que temos, somos e esperamos está firmado na graça de Deus. Se tentarmos viver baseados em nossa força, falharemos. Contudo, quando entendemos que é graça do início ao fim, encontramos descanso, propósito e verdadeira segurança. Não há orgulho na graça, apenas gratidão. Somos de Deus, vivemos para Ele e nossa esperança está em Sua bondade eterna. Então, lembre-se no dia de hoje que tudo que está acontecendo em sua vida agora é graça, e nada mais. Deus abençoe você.

ORAÇÃO

Senhor, que eu nunca me esqueça de que tudo vem da Tua graça. Ensina-me a viver cada dia dependendo de Ti. Em nome de Jesus, amém!

ANOTAÇÕES

Nossa existência não se sustenta em méritos, mas na graça abundante de Deus.

@josuevalandrojr

NÃO SEJA RIXOSO!

16
NOVEMBRO
320/365

Ao servo do Senhor não convém brigar, mas sim ser amável para com todos, apto para ensinar, tolerante.

(2TIMÓTEO 2.24)

Você tem sido alguém que promove a paz ou que alimenta discussões? Suas palavras edificam ou criam conflitos? Você busca resolver problemas ou faz de tudo para intensificá-los? Há pessoas que parecem estar sempre prontas para discutir, criar polêmicas e gerar divisões. No entanto, a Bíblia nos ensina que o servo do Senhor não deve ser rixoso. Isso não significa que devemos aceitar injustiças passivamente, mas que nossa postura deve ser de sabedoria e mansidão. Aquele que vive alimentando brigas não apenas se desgasta, mas afasta as pessoas e perde a credibilidade.

Cristo nos chamou para sermos mansos e pacíficos. Precisamos aprender a falar com amor, evitar disputas inúteis e escolher nossas batalhas com discernimento. O verdadeiro cristão não se envolve em contendas por orgulho, mas busca sempre refletir a graça e a paz de Deus em suas palavras e atitudes. Seja manso, e não rixoso!

ORAÇÃO

Senhor, livra-me de ter um coração rixoso. Que da minha boca saia sempre a paz, que eu sempre diga palavras que tragam unidade e bênção, em nome de Jesus. Amém!

ANOTAÇÕES

Promova a paz ao seu redor!

@josuevelandrojr

17
NOVEMBRO
321/365

RAZÃO DE VIVER

Todavia, não me importo nem considero a minha vida de valor algum para mim mesmo, desde que eu termine a corrida e complete o ministério que o Senhor Jesus me confiou: testemunhar do evangelho da graça de Deus.

(ATOS 20.24)

Pelo que você morreria? Há alguma razão, uma causa tão extraordinária que valeria a sua vida? Muitos morreriam por ideais ou por sua família, e estas são razões nobres. Porém, quando conhecemos Cristo, descobrimos que há algo superior, algo que transcende a vida neste mundo. Assim, percebemos que vale a pena viver e morrer por Ele.

Paulo estava disposto a isso, porque entendeu que nada nesta Terra se compara a Jesus, à vida com Ele. Testemunhar e buscar a glória de Deus era a sua maior missão. Quando você entrega a vida a Jesus, você faz como Paulo, que disse: "Não me apego a esta vida. Quero apenas completar o que Deus me chamou para fazer: ser testemunha do Evangelho". Este mundo oferece muitas riquezas e conforto, mas a nossa escolha precisa ser amar a Jesus e servi-Lo diante de qualquer circunstância. Escolha isso todos os dias.

ORAÇÃO

Senhor, Tu és a razão da minha vida. Ajuda-me a ser fiel a Ti até o fim, como Tu foste a mim na cruz. Em nome de Jesus, amém.

ANOTAÇÕES

Jesus é a nossa razão de viver.

@josuevalandrojr

HUMILHE-SE DIANTE DE DEUS

18
NOVEMBRO
322/365

Portanto, humilhem-se debaixo da poderosa mão de Deus, para que ele os exalte no devido tempo.

(1PEDRO 5.6)

Você sabe o que significa se humilhar? Significa se colocar como servo de alguém, submeter-se e honrar a outra pessoa. Humilhar-se diante de Deus é algo ainda mais profundo, pois envolve reconhecer Seu poder e autoridade. Há muitas pessoas que não percebem, mas, em vez de se humilhar diante do Senhor, estão se humilhando diante da bebida e de outros vícios, encontrando-se em situações vergonhosas, em que sua família é destruída. E ainda pensam que isso é curtir a vida. No entanto, pense bem. O que é melhor: humilhar-se diante de Deus ou ser humilhado pelo Diabo?

O versículo de hoje nos lembra de que devemos nos humilhar debaixo da poderosa mão de Deus. Isso significa reconhecer que Ele é soberano, poderoso, Senhor, Aquele que governa tudo e todos. Humilhar-se diante de Deus é estar no melhor lugar do mundo. O texto bíblico acrescenta que a recompensa é certa: o Senhor vai nos exaltar no devido tempo. Humilhe-se diante do Senhor, porque Ele é bom, e nos abençoa com Sua misericórdia.

ORAÇÃO

Senhor, eu me humilho diante de Ti, reconhecendo que és poderoso, e Te louvo por Tua bondade. Em nome de Jesus, eu oro. Amém

ANOTAÇÕES

O lugar mais alto para se estar é aos pés da cruz.

@josuevalandrojr

19

NOVEMBRO

323/365

PELO QUE VOCÊ GOSTARIA DE AGRADECER HOJE?

Deem graças em todas as circunstâncias, pois esta é a vontade de Deus para vocês em Cristo Jesus.

(1TESSALONICENSES 5.18)

Você tem cultivado um coração grato? Ou costuma focar mais no que falta do que naquilo que já recebeu? Pelo que poderia agradecer a Deus neste momento? Há mil razões para você ser grato a Ele, coisas maravilhosas que o Senhor já operou em sua vida. Pense no aniversário de pessoas que você ama, naquele cafezinho que tomou com sua família, no ar que respira. Escolha agradecer por sua vida, pelas oportunidades que teve até hoje, por todas as lições que aprendeu — inclusive as mais difíceis, aquelas que moldaram seu caráter.

Agradecer é um exercício espiritual. Então, exercite-se agora mesmo: celebre cada detalhe de sua vida, cada pequena bênção que, na verdade, é enorme, porque não somos dignos de tanta bondade que Deus concede a nós. Quando focamos no que Deus já fez, encontramos forças para confiar no que Ele ainda fará. Um coração grato transforma nossa perspectiva, nos aproxima ainda mais do Senhor, e demonstra alinhamento com o coração de dEle. Agradeça a Deus pelo dia de hoje!

ORAÇÃO

Senhor, eu agradeço por Teu amor, por Tua salvação, pela vida, pela Palavra, pela comunhão com os irmãos, pelo amor das pessoas, por minha família, pela igreja. Agradeço pelas bênçãos, pelos livramentos, pelas vitórias que ainda virão, e as que já estão em minhas mãos. Em nome de Jesus, amém.

ANOTAÇÕES

A gratidão transforma o coração e fortalece a fé.

@josuevalandrojr

ENCHEI-VOS DO ESPÍRITO

Não se embriaguem com vinho, que leva à libertinagem, mas sejam cheios com o Espírito.

(EFÉSIOS 5.18)

20
NOVEMBRO
324/365

De que você tem enchido a sua vida? Será que tem sido cheio de si mesmo e do mundo, ou tem sido cheio do Espírito Santo? Há uma ordem na Palavra que muitas vezes não entendemos: "Sejam cheios com o Espírito". Aqui há um imperativo, ou seja, um mandamento. Não é uma sugestão ou pedido. É algo que nós precisamos buscar, almejar, correr atrás, nos interessar de verdade. Não pense que vai acontecer naturalmente.

Encher-se do Espírito significa buscá-Lo em Sua Palavra, escolher fazer o que agrada ao coração dEle, e desenvolver uma vida que seja exemplo de fé. O mundo de informações que temos hoje pode vir a nos embriagar e encher de coisas que são passageiras. Muitas vezes, dedicamos horas às redes sociais, mas não conseguimos gastar 15 minutos em oração, ou 30 minutos lendo a Palavra, fazendo o que é bom para o nosso espírito, e buscando ao Senhor em jejum. Por isso, estamos vendo uma sociedade tão doente se formando. Hoje é dia de decidir mudar isso, é dia de pedir: "Enche-me, Espírito Santo de Deus, até transbordar".

ORAÇÃO

Senhor, quero ser cheio do Teu Espírito. Eu cancelo, em nome de Jesus, todas as influências externas, e estou determinado a viver essa plenitude diária que vem de Ti. Em nome de Jesus, amém.

ANOTAÇÕES

Encher-se do Espírito é uma ordem de Deus para nós.

@josuevalandrojr

21
NOVEMBRO
325/365

O TOQUE DE DEUS CURA

Um leproso aproximou-se dele e suplicou-lhe de joelhos: "Se quiseres, podes purificar-me!". Cheio de compaixão, Jesus estendeu a mão, tocou nele e disse: "Quero. Seja purificado!".

(MARCOS 1.40-41)

Hoje você já deu um abraço em quem você ama? Já deu um beijo e demonstrou seu carinho por essa pessoa, dizendo o quanto ela é especial em sua vida e o quanto a admira? Pense em seu filho, sua filha, seu cônjuge, seus pais. Você já os tocou hoje? Um simples toque pode curar.

No texto de hoje, quando viu aquele leproso contaminado, Jesus quebrou o protocolo e o tocou. Para os judeus, leprosos não poderiam ser tocados, já que a lepra era contagiosa. Porém, o poder de Deus vai além dos protocolos que consideram alguém impuro. Se há compaixão em nós e um pedido de transformação no coração do outro, este é o cenário perfeito para o milagre se manifestar. Não estou dizendo que você deve tocar alguém que está em isolamento por motivos médicos, ou uma pessoa que não gosta de ser tocada, e sim que, na maioria dos casos, seu toque pode curar a dor dos outros. Dentro do que elas permitirem que você se aproxime, toque as pessoas à sua volta. Comunique o amor de Jesus por elas, assim como Ele fez.

ORAÇÃO

Senhor, eu creio que o Teu toque cura! Usa minhas mãos para transmitir esse toque poderoso na vida de outras pessoas, em nome de Jesus, amém.

ANOTAÇÕES

Deixe Jesus tocar as pessoas através de você hoje.

@josuevalandrojr

NADA SE COMPARA

Cada um examine os próprios atos e, então, poderá ter orgulho de si mesmo, sem se comparar com ninguém.

(GÁLATAS 6.4)

22
NOVEMBRO
326/365

Você se compara com os outros? Já ficou olhando para aquela pessoa com um carro bonito, com uma casa dos sonhos, ou com uma família que parece que nunca teve problemas, e pensou que eles nunca estiveram na mesma situação desafiadora em que você está? A comparação é uma zona de risco, porque você começa a se colocar como pior ou melhor do que os demais. Não cabe nem a mim nem a você fazer isso.

No versículo de hoje, o apóstolo Paulo está nos ensinando a fazer um exame interior para vermos se estamos realmente agindo segundo o que Deus quer. Quando a comparação com a vida alheia quiser ocupar os seus pensamentos, pare e reflita. Nem sempre o que você vê nas redes sociais, aquela foto bonita, aquela situação de luxo, é real. E mesmo que seja, Deus tem bênçãos específicas para você! É Ele quem está agindo em sua vida, então comece a dar graças por tudo que Ele fez e fará em você! Fuja da comparação, pois ela é inútil. O que Deus tem separado para sua história não se compara a nada mais.

ORAÇÃO

Senhor, eu peço perdão se tenho comparado a minha vida com a de outras pessoas. Eu Te agradeço porque estás cuidando de mim, e me separaste para cumprir um propósito específico para Te glorificar. Em nome de Jesus, amém.

ANOTAÇÕES

Seja grato pela vida que Deus lhe deu.

@josuevaladrojr

23
NOVEMBRO
327/365

UNÇÃO É PARA SERVIR

O Espírito do Soberano Senhor está sobre mim, porque o Senhor me ungiu para levar boas-novas aos pobres. Ele me enviou para cuidar dos que estão com o coração quebrantado, para proclamar liberdade aos cativos e libertação aos prisioneiros.

(ISAÍAS 61.1)

Você já descobriu o propósito para que foi chamado por Deus? Entende que a unção que Ele derrama sobre você não é para lhe dar status, mas para que você cumpra um serviço? Sua vida tem sido um canal de bênção para outros? A unção não é um fim em si mesma. Ela é uma capacitação divina para cumprir um propósito.

Na passagem de hoje, Isaías descreve isso claramente: o Espírito vem sobre nós para anunciarmos Cristo, para curarmos e libertarmos outras pessoas. Toda unção vem acompanhada de missão. Isso significa que seus dons, talentos e habilidades foram dados por Deus para que você sirva. Tudo que recebemos deve ser usado para servir aos quebrantados, aos pobres, aos que precisam de esperança. Deus não unge para promover vaidade ou orgulho, mas para levantar instrumentos que façam diferença no mundo. Quando compreendemos isso, nossa vida ganha sentido. Você foi chamado para servir, e é nessa entrega que o poder do Espírito flui com propósito. Que Deus abençoe cada atitude sua!

ORAÇÃO

Senhor, eu entendo que a unção que recebi é para servir. Usa a minha vida para tocar, curar e libertar, segundo o Teu querer. Em nome de Jesus, amém!

ANOTAÇÕES

A verdadeira unção sempre encontra propósito no serviço.

@josuevalandrojr

DEUS COLOCA UM OÁSIS NO DESERTO

Transforma o deserto em açudes; a terra ressecada, em mananciais.

(SALMOS 107.35)

Imagine um deserto. Nesse lugar, o calor é intenso e não há ninguém ali para conversar, nem para pedir água. Em um deserto, você enfrenta o silêncio, e descobre que seus pensamentos falam mais alto do que as vozes audíveis que tem escutado. Deserto é um lugar de cansaço, de dias quentes e noites frias. Por que, então, Deus permite que passemos por ele?

Acontece que, na Bíblia, o deserto é também um lugar de intimidade com Deus, porque não há distrações ali. O coração se torna mais sensível e os ouvidos mais atentos. No deserto, Deus trata, molda e transforma. E, quando parece que tudo secou, Ele surpreende com um oásis, fazendo daquele local ressecado e árido um lugar de refrigério. Deus é especialista em fazer brotar água onde ninguém espera. Ele transforma solidão em comunhão, faz a sequidão se tornar fonte de vida. Não despreze o deserto. É lá que você verá os mananciais que só a graça pode fazer jorrar.

ORAÇÃO

Senhor, mesmo nos desertos da vida, Tu estás presente comigo. Eu confio em Ti e entendo que o deserto me aprimora e me faz crescer. Ajuda-me a aceitá-lo com um coração grato e a Te ouvir enquanto estiver nele. Em nome de Jesus, amém!

ANOTAÇÕES

Deus faz brotar mananciais no deserto da nossa vida.

@josuevalandrojr

25
NOVEMBRO
329/365

A PARTITURA DE DEUS

O Senhor firma os passos de um homem quando a conduta deste lhe agrada.

(SALMOS 37.23)

Você já teve a impressão de que sua vida está fora do ritmo, como se fosse uma música desafinada? Já sentiu que não sabe exatamente como resolver o dia a dia, ficando perdido entre opiniões e decisões? Quem tem escrito a melodia da sua história? A vida pode parecer confusa como uma música sem harmonia quando tentamos conduzi-la com nossas próprias mãos.

Quem tem conhecimento técnico de música sabe que tudo começa com uma boa partitura. Para sair uma melodia perfeita da sua vida, Deus precisa ser o Maestro, não você. Ele é quem diz a hora certa de partir, de ficar, de mudar, de manter suas companhias, de se engajar num ministério, num novo trabalho. Como em uma música harmoniosa, cada nota, cada pausa, cada compasso precisa estar sob o controle dEle. Quando isso acontece, mesmo que você não entenda o tom e o tempo em que as coisas estão acontecendo, Ele está regendo tudo para que, no final, a melodia glorifique o nome de Jesus. E assim como acontece na música, há os momentos de silêncio, de espera. Mas tudo faz parte. Deixe o Maestro, o Senhor Jesus, conduzir sua vida. A partitura de Deus não tem falhas. Ela é perfeita.

ORAÇÃO

Senhor, minha vida é Tua, e creio que o Senhor está conduzindo cada aspecto dela para que eu viva plenamente a Tua vontade. Não vou me distrair, mas ouvir a Tua voz, e sei que o resultado será uma canção que Te glorifica. Em nome de Jesus, amém.

ANOTAÇÕES

Quando Deus rege a sua vida, a melodia é agradável a Ele.

@josuevalandrojr

TOME POSSE

Combata o bom combate da fé. Tome posse da vida eterna, para a qual você foi chamado e fez a boa confissão na presença de muitas testemunhas.

(1TIMÓTEO 6.12)

26

NOVEMBRO

330/365

Você tem vivido como alguém chamado por Deus? Tem lutado pela fé ou apenas tem se deixado levar pelas circunstâncias? Já tomou posse daquilo que, em Cristo, já é seu? A vida eterna não é apenas uma promessa futura, mas é uma realidade que começa agora para quem está em Jesus.

Paulo escreveu o texto de hoje a Timóteo para incentivá-lo a combater o bom combate e a tomar posse da vida eterna. E isso vale para nós hoje, porque vida cristã exige firmeza, vigilância, coragem. Fé não é uma prática passiva, não é ficar olhando o dia passar, deixar a vida seguir. Fé requer movimento, decisão, resistência. Em um mundo que tenta roubar nossa identidade e nosso propósito, precisamos lembrar de quem somos e para onde estamos indo. Então, não aceite viver abaixo daquilo que Deus já declarou sobre você. Tome posse da salvação, da paz, da autoridade e da herança que foram conquistadas na Cruz. A batalha é real, mas a vitória é certa para quem permanece firme! Deus abençoe você neste dia.

ORAÇÃO

Senhor, eu tomo posse da Tua promessa e da vitória que Jesus conquistou para mim na Cruz. Quero viver cada dia crescendo em Tua presença. Em nome de Jesus, amém.

ANOTAÇÕES

Viva cada dia em vitória, pois Cristo já venceu. Tome posse!

@josuevalandrojr

27

NOVEMBRO

331/365

JÁ APRENDI

Sei o que é passar necessidade e sei o que é ter fartura. Aprendi a passar por toda e qualquer situação, seja bem alimentado, seja com fome; tendo muito ou passando necessidade.

(FILIPENSES 4.12)

Você já aprendeu a estar contente mesmo quando as coisas não saem como gostaria? Sua alegria depende das circunstâncias ou está firmada em algo maior? O apóstolo Paulo nos ensina que contentamento é algo que se aprende. Ele não nasceu sabendo se alegrar na escassez ou na abundância, mas foi treinado por Deus ao longo do caminho. Em cada fase, Paulo descobriu que a verdadeira satisfação não vem do que temos ou deixamos de ter, mas de quem temos: Cristo.

Quantas vezes nos aborrecemos com coisas pequenas: um resultado que não era o que esperávamos, uma resposta negativa, uma proposta de trabalho cancelada, uma venda perdida. É tempo de aprender a ficar contente diante das coisas que não saem como queremos. Quando Jesus é suficiente, o coração encontra paz em qualquer cenário. Contentamento não é conformismo, e sim fé em ação. Que você e eu aprendamos isso a cada dia.

ORAÇÃO

Senhor, ensina-me a viver contente em toda e qualquer situação, sabendo que Tu és a minha verdadeira fonte de paz e alegria. Em nome de Jesus, amém.

ANOTAÇÕES

A alegria que Cristo dá não depende das circunstâncias.

@josuevalandrojr

O CULTO

Portanto, irmãos, peço, pelas misericórdias de Deus, que ofereçam o corpo de vocês como sacrifício vivo, santo e agradável a Deus: este é o culto racional de vocês.

(ROMANOS 12.1)

28
NOVEMBRO
332/365

O que é culto para você? Um momento de cânticos e pregação? Ou uma entrega total e diária ao Senhor? Você tem prestado um culto racional, com entendimento, ou apenas seguido uma rotina? O culto verdadeiro vai além das paredes do templo.

No texto de hoje, o apóstolo Paulo nos ensina que o culto racional é apresentar a vida como um sacrifício vivo diante de Deus: com consciência, entrega e transformação. Não é uma adoração baseada apenas em emoções ou tradições, mas uma resposta lógica e voluntária ao amor e à misericórdia que recebemos. Culto não é um momento limitado a algumas horas, é o nosso tempo de vida! Adorar com entendimento é viver cada dia com propósito, escolhendo obedecer, servir, amar e andar segundo a vontade de Deus. O culto não termina quando acaba a música ou a pregação; ele continua quando decidimos viver para a glória de Deus, em casa, no trabalho, nos relacionamentos, na academia, na faculdade, em toda e qualquer situação. Que o seu culto ao Senhor comece agora e vá até a eternidade.

ORAÇÃO

Senhor, recebe minha vida como culto racional, diário e sincero. Que cada escolha minha Te adore. Em nome de Jesus, amém.

ANOTAÇÕES

O verdadeiro culto acontece no altar que é a nossa vida.

@josuevalandrojr

29
NOVEMBRO
333/365

UM CORAÇÃO PURO

Fuja das paixões da mocidade e busque a justiça, a fé, o amor e a paz, com aqueles que, de coração puro, invocam o Senhor.

(2TIMÓTEO 2.22)

Você já sentiu seu coração contaminado pela irritação com as preocupações da vida? Já percebeu que, às vezes, carregamos dejetos de mágoa que nos impedem de ver a beleza nas coisas simples? Será que estamos escondendo feridas que envenenam nossa alma? Quando você guarda coisas mal resolvidas no coração, isso gera uma amargura que fere a pureza do seu coração.

Deus quer que você tenha um coração puro. Já viu como as crianças têm um coração puro? Elas deixam para trás o que contamina, o que fere, e logo estão sorrindo e brincando. O texto de hoje é um conselho de Paulo a Timóteo, e vale para hoje também: deixe para lá o que contamina, e busque o que tem a ver com quem realmente quer andar com Deus. Esvazie o veneno do seu coração no altar, aos pés de Cristo. Jogue fora o que contamina, fuja do que enrola sua vida e o distancia do Deus que ama você. Para ter um coração puro, você deve cultivar a pureza, e isso é uma coisa que se faz todo dia. Comece hoje, comece agora, e viva a paz que vem da pureza de coração.

ORAÇÃO

Senhor, renova em mim um coração puro. Ajuda-me a descartar os resíduos de mal em mim e a abraçar a pureza que liberta. Em nome de Jesus, amém.

ANOTAÇÕES

Mantenha seu coração puro diante de Deus.

@josuevalandrojr

ESPERAR, SIM; CANSAR, NÃO!

Espere pelo Senhor. Seja forte e corajoso! Espere pelo Senhor.

(SALMOS 27.14)

Você gosta de esperar? Enquanto espera, como você age? Há algo que você precisa mudar enquanto espera? A meditação de hoje tem um conselho muito precioso do Senhor: alcançar algo exponencial inclui saber esperar e escolher bem o que fazer enquanto se espera. Muitas vezes, de tanto esperar, simplesmente cansamos. Esperar na fila de um banco, esperar uma mensagem, uma resposta — tudo isso causa cansaço, porque é difícil para o ser humano lidar com o tédio da espera.

A nossa atitude diante da espera tem que ser de força e coragem. Para isso, precisamos esperar, mas esperar pelo Senhor. Não tem como você ficar sentado com os braços cruzados e achar que as coisas vão vir em sua vida naturalmente, e chamar isso de espera. Esperar é confiar em Deus, e isso traz a força e a coragem para que essa espera seja um testemunho para as pessoas. Quando esperamos pelo Senhor, estamos declarando com atitudes que é nEle que confiamos, e por isso vamos lutar, conquistar e ser vitoriosos por meio do poder dEle.

ORAÇÃO

Senhor, eu espero por Ti, e não me canso de Te adorar. Sei que a Tua mão me sustenta a cada dia, e Te agradeço, em nome de Jesus. Amém!

ANOTAÇÕES

Esperar pelo Senhor é cultivar a fé enquanto a resposta não chega.

@josuevalandroju

DEVOCIONAL

manhã com Deus

DEZEMBRO

DEUS QUER UMA ALIANÇA COM VOCÊ

01
DEZEMBRO
335/365

Contudo, estabelecerei a minha aliança com você, de forma que você entrará na arca — você e os seus filhos, a sua mulher e as mulheres dos seus filhos.

(GÊNESIS 6.18)

Com quem você tem uma aliança? Quando nos casamos, passamos a usar um anel no dedo anular esquerdo, representando o compromisso que assumimos com nosso cônjuge de preservar a exclusividade, cumplicidade, apoio, carinho e intimidade no relacionamento. Assim, esse pequeno objeto deixa de ser um anel qualquer e se torna o símbolo magnífico de uma aliança feita no coração.

Da mesma forma, antes de enviar o dilúvio, Deus estabeleceu uma aliança com Noé, de que preservaria com vida a ele e sua família. Ainda hoje, muitas pessoas acham que Deus nos criou e nos abandonou neste mundo, que Ele é distante e não se interessa por nós. Nada poderia ser mais enganoso. Apesar de nosso pecado e infidelidade a Ele, o Senhor prometeu ser nosso Deus eternamente. Ele sempre é fiel em Suas promessas e age em aliança. Foi por isso que enviou Jesus, a maior prova de Seu compromisso de amor com Seu povo. Creia que o Senhor nunca se esqueceu nem abandonou você. Cristo é o sinal de sua aliança conosco.

ORAÇÃO

Senhor, obrigado porque eu tenho o privilégio de desfrutar da Tua aliança. Graças Te dou por Tua fidelidade eterna. Em nome de Jesus, amém.

ANOTAÇÕES

Deus tem uma aliança eterna comigo.

@josuevalandrojr

SEJA IGREJA NA IGREJA!

Portanto, confessem os seus pecados uns aos outros e orem uns pelos outros para serem curados. A oração de um justo é poderosa e eficaz.

(TIAGO 5.16)

02
DEZEMBRO
336/365

Você sabe por que vamos à igreja? Sabe por que existe a igreja? Primeiro, a igreja existe como um lugar onde seres humanos imperfeitos se juntam para adorar Àquele que é perfeito. Ali se reúnem pessoas falhas, mas dispostas a serem santificadas pela Palavra de Deus, pois sabem que dependem dEle e uns dos outros para viver. Em segundo lugar, a igreja existe para ser um ambiente de comunhão e, consequentemente, de cura. Muita gente acha que, porque a igreja não é composta de paredes, e sim de pessoas, não há problema em adorar em casa, assistindo cultos online. Pensam que não é preciso se reunir presencialmente para cultuar, e passam a viver na mentira de que conseguem ser igreja sozinhos. Mas não é isso que Deus quer.

Deus Se agrada em ver Seus filhos unidos, e os abençoa nessa união. Portanto, não se deixe iludir com essa conversa fiada de que é possível ser igreja em casa, sem participar do momento de comunhão presencial com os irmãos, sem aprender a amar, servir e inclusive perdoar uns aos outros. Que bênção é receber a oração de um irmão, cantar louvores em conjunto, evangelizar e servir juntos ao Senhor. Não há como ser Igreja virtualmente. Você precisa estar no lugar que Deus escolheu para você florescer e servir. Seja Igreja na igreja.

ORAÇÃO

Senhor, eu quero estar com meus irmãos e irmãs em Tua presença, Te adorando e recebendo a bênção de Tua Palavra. Ajuda-me a amá-los, como o Senhor amou a mim. Em nome de Jesus, amém.

ANOTAÇÕES

Deus Se agrada de nossa comunhão e nos abençoa.

@josuevalandrojr

03
DEZEMBRO
337/365

ONDE VOCÊ ESTÁ?

O Senhor Deus, porém, chamou o homem e perguntou: "Onde você está?".

(GÊNESIS 3.9)

Onde você está? Essa é uma das perguntas mais decisivas da sua vida. Deus fez esse questionamento a Adão, logo depois que Eva e ele pecaram no Éden, e nos pergunta o mesmo hoje: onde estamos na nossa jornada da vida? O lugar onde você está é o ponto de partida para reconhecer que precisa melhorar, mudar, ser transformado, crescer.

Hoje desfrutamos da tecnologia GPS. Para chegar a algum local, basta você digitar um endereço no dispositivo com GPS e logo o sistema calcula a distância e o caminho para seu destino. Muitas pessoas não vivem de forma abundante porque não querem ver onde realmente estão. Fazem como Adão: ficam dando justificativas para seu comportamento, mas não assumem que estão no fundo do poço, não admitem que precisam de Jesus. Onde você está hoje em sua área sentimental, espiritual, familiar e de saúde? Onde está seu relacionamento com seu cônjuge, filhos e família? Onde você está com suas finanças? Admita diante de Deus que você precisa de mudança, porque Jesus está pronto e disposto a mudar sua realidade.

ORAÇÃO

Senhor, eu preciso de mudanças. O único lugar em que eu quero estar é no centro da Tua vontade. Muda a minha história, em nome de Jesus. Amém.

ANOTAÇÕES

Esteja no centro da vontade de Deus, e você estará no lugar certo.

@josuevalandrojr

CUIDE DO SEU CORPO

Acaso não sabem que o corpo de vocês é templo do Espírito Santo, que está em vocês, o qual receberam de Deus? Vocês não são de vocês mesmos; foram comprados por um preço. Portanto, glorifiquem a Deus com o corpo de vocês.

(1CORÍNTIOS 6.19-20)

04
DEZEMBRO
338/365

Você pensa que o seu corpo é seu? Pensa que pode fazer o que quiser com ele, sem receber as consequências? Muitas vezes, nós negligenciamos o cuidado com o corpo por diversos motivos, e assim deixamos de ir ao médico, não queremos fazer um exercício com o acompanhamento correto, não nos cuidamos como deveríamos. Não pensamos no futuro que teremos com nossos filhos e netos!

A Palavra de Deus nos instrui que nosso corpo não é nosso, mas pertence ao Espírito Santo, porque Ele habita em nós. O texto de hoje tem a ver com santidade em todas as áreas; isso inclui não apenas as nossas emoções e pensamentos, mas também o nosso corpo. Precisamos ser cuidadosos com esse tesouro que o Senhor nos confiou. Cuidar dele também é um ato de adoração a Deus. Então, como tem sido sua alimentação, seus exercícios, seu sono? Temos negligenciado cuidados simples. Mude sua rotina. Além da santidade, seu corpo requer cuidados, requer uma visita ao médico para uma bateria de exames, requer zelo. Faça o que for preciso para cuidar bem dele, pois é nele que Deus habita.

ORAÇÃO

Senhor, peço perdão se tenho negligenciado o cuidado com o meu corpo. Hoje refleti que ele Te pertence, que é o templo do Espírito Santo. Portanto, quero glorificar o Teu nome através do meu corpo. Em nome de Jesus, amém.

ANOTAÇÕES

Cuide do templo do Espírito, cuide do seu corpo.

@josuevalandrojr

05

DEZEMBRO

339/365

A VIGÍLIA DA NOITE

Quando me deito, lembro-me de ti; penso em ti durante as vigílias da noite.

(SALMOS 63.6)

Quais pensamentos vêm à sua mente quando você está prestes a dormir? Você costuma ficar remoendo seu dia? No que você tem meditado antes de cair no sono? Hoje, nós vemos muitas pessoas sofrendo porque sua cabeça não para de pensar, porque a preocupação não dá sossego nem de noite. Parece que todos os problemas da rotina vêm à tona nesse momento e, assim, não conseguem nem resolvê-los nem descansar.

O salmista conta um segredo para que, mesmo ao dormir, o nosso coração seja cheio de paz: pensar em Deus e em tudo o que Ele já fez. Quando colocamos nossa mente no Senhor, encontramos descanso, lembramos de que Ele está conosco e não nos abandona, que enche o nosso coração de vida em abundância. Na hora de dormir, os problemas podem até querer invadir a nossa mente, mas precisamos colocar as coisas no seu devido lugar. É você quem domina seus pensamentos, e não o contrário. Quando se deitar, faça o teste: lembre-se do que Deus tem feito, do quanto Ele tem cuidado de você e o abençoado, e então agradeça. Dessa maneira, sua noite de sono será também uma noite de bênção e de descanso.

ORAÇÃO

Senhor, eu quero Te agradecer porque tens me abençoado muito! Quando me deito, Tu me guardas na vigília da noite. Eu Te louvo por isso. Em nome de Jesus, amém.

ANOTAÇÕES

Ao se deitar, lembre-se de que Deus está com você.

@josuevalandrojr

EM VEZ DE JULGAR, ORE

Não julguem, e não serão julgados.

(MATEUS 7.1)

06

DEZEMBRO

340/365

Você já foi mal interpretado? Já aconteceu de você fazer algo e as pessoas reagirem de maneira grosseira, porque não entenderam sua intenção? Muitos chegam a romper relacionamentos e amizades, e até mesmo saírem de um trabalho, de um grupo ou uma igreja, porque foram alvo de julgamento. Se você sabe a dor que é ser julgado erroneamente, pode evitar fazer o mesmo. Pense nisso.

Nós não fomos chamados para julgar as pessoas, mas para oferecer misericórdia e amor a elas, espelhando o que Deus tem feito em nossa vida. Quando julgamos a atitude, o comportamento ou palavras de outro, geralmente fazemos isso sem considerar todos os aspectos da situação, e por isso acabamos cometendo erros. Será que você tem agido como juiz para os outros? Não faça isso. Melhor do que julgar é orar por quem fez algo errado. Saia hoje dessa posição de juiz e passe a orar pelas pessoas. A Palavra de Deus nos diz claramente para não julgarmos, pois assim também não seremos julgados. Evite julgar, escolha amar.

ORAÇÃO

Senhor, estou determinado a ser alguém que não condena as pessoas. Quero ser um apoio para elas, incentivando-as a andar contigo através do meu exemplo de vida e oração. Em nome de Jesus, amém.

ANOTAÇÕES

Em lugar de julgar, ore.

@josuevalandrojr

07
DEZEMBRO
341/365

MAIS PRECIOSO DO QUE PRATA OU OURO

Pedro disse: "Não tenho prata nem ouro, mas o que tenho dou a você. Em nome de Jesus Cristo, o Nazareno, ande".

(ATOS 3.6)

O que você tem oferecido ao mundo? Em tempos de tanta escassez espiritual, o que você tem a entregar? Certa vez, Pedro e João foram ao templo e ali estava um homem paralítico, pedindo esmolas. Ele já fazia isso há anos, e pediu aos dois alguma ajuda.

Pedro e João não tinham riquezas materiais, mas possuíam algo infinitamente maior: a autoridade do nome de Jesus. Diante daquela situação, eles não ofereceram esmolas, mas cura. O que tinham no coração foi o que ofereceram: uma fé viva, a convicção e a presença do Espírito Santo. E isso transformou a vida inteira daquele homem! Quantas pessoas procuram você para obter ajuda, mas você não sabe o que fazer? Use sua fé. Talvez você não tenha muito aos olhos do mundo, mas, se você tem Jesus, tem tudo. O que Ele oferece é o que as pessoas tanto buscam: esperança, fé, libertação, vida eterna. Não subestime o que você possui. O Jesus que habita em você é a resposta de Deus para a dor de alguém.

ORAÇÃO

Senhor, mesmo que eu não tenha prata nem ouro para ajudar alguém, dá-me de Tua graça e poder para ser resposta onde houver necessidade. Em nome de Jesus, amém!

ANOTAÇÕES

Jesus é o maior tesouro: o tesouro que transforma vidas.

@josuevalandrojr

VALEU A PENA

Agora, está reservada para mim a coroa da justiça, que o Senhor, justo juiz, me dará naquele dia; e não somente a mim, mas também a todos os que amam a sua vinda.

(2TIMÓTEO 4.8)

08
DEZEMBRO
342/365

Você já se perguntou se todo esforço que tem feito na vida cristã está valendo a pena? Já pensou em desistir de fazer o bem por não ver resultados imediatos? Lembre-se da recompensa que Deus promete aos que perseveram. Não estamos vivendo em vão. Nossa luta não é à toa. Há um prêmio preparado para nós, e Deus cumpre o que promete.

A caminhada com Cristo é marcada por lutas, renúncias e momentos de dor. O apóstolo Paulo viveu muitas perseguições e angústias, mas declarou com convicção: vale a pena. Vale a pena servir a Cristo, vale a pena ter uma rotina de pureza com Deus, vale a pena renunciar ao pecado, vale a pena perseverar em oração. A coroa da justiça não é só para os apóstolos ou para os heróis da fé (cf. Hebreus 11). É para mim e para você; para todo cristão fiel. Talvez hoje você não veja os frutos do seu esforço, mas continue. Não pare. O Senhor não esquece os Seus filhos. Um dia, diante dEle, você entenderá que cada passo dado, mesmo estando cansado, valeu a pena.

ORAÇÃO

Senhor, hoje coloco em Tuas mãos todo o meu cansaço pelas provações e lutas, e reafirmo minha fé de que o Senhor recompensará cada decisão que tenho tomado, pois tenho feito isso para Tua glória. Em nome de Jesus, amém.

ANOTAÇÕES

Vale a pena ser fiel a Deus.

@josuevaandrojr

09
DEZEMBRO
343/365

DEUS NÃO MUDA

De fato, eu, o Senhor, não mudo. Por isso, vocês, descendentes de Jacó, não foram destruídos.

(MALAQUIAS 3.6)

Hoje você é diferente de quem era no passado? Você mudou? Pensando bem, quem não muda? A natureza, as filosofias deste mundo, as roupas da moda, o comportamento das pessoas: tudo muda. Começamos a mudar desde que nascemos. Você, que agora está lendo este devocional, já leu muitos outros livros e aprendeu várias coisas, amadurecendo e crescendo na vida — foram tantas mudanças! E nem todas foram boas, não é verdade?

Mas Deus não muda jamais. Ele é inabalável, maravilhoso, poderoso e fiel, e sempre será assim! Ele não precisa mudar e crescer, pois já é perfeito. Ele sempre será bom, santo e amável. Ele sempre perdoa aquele que está arrependido de coração e reconhece quem Ele é: o Salvador da humanidade, o Senhor de todo aquele que O aceita em seu coração. O mundo inteiro pode estar mudando, mas Deus e a Sua Palavra não mudam. O pecado vai continuar sendo pecado, porque Deus disse que é pecado, e, desde sempre, a vida eterna só é possível por meio de Cristo, e de ninguém mais. Portanto, coloque sua esperança em Deus. Coloque-se nas mãos dAquele que não muda jamais, e você estará seguro para sempre.

ORAÇÃO

Senhor, eu creio que Tu és o mesmo ontem, hoje e eternamente. Confio toda a minha vida a Ti, porque sei que estou seguro em Tuas mãos. Em nome de Jesus eu oro, amém!

ANOTAÇÕES

Confie em Deus, porque Ele não muda.

@josuevalandrojr

FLORES SECAS

10
DEZEMBRO
344/365

Veja! O inverno passou; acabaram-se as chuvas e já se foram. Aparecem flores na terra, e chegou o tempo de cantar [...].

(CANTARES 2.11-12)

Já viu um vaso de flores secas, que ninguém trocou por flores novas? Tem gente que faz isso na vida: mantém no presente marcas do passado sem Cristo, apegando--se a hábitos e relacionamentos que não O glorificam. São coisas que já secaram, que perderam a beleza e o propósito quando comparadas à vida com Deus, que não têm nada a ver com a beleza do novo que Ele iniciou em sua história. Será que você tem feito isso? Tem mantido em seu interior algo que já secou? Todas as áreas de nossa vida precisam ser renovadas pelo Senhor, mas, às vezes, não queremos remover de nós o que já murchou, para dar lugar ao que está florescendo.

É tempo de deixar o que ficou para trás e abrir espaço para o novo de Deus. Tire do seu vaso o que secou, e deixe o Espírito colocar flores vivas e coloridas no jardim do seu coração. Há renovo preparado para você. Chega de flores secas. Deus tem algo muito melhor para você.

ORAÇÃO

Senhor, entendi que é tempo de viver o novo que tens para mim. Renova meu coração e cumpre em mim o Teu propósito. Em nome de Jesus, amém.

ANOTAÇÕES

Remova o que já secou e deixe Deus florescer sua vida.

@josuevalandrojr

11
DEZEMBRO
345/365

QUAL É A SUA PERSPECTIVA?

A palavra do Senhor veio a mim, dizendo: "O que você vê, Jeremias?" [...].

(JEREMIAS 1.11)

Você tem parado para observar o que está diante de você? Qual tem sido a sua perspectiva diante dos desafios? Você enxerga com os olhos do medo ou com os olhos da fé? Quando Deus pergunta a Jeremias, "O que você vê?", Ele não está pedindo uma descrição superficial de uma cena. Ele está testando seu olhar profético, o discernimento espiritual, a capacidade de enxergar além do que os olhos naturais podem alcançar. Jeremias vê uma vara de amendoeira, mas Deus vê muito além. Quem vê com os olhos da fé vê propósito onde outros só veem casualidade.

A maneira como você enxerga a sua vida hoje molda completamente sua atitude diante do amanhã. Quando sua perspectiva está fundamentada na fidelidade de Deus, você percebe que mesmo os desertos trazem lições, e que as esperas o preparam para o melhor que está por vir. Hoje Deus tem a mesma pergunta para você: o que está vendo em sua vida? Sua perspectiva está alinhada com a dEle? Veja como Deus vê: com olhos de promessa, de direção e de esperança.

ORAÇÃO

Senhor, quero ver além das circunstâncias, ver com o Teu olhar. Fortalece o meu coração para confiar nos Teus planos. Em nome de Jesus, amém.

ANOTAÇÕES

Quem vê como Deus vê vive como Ele quer.

@josuevalandrojr

FAVOR QUE VEM DE DEUS

O rei gostou mais de Ester do que de qualquer outra mulher [...]. Então, colocou nela uma coroa real e tornou-a rainha em lugar de Vasti.

(ESTER 2.17)

12
DEZEMBRO
346/365

Você acredita que Deus pode abrir portas além da sua capacidade? Já imaginou que alguém comum pode ser colocado em uma posição extraordinária? Há situações em que Ele entra em cena para tirar você do anonimato, para colocar em andamento aquele projeto que você tanto queria, para aquele sonho começar a acontecer, porque Seu favor está em ação na sua vida.

Isso aconteceu com Ester, a rainha persa. Antes de chegar a essa posição, ela não tinha linhagem nobre, não tinha influência, não tinha redes sociais nem muitos seguidores. Ela não tinha nada além da graça de Deus em sua vida. Tudo o que conquistou foi porque Deus agiu em seu favor. O Senhor pode fazer o inesperado em sua vida. Confie nEle! Quando Deus decide exaltar alguém, Ele faz isso de forma sobrenatural, surpreendendo até os mais preparados. Ele levanta os humildes do pó e os coloca em lugares de honra.

ORAÇÃO

Senhor, é a Tua mão que me conduz em vitória e me sustenta a cada dia. Quero Te honrar e glorificar em todos os lugares onde eu estiver. Em nome de Jesus, amém.

ANOTAÇÕES

Nada pode impedir o favor de Deus na sua vida.

@josuevalandrojr

13

DEZEMBRO

347/365

A LÂMPADA E A LUZ

A tua palavra é lâmpada para os meus pés e luz para o meu caminho.

(SALMOS 119.105)

Como você decide que passos deve dar em seu dia a dia? Sua vida está sendo iluminada pela verdade de Deus ou pelas ideias do mundo? Quando chega a escuridão, você sabe onde encontrar direção? Na passagem de hoje, a Palavra de Deus é comparada a uma lâmpada e a uma luz.

A lâmpada ilumina os passos imediatos, ajudando-nos a não tropeçar nas decisões do presente. Já a luz é como um farol que clareia o caminho distante, o futuro, e mostra propósito no que fazemos. Sem essa luz, ficamos vulneráveis, confusos, expostos a enganos. Em um mundo de tantas vozes e sombras, precisamos nos firmar na única fonte segura de direção: a Palavra viva do Senhor. Muitos procuram orientação em tudo, menos nela, e acabam tropeçando em situações e decepções. Mas quem anda com a Bíblia aberta no coração caminha com segurança. Mesmo quando tudo ao redor parece escuro, quem tem a luz da Palavra jamais está perdido. Faça dela a sua lâmpada e a sua luz, e suas decisões serão certeiras e bem-sucedidas.

ORAÇÃO

Senhor, conduz os meus passos na Tua Palavra, para que eu nunca me desvie do Teu caminho. Em nome de Jesus, amém!

ANOTAÇÕES

Quem caminha segundo a Palavra nunca anda no escuro.

@josuevalandrojr

A RAIZ

Porque para mim o viver é Cristo, e o morrer é lucro.

(FILIPENSES 1.21)

Qual é a base que sustenta sua vida? Onde você tem fincado suas raízes? O que o mantém de pé quando tudo ao redor balança, quando sopra aquele vento forte e as folhas são levadas, quando surgem dores e incertezas? As pessoas do mundo — e muitos cristãos também — veem a vida com pessimismo, achando que as situações difíceis que atravessam são o fim de sua história. Porém, quando temos o Senhor como nosso Salvador, isso não é verdade para nós. Nossa raiz está firmada nEle por toda a eternidade, e nada, nem mesmo a morte, pode arrancá-la da Rocha. Foi isso o que Paulo aprendeu em meio a muitas situações desafiadoras: elas não foram o fim de sua vida. Para o cristão, a morte é vitória.

Quando entendemos que a nossa vida pertence ao Senhor, na vida e na morte, cada dia passa a ter um novo significado. Vivemos não para agradar a nós mesmos, mas para revelar Aquele que nos salvou a outras pessoas que, assim como nós no passado, têm medo das dificuldades da vida. Esse é o segredo de viver sem temer a morte: Cristo é a Rocha onde está firmada nossa raiz.

ORAÇÃO

Senhor, firma minha vida em Ti. Aprofunda minha raiz, para que resista ao tempo, à dor e às incertezas. Quero permanecer em Ti, pois assim nada me abalará. Em nome de Jesus, amém.

ANOTAÇÕES

Quem é de Cristo tem sua raiz firmada nEle.

@josuevalandrojr

15
DEZEMBRO
349/365

O JUIZ

[...] Onde está o Deus da justiça?

(MALAQUIAS 2.17)

Você já passou por uma situação tão dolorida a ponto de pensar: "Isso que está acontecendo comigo não é justo"? Já achou que não merecia viver uma perda, uma doença, um momento de desespero? Talvez você já tenha dito a Deus alguma vez: "Mas, Senhor, os caras maus estão todos vivendo uma vida boa! Os desonestos, os que traem as esposas, esses estão tranquilos! Eles não querem saber de Ti, e mesmo assim estão bem; mas eu, que sou justo e Te sirvo, estou aqui, olha, no posto de saúde, passando por essa prova, fazendo esses exames, enfrentando essa situação!".

Muitas vezes, chegamos a fazer a mesma pergunta do texto de hoje — "Onde está o Deus da justiça?" —, sem perceber que a justiça divina é perfeita e não acontece no nosso tempo. Devemos nos colocar no nosso devido lugar, reconhecendo que somos indignos da bondade do Senhor, e que, assim como recebemos coisas boas na vida, também receberemos dificuldades, para nosso crescimento. Ele é quem define o propósito de cada situação que passamos. Não olhe para a vida como o ímpio, que só vê as aparências, mas ande na certeza da fé, sabendo que o Deus da justiça está com você.

ORAÇÃO

Senhor, perdoa-me por me colocar no papel de juiz, achando que sou eu quem define a justiça que deveria ser feita neste mundo. A Tua justiça é que é perfeita, não a minha, e eu confio em Ti. Fortalece a minha fé. Em nome de Jesus, amém.

ANOTAÇÕES

Deus é o Justo Juiz.

@josuevalandrojr

IMPRESSIONE-SE COM DEUS

Abre os meus olhos para que eu veja as maravilhas da tua lei.

(SALMOS 119.18)

O que impressiona você? O mundo está cheio de pessoas incríveis e talentosas, que fazem coisas fora do comum, nos inspiram e abrem nossos olhos para a beleza da vida. Mas será que você se impressiona quando lê a Bíblia, ora e vê Deus agindo? Ou será que deixa o tédio tomar conta dos seus pensamentos bem no momento de estar na presença dEle?

Muitas coisas podem nos encantar, mas o que produz transformação de verdade é estar na presença do Senhor. É nesses momentos que aprendemos a mudar nossa vida pela prática dos princípios da Palavra, e não por meio de frases de efeito ou ideias humanas. Você que não costuma ler a Bíblia, ou não quer mais ir à igreja, ou não tem costume de orar sem ser antes das refeições, ou nunca experimentou jejuar precisa criar esses hábitos. Essa é uma mudança que Deus quer fazer em você. Comece pelo hábito de meditar na Palavra. O que antes era cansativo vai se tornar essencial e extraordinário, algo impressionante, e você vai perceber que não consegue mais viver sem esse alimento espiritual. Se antes você só lia a Bíblia no culto de domingo e a deixava fechada a semana inteira, logo ela irá brilhar em seu coração, e você verá suas maravilhas se concretizarem em sua vida. O Espírito Santo quer impressionar você, disponha-se a ouvi-Lo!

ORAÇÃO

Senhor, eu quero ter um relacionamento mais profundo contigo. Em nome de Jesus, impressiona a minha vida com o Teu poder. Amém!

ANOTAÇÕES

A presença de Deus nos impressiona mais do que tudo, e ainda nos transforma.

@josuevalandrojr

17
DEZEMBRO
351/365

LEMBRE-SE!

Lembrem-se das maravilhas que ele fez, dos seus prodígios e das ordenanças que pronunciou.

(SALMOS 105.5)

Você se lembra do que Deus já fez por você? Ou permite que o presente difícil apague as vitórias do passado? Sua memória tem sido um lugar de gratidão ou de esquecimento? Veja quantas coisas o Senhor fez na sua vida neste ano. Quantos livramentos!

Ao longo da história, o povo de Deus foi constantemente instruído a se lembrar dEle. A vontade divina era que eles lembrassem das libertações, dos milagres, da provisão no deserto, das promessas cumpridas. Esquecer é fácil quando os problemas se agigantam, mas a fé se renova quando a memória traz de volta os feitos poderosos do Senhor. Quando você lembra do que Ele já fez, pode olhar para o amanhã e saber que seu Pai não muda. Ele vai agir outra vez, vai fazer ainda mais. Não permita que a ansiedade pelo futuro ou que a dor do presente silenciem seu louvor ou diminuam sua certeza de que Deus vai realizar muito na sua história. Quem se lembra da fidelidade divina nunca perde a esperança. Renove hoje seu coração. Lembre-se: Deus é fiel.

ORAÇÃO

Senhor, eu recordo Teus feitos e sei que farás muito mais. Eu creio em Ti. Ajuda-me na minha falta de fé. Em nome de Jesus, amém.

ANOTAÇÕES

Quem se lembra do que Deus já fez nunca duvida do que Ele ainda fará.

@josuevalandrojr

ABANDONE E JOGUE FORA

Agora, porém, abandonem todas estas coisas: ira, indignação, maldade, calúnia e linguagem indecente no falar.

(COLOSSENSES 3.8)

O ano já está terminando. Veja só quantas coisas você viveu! Conquistas, vitórias e também situações que talvez o fizeram pensar que não conseguiria vencer. Será que, diante de tanta coisa que aconteceu, você guardou no coração algo que não deveria, algum sentimento inútil e prejudicial? Uma palavra atravessada que o magoa até hoje, uma decepção, uma frustração, algo que tem impedido você de avançar?

O ano está perto de acabar e talvez você ainda esteja se agarrando a essas situações mal resolvidas. Talvez você não tenha percebido, mas elas o estão impedindo de experimentar as bênçãos do Senhor que virão. O texto de hoje é um conselho bem direto do apóstolo Paulo: abandone isso, jogue fora. É só acúmulo. Não há como você viver o novo de Deus se ficar preso ao que já passou. Velhos costumes, uma maneira debochada de falar, um jeito trapaceiro de resolver negócios, sentimentos explosivos — pode ser que haja muita coisa acumulada dentro de você, mas descarte tudo isso hoje e abra seu coração para viver o novo, o melhor que vem do Senhor para sua vida.

ORAÇÃO

Senhor, revela-me o que preciso jogar fora, o que preciso abandonar. Peço perdão por acumular em meu coração o que é inútil, o que me prejudica e Te entristece. Quero ser cheio do Teu Espírito. Em nome de Jesus, amém.

ANOTAÇÕES

Deixe o pecado para trás em sua vida.

@josuevalandrojr

FAZENDO JUSTIÇA COM AS PRÓPRIAS MÃOS?

19
DEZEMBRO
353/365

[...] Não erguerei a minha mão contra o meu senhor, pois ele é o ungido do Senhor.

(1SAMUEL 24.10)

O que você faria se a autoridade máxima do seu país tivesse contratado três mil soldados para persegui-lo, sem que você tivesse cometido qualquer crime? Imagine todo um exército à sua procura, sem você ter como se defender. Isso aconteceu com Davi. O texto de hoje destaca o momento em que ele teve a chance de eliminar Saul, o rei que havia colocado sua cabeça a prêmio.

Em vez de pôr fim à vida dele, Davi honrou e respeitou aquele que queria seu mal. Davi poderia ter matado Saul ali mesmo, mas declarou: "Não vou tocar nele! Deus é quem irá me defender". Davi não quis fazer justiça com as próprias mãos, mas colocou sua defesa nas mãos do Senhor. E nós? Quantas vezes queremos falar umas verdades para certas pessoas e humilhá-las com palavras, por nos desejarem o mal, mas Cristo nos ensinou a não nos vingarmos a nós mesmos, e sim deixarmos a justiça nas mãos de Deus. Precisamos aprender com Davi e com Ele a saber lidar, saber falar e, sobretudo, saber respeitar e amar a quem nos persegue. Entregue sua defesa ao Senhor.

ORAÇÃO

Senhor, que a minha reação a situações de oposição honre o Teu nome. Entrego a Ti aquilo com que tem sido difícil de lidar. Quero reagir adequadamente. Em nome de Jesus, amém.

ANOTAÇÕES

@josuevalandrojr

Responda com honra e sabedoria.

O ESPÍRITO QUE ORA POR VOCÊ

Da mesma forma, o Espírito nos ajuda em nossa fraqueza, pois não sabemos como devemos orar, mas o próprio Espírito intercede por nós com gemidos inexprimíveis.

(ROMANOS 8.26)

20
DEZEMBRO
35[illegible]/365

Você já se derramou em oração de um jeito profundo, como quem realmente abre a alma? Já fez uma oração em um momento de dor, em que você não consegue nem falar, mas deseja que aquilo que sai do seu coração chegue ao trono de Deus? O Espírito Santo é Aquele que intercede por mim e por você diante do Pai com gemidos inexprimíveis, traduzindo aquilo que nem as nossas palavras conseguem expressar.

Ele conhece o nosso coração, sabe da nossa dor, sabe o que está acontecendo em nossa mente e coração. Ele sabe quais são os problemas que tiram a nossa calma, e sabe o que buscamos, o alívio e a paz que almejamos. Ele conhece tudo dentro de nós e intercede por nossa vida. Se em seu coração há algo que dói tanto que você não sabe como expressar, lembre-se que há um Intercessor: o Espírito Santo, nosso melhor amigo diante do Pai, Aquele que nos sonda e nos consola, que vai ao encontro do nosso coração e nos abraça com Seus braços maravilhosos. Ele está falando com você agora, e quer encher sua vida de alegria e paz. É Ele quem ora e intercede por você com gemidos inexprimíveis.

ORAÇÃO

Senhor, enche meu coração com Teu Espírito Santo, que é o Consolador da minha vida. Eu sei que Ele está comigo, intercedendo por mim. Alivia o meu coração e me concede a Tua paz. Em nome de Jesus, amém.

ANOTAÇÕES

Deus responde às nossas orações.

@josuevalandrojr

21
DEZEMBRO
355/365

ESTÁ CANSADO?

Não nos cansemos de fazer o bem, pois no tempo próprio colheremos, se não desistimos.

(GÁLATAS 6.9)

Você costuma enxergar a dificuldade como um castigo ou como uma oportunidade? Quando as provações vêm, qual tem sido a sua atitude? Você tem semeado fé mesmo em tempos de dor? Tem gente que faz o melhor que pode, faz o bem, dedica o melhor de si. Mas faz isso com tanta intensidade que, quando chega a hora de colher os frutos, está cansado, desanimado e acaba não desfrutando da colheita daquilo que lutou tanto para semear.

Fazer o bem é uma decisão que geralmente custa caro, porque há ingratidão por parte das pessoas a quem servimos, falta de reconhecimento e incompreensão, e acabamos sofrendo a ponto de pensar em não ajudar mais ninguém. Alguns deixam de participar das atividades da igreja, dos cultos e dos compromissos, porque foram feridos de algum modo, e se cansaram de fazer o bem. O texto de hoje deixa claro que há uma conexão entre exercer a bondade e colher o fruto do que foi feito. A gratidão pode não vir da pessoa que você ajudou, mas vem de várias outras maneiras. Você está cansado de fazer o bem? Não se canse. De onde quer que venha, sua colheita será abundante.

ORAÇÃO

Senhor, tira de mim todo cansaço em fazer o bem. Quero continuar Te agradando, e colher os frutos vindos de Ti. Em nome de Jesus, amém.

ANOTAÇÕES

Não se canse de fazer o bem, pois a colheita vem na hora certa.

@josuevalandrojr

O QUE FAZER DIANTE DA FRAQUEZA?

Se devo me orgulhar, que seja nas coisas que mostram a minha fraqueza.

(2CORÍNTIOS 11.30)

Você sabe o que lhe causa fraqueza? Ela envergonha você? Deus conhece as nossas dificuldades. Ele não espera que sejamos fortes, mas que confiemos nEle para nos fortalecer. É Ele quem nos livra e guarda, fortalecendo-nos naqueles dias em que fraquejamos.

O apóstolo Paulo escreveu o texto de hoje para afirmar que ele conhecia suas fraquezas e as colocava diante de Deus. A atitude do cristão diante de seus pontos fracos é dar glória a Deus, sabendo que é Ele quem cuidará de nós e suprirá nossas deficiências. Ele sabe de cada ferida que enfrentamos e nos capacita para vencermos. Ele aperfeiçoa o Seu poder em nossa fraqueza. Não sei qual circunstância você está enfrentando hoje, mas glorifique a Deus diante de sua fraqueza, porque essa é a atitude de fé que Deus quer de você. Ele vai fortalecer sua vida! Seja abençoado hoje com o fortalecimento do Senhor.

ORAÇÃO

Senhor, eu glorifico o Teu nome diante das minhas fraquezas, porque sei que o Teu poder se aperfeiçoa nelas. Creio que meus pontos de dificuldade não me afastarão de Ti, porque Tu és quem me fortalece. Em nome de Jesus, amém.

ANOTAÇÕES

Glorifique a Deus em toda situação. Ele é quem fortalece você.

@josuevalandrojr

PROFETIZE NO NATAL

23
DEZEMBRO
357/365

De repente, uma grande multidão do exército celestial apareceu com o anjo, louvando a Deus e dizendo: "Glória a Deus nas alturas, e paz na terra aos homens aos quais ele concede o seu favor".

(LUCAS 2.13-14)

O Natal está chegando. É tão lindo ver as pessoas se reunindo em volta da mesa, relembrando que o Filho de Deus veio ao mundo para nos dar salvação e vida eterna! Para mim, o momento mais espetacular do dia em que Jesus nasceu foi o do texto de hoje: um anjo apareceu aos pastores nas colinas de Belém e anunciou que o Salvador havia chegado. Os pastores ouviram essa notícia maravilhosa e ficaram pasmos. Então o anjo disse: "Não temam, porque viemos trazer boas-novas para vocês!". Que cena extraordinária! E então todo o exército celestial começou a louvar.

A paz que os anjos anunciaram é para hoje também. Eles proclamaram que o Natal é fruto do amor, do afeto e da vontade divina de ver a felicidade da humanidade, de cada um de nós. Por isso, os seres angelicais cantaram: "Glória a Deus nas alturas!". Eles estavam dizendo que, sem Ele, nada daquilo seria possível. Sem Ele, não haveria Natal. Ele é o Produtor desse espetáculo, o maior de todos: o nascimento de Jesus. Há esperança para nós! Essa é a mensagem do Natal para mim e para você. Neste Natal, assim como os anjos, profetize às pessoas o amor e a paz que Jesus veio trazer ao nascer entre nós.

ORAÇÃO

Senhor, eu Te glorifico porque o Senhor manifestou a Tua salvação e o Teu grande amor através do Teu Filho, que veio para me salvar. Que eu possa proclamar a Tua salvação a outras pessoas neste Natal. Eu oro em nome de Jesus, amém.

ANOTAÇÕES

Jesus Cristo é a nossa paz.

USE A MANJEDOURA

Hoje, na cidade de Davi, nasceu o Salvador, que é Cristo, o Senhor. Isto servirá de sinal para vocês: encontrarão o bebê envolto em panos e deitado em uma manjedoura.

(LUCAS 2.11-12)

24
DEZEMBRO
358/365

Você já pensou no significado da manjedoura no Natal? Imagine a cena: chegando a Belém, Maria cutuca seu marido e diz: "José, começaram as contrações, o bebê vai nascer!". Como a cidade estava cheia e não havia lugar para eles nos hotéis da época, o jeito foi escolher rápido: acharam um cantinho no lugar onde ficavam os animais de uma pousada. Foi ali que nasceu Jesus, e Maria logo O envolveu em panos e colocou na manjedoura, o tabuleiro de madeira onde ficava a comida para os animais.

A manjedoura pode ter um significado em que poucos pensam: ela mostra que a praticidade pode ser preferível a ter tudo pronto. O que você está pedindo a Deus nessa data pode ser um milagre, mas você precisa ter praticidade e entender que o que tem na mão é o que vai ter que ser feito. Jesus vai chegar na sua vida, mas isso não quer dizer que Deus vai fazer tudo em seu lugar. É você quem tem que olhar onde está a manjedoura, o que tem em sua mão. Comece com o que você tem. O estábulo nos fundos da pousada e a manjedoura eram inapropriados, mas se tornaram berço e maternidade. O que você tem na mão que pode se tornar algo maior?

ORAÇÃO

Senhor, ofereço a Ti tudo que tenho e sou. Minha vida é Tua manjedoura. Onde Tu estás, ali é o lugar perfeito para a manifestação do Teu poder. Graças Te dou. Em nome de Jesus, amém.

ANOTAÇÕES

Deus quer usar a sua manjedoura.

@josuevalandrojr

25
DEZEMBRO
359/365

EMANUEL ESTÁ COM VOCÊ

A virgem ficará grávida, dará à luz um filho, e o chamarão Emanuel, que significa "Deus conosco".

(MATEUS 1.23)

Você se sente sozinho em meio às dificuldades? Já chegou a pensar que ninguém entende o que você está passando? Sim? Porém, será que consegue lembrar que, mesmo em silêncio, Deus está presente? Hoje é Natal, dia de celebrar que Deus amou o mundo e enviou Seu Filho para nos salvar! Jesus é Emanuel. Este não é apenas um título bonito, que significa "Deus conosco". É uma promessa viva: Deus realmente está e sempre estará conosco.

Em Jesus, o Criador Se fez presente, habitou entre nós, viveu como um de nós, sentiu nossas dores e mostrou que jamais estaríamos sozinhos. Quando tudo parece distante e incerto, essa verdade permanece. Muitos olham para as situações achando que Deus é ausente, alheio ao que se passa. Não. Ele está presente nos momentos alegres e também na dor. Ele não abandona, não Se distrai, não esquece você. Ele é o Emanuel, o Deus que caminha com você todos os dias, até o fim. O dia da justiça chegará, mas o dia da manifestação do amor de Deus por você já aconteceu, e hoje é dia dessa celebração. Seja abençoado agora com essa verdade.

ORAÇÃO

Senhor, Tu és o Deus presente em cada momento da minha vida. Eu nunca estou só, e por isso Te louvo neste momento, em nome de Jesus. Amém!

ANOTAÇÕES

Deus é com você neste momento, e sempre permanecerá ao seu lado, pois Ele é fiel. Feliz Natal!

@josuevalandrojr

AINDA NÃO ACABOU

E esta é a promessa que ele nos fez: a vida eterna.

(1JOÃO 2.25)

26
DEZEMBRO
360/365

Você já sentiu aquele silêncio que vem depois das luzes apagadas? O Natal passou. Os presentes foram abertos, as mesas foram esvaziadas e as músicas cessaram. E agora? Será que tudo terminou? É fácil pensar que o melhor já aconteceu, que o tempo da alegria ficou no ontem. Mas Deus quer lembrar você de que quem tem Jesus não vive de momentos felizes aos olhos do mundo. A maior felicidade já nasceu e agora mora dentro de nós: o próprio Senhor! A alegria só começou! A comemoração do Natal continua dentro de nosso coração.

O Deus que Se fez presente no nascimento de Jesus continua sendo Deus no dia seguinte. Ele não veio apenas para um momento de celebração, mas para caminhar com você todos os dias do ano. Quando tudo parecer ter voltado ao comum, lembre-se: a presença dEle ainda está aqui. Ele não se limita a datas, emoções e brilhos. A história ainda não terminou. Os sonhos não morreram. É só o começo. A festa que Jesus faz em nosso coração não é só para um dia, é para a eternidade. Alegre-se nEle!

ORAÇÃO

Senhor, quando o calendário avança e as luzes se apagam, eu estou seguro em Ti, porque o Teu Espírito Santo habita em mim. Eu Te agradeço em nome de Jesus, amém.

ANOTAÇÕES

O Natal passou, mas a presença que nos alegra permanece: Jesus.

@josuevalandrojr

EU SOU QUEM DEUS DIZ QUE EU SOU

27
DEZEMBRO
361/365

Em amor nos predestinou para sermos adotados como filhos, por meio de Jesus Cristo, conforme o bom propósito da sua vontade.

(EFÉSIOS 1.5)

Quem tem definido sua identidade? As palavras que você ouviu na infância? As comparações nas redes sociais? Os erros do passado? Ou será que você tem crido no que Deus diz a seu respeito? A verdade é que muitas pessoas vivem prisioneiras de rótulos que não vêm de Deus. Contudo, em Cristo nós recebemos uma nova identidade. Somos perdoados, amados, escolhidos e separados para um propósito eterno.

Não somos definidos pelo que sentimos, mas pelo que está escrito na Palavra. E Deus declara: você é filho dEle, herdeiro da promessa, templo do Espírito Santo e mais que vencedor! Quando você entende essa verdade, sua postura muda: você não anda mais cabisbaixo, reclamando de tudo, se sentindo um ninguém. Não fica atrás de coisas vazias, nem se desespera por aprovação. Sabe por quê? Porque em Cristo você tem tudo de que precisa. Deus o chama de filho, de filha. Você não é menos que isso. Sua identidade está em Cristo.

ORAÇÃO

Senhor, eu rejeito todo rótulo que não vem de Ti. Teu amor me faz ter uma identidade que me traz alegria e paz. Eu te agradeço, em nome de Jesus. Amém.

ANOTAÇÕES

Você é definido pelo que Deus diz na Palavra.

@josuevalandrojr

IMUNIDADE TOTAL

Pegarão em serpentes; se beberem algum veneno mortal, não lhes fará mal nenhum; imporão as mãos nos doentes, e estes ficarão curados.

(MARCOS 16.18)

28
DEZEMBRO
362/365

Você sabia que quem pertence a Jesus tem poder em Seu nome? Tem gente que não conhece o Senhor e pensa que, se vai ao curandeiro e faz umas oferendas, aí sim está imune, aí sim se coloca em uma região de proteção. Até mesmo alguns crentes acham que abrir a Bíblia no salmo 91 e deixar essa passagem em um lugar visível da casa é uma proteção para si mesmo e para o ambiente. Isso é superstição, é uma mentira.

O poder que vem do Espírito Santo é *dunamis*, o poder explosivo, aquele que ressuscitou Jesus dentre os mortos, que resgatou a mim e a você do inferno, que restaura vidas até hoje, traz o que foi perdido, quebranta corações que estavam endurecidos. Este é o poder do Espírito! Em Cristo, você já tem imunidade total contra as ciladas do inferno. Se você ainda não pertence a Cristo e não tem essa paz, peça ao Espírito Santo que lhe dê Seu revestimento sobrenatural. Converta-se a Ele. Clame, leia a Palavra, busque de todo coração por mais do Senhor, e o poder dEle se manifestará sobre você. O Espírito Santo vivendo em seu interior é a imunidade total que você precisa contra as armadilhas do Inimigo.

ORAÇÃO

Senhor, eu quero receber a Cristo como meu Salvador. Concede-me a paz de que em Ti já disponho do Teu poder, do Teu *dunamis*, que é Teu Espírito vivendo em mim. Guarda a minha vida de todo mal. Em nome de Jesus, eu oro. Amém.

ANOTAÇÕES

Para ter imunidade espiritual, receba Cristo em sua vida.

@josuevalandrojr

29

DEZEMBRO

363/365

QUE TAL UMA REVISÃO?

Como pode o jovem manter puro o seu caminho? Vivendo de acordo com a tua palavra.

(SALMOS 119.9)

Você já levou seu carro para uma revisão? Quem tem carro sabe que, periodicamente, tem que fazer um check-up completo para ver como estão o motor, a bateria, o estepe, os pneus. Para manter-se alinhado, o carro precisa ser constantemente revisado. Com tantas manobras, acontecem desalinhamentos, e, se isso não for arrumado, desgastam-se outras partes do veículo. É com a revisão periódica que o carro se mantém seguro. A nossa vida é assim também. Para caminhar seguro na fé, você precisa fazer revisões contínuas, estar atento a tudo que está acontecendo em seu coração e em sua vida cotidiana.

É hora de fazer esse check-up e descobrir como está sua vida com Deus. Como estão suas finanças, sua saúde, seus relacionamentos, seus alvos, seu casamento, seus filhos, sua família? E seu relacionamento com Deus? É hora de fazer esse check-up, para ter certeza de que está tudo pronto e aprovado, para então seguir para as vitórias que Deus tem para você. Faça essa revisão à luz da Palavra, pois só ela pode alinhar seu coração ao coração do Pai.

ORAÇÃO

Senhor, revisa a minha vida. Se algo precisa ser mudado, estou pronto a Te ouvir e obedecer. Sei que somente assim viverei segundo o Teu querer. Em nome de Jesus, eu oro. Amém.

ANOTAÇÕES

Alinhar-se à Palavra é estar pronto para caminhar em vitória.

@josuevalandrojr

VAI AMANHECER

[...] o choro pode durar uma noite, mas a alegria vem pela manhã.

(SALMOS 30.5, ARC)

30

DEZEMBRO

364/365

Quantas noites você já passou em silêncio, com lágrimas que ninguém viu? Quantas vezes sentiu que a dor não tinha fim? Diante de uma situação ou um problema que nos faz perder a noção do tempo, parece que as noites não terminam nunca. Mas o texto de hoje deixa clara essa verdade da parte de Deus: vai amanhecer. A noite não é eterna. E, até durante a noite, Deus está com você.

A manhã com Deus é cheia de esperança. Não importa o quanto vai durar sua noite: podem ser dias, meses, anos, mas Deus não Se limita a isso. Ele estará ali quando amanhecer, e vai amanhecer. Você tem pedido algo a Deus? A conversão de alguém, uma cura, uma reconciliação, uma porta, uma solução, uma saída? Vai amanhecer. Você tem estado sem esperança, sem motivação, sem perspectiva? Vai amanhecer. E será uma manhã com Deus. A alegria que vem pela manhã não é só o fim do sofrimento. É a certeza de que Deus esteve ali o tempo todo. Talvez hoje ainda pareça escuro, mas não desista. O dia vai clarear. O Sol da Justiça está por vir, e com Ele virão novos começos, novos sorrisos e forças renovadas. Espere no Senhor. Vai amanhecer!

ORAÇÃO

Senhor, obrigado porque Tu não me abandonas nas noites mais difíceis. Dá-me forças para esperar em Ti, e abre meus olhos para a alegria que virá com o novo dia. Em nome de Jesus, amém!

ANOTAÇÕES

A noite pode ser longa, mas a manhã com Deus irá chegar.

@josuevalandrojr

31
DEZEMBRO
365/365

QUAL É O SEU PEDIDO?

O rei lhe perguntou: "O que foi, rainha Ester? O que você deseja? Mesmo que seja a metade do reino, você será atendida".

(ESTER 5.3)

Se o Rei lhe perguntasse hoje: "Qual é o seu pedido?", o que você responderia? Seus desejos estão alinhados com o coração de Deus? Você sabe pedir aquilo que glorifica o Senhor? Hoje é o último dia do ano. É aquele momento em que você passa a limpo o que vai querer para o ano que começa em poucas horas. E então, qual é o seu pedido?

O texto de hoje destaca o momento em que a rainha Ester ouviu essa mesma pergunta. Ela não pediu algo para si mesma. Havia um propósito maior em seu coração. Então, ela esperou o momento certo, orou, jejuou e pediu com coragem e sabedoria. Sua causa era justa, seu coração estava voltado para o bem de seu povo, e seu pedido foi atendido. E você, como será o seu pedido neste último dia do ano? Será que vai pedir algo material, para seu deleite apenas? Deus é soberano e quer que você peça segundo o coração dEle. Lembre-se de que o Senhor não rejeita um coração quebrantado e aflito, alinhado com a Sua vontade. Hoje é seu dia de pedir. Portanto, peça com sabedoria, pois o Rei quer abençoar sua vida, e Ele responderá.

ORAÇÃO

Senhor, eu peço mais da Tua presença. Peço mais de Ti, para que minha vida seja plena de paz, da alegria que vem do Teu coração. Peço sabedoria, peço que se faça o Teu querer em mim, e não somente hoje, mas durante todo o novo ano. Em nome de Jesus, amém.

ANOTAÇÕES

Escolha o que agrada ao coração de Deus.

@josuevalandrojr

“

O SOL DA JUSTIÇA
ESTÁ POR VIR,
E COM ELE VIRÃO
NOVOS COMEÇOS,
NOVOS SORRISOS
E FORÇAS
RENOVADAS.

”

Esta obra foi composta em *Adobe Garamond Pro*
e impressa por Gráfica Expressão e Arte sobre papel
Offset 70 g/m^2 para Editora Vida.